Birgit Langebartels

LEBEN IM LEERLAUF

Birgit Langebartels

LEBEN IM LEERLAUF

Die verborgene Logik der Depression verstehen. Wege aus der Ohnmacht

Dieses Buch ist erhältlich als
ISBN 978-3-407-86571-7 Print
ISBN 978-3-407-86598-4 E-Book (EPUB)

1. Auflage 2019

© 2019 im Beltz Verlag
in der Verlagsgruppe Beltz • Weinheim Basel
Werderstraße 10, 69469 Weinheim
Alle Rechte vorbehalten

Lektorat: Alexandra Ihmig, Dorothea Bühler
Einbandgestaltung: Vietmeier Design, München
Bildnachweis: plainpicture/Stephen Webster

Herstellung: Sonja Frank
Satz und Layout: Publikations Atelier, Dreieich

Druck und Bindung: Beltz Grafische Betriebe, Bad Langensalza
Printed in Germany

Weitere Informationen zu unseren Autor_innen finden Sie unter:
www.beltz.de

Inhalt

Vorwort

Jede Zeit bringt ihre eigenen Phänomene hervor, ihre eigenen Trends und typischen Ausprägungen. Jede Kultur hat spezifische Entwicklungsbilder, die Menschen als Anreiz und Orientierung nehmen, um ihren Alltag zu leben und zu gestalten. So verhält es sich auch mit Krankheiten. Es gibt so etwas wie Modeerscheinungen selbst bei Krankheiten, manche sprechen auch von Volkskrankheiten. Depression ist eine davon. Warum kann man sie als ein Phänomen unserer Zeit begreifen? Wie erleben Betroffene die depressive Erkrankung?

Fünf Millionen Menschen in Deutschland haben das Gefühl, samt ihrer Welt im Nichts zu versinken. Sie können scheinbar nichts dagegen ausrichten, können sich nicht wehren gegen diesen mächtigen Sog, der alles in sich hineinzieht – wie in ein schwarzes Loch, in dem man einfach verschwindet. Auch in der Physik spricht man von schwarzen Löchern; es gibt sie schon seit undenklichen Zeiten in unserem Universum. Und doch fangen wir erst allmählich an zu verstehen, was sie eigentlich sind und dass sie einen Sinn haben, auch wenn sich dieser dem Großteil der Menschen noch nicht erschließt.

Was wäre nun, wenn wir die Depression, jenes seelische schwarze Loch, das Menschen scheinbar zu verschlingen droht, ebenfalls zu ergründen versuchten und den in ihr verborgenen Sinn begreifbar machen würden? Wie wäre es, wenn wir Depression nicht nur als Geißel unserer Zeit ansähen, sondern ihre innere, verborgene Logik – ohne sie zu bewerten – aufzeigen und sie so verstehbarer machen könnten?

Gelingt uns das, lernen wir nicht nur etwas über die depressive Erkrankung, das Funktionieren unseres Seelenlebens, sondern auch über uns selbst und über die Gesellschaft, in der wir leben. Wenn wir Depression als eine Art Produktion, einen Ausdruck des

Seelischen, verstehen und nicht als etwas schicksalhaft Gegebenes, das uns gleichsam »anfällt«, wenn wir begreifen, dass wir die Krankheit unbewusst selbst hergestellt haben und sie einen Sinn für uns hat, dann können wir – anders als beim physikalischen schwarzen Loch – auch Wege finden, die wieder aus ihr herausführen. Dann tun sich neue Möglichkeiten für uns auf und wir sind der Depression nicht ohnmächtig ausgeliefert.

Am rheingold Institut, an dem ich tätig bin, haben wir in den vergangenen Jahren diverse Studien zu ganz unterschiedlichen Themen durchgeführt – darunter auch Studien zur Depression – und dabei eine Vielzahl an Tiefeninterviews – Gesprächen – mit Menschen verschiedenster Personengruppen geführt. Bemerkenswert ist, dass in all diesen Gesprächen – also auch in solchen, die nicht direkt das Thema Depression fokussierten – ein roter Faden ersichtlich war. Die Menschen – und eben nicht nur die von einer depressiven Erkrankung betroffenen – leiden heutzutage unter denselben Nöten, haben die gleichen Sehnsüchte und sehen sich ähnlichen Herausforderungen gegenüber.

Daher möchte ich die Depression in einen Zusammenhang mit unserem derzeitigen gesellschaftlichen Klima stellen. Ich werfe deshalb auch einen Blick auf die übergreifenden kulturpsychologischen Entwicklungen, die das vermehrte Auftreten von Depression überhaupt erst begünstigen. Es wird also in einigen Abschnitten dieses Buches gar nicht um die Depression als solche gehen – denn viele der hier beschriebenen Phänomene betreffen uns alle, auch wenn wir nicht an einer Depression erkrankt sind.

Was aber macht unsere Kultur nun eigentlich aus? Was ermöglicht und verspricht sie uns und warum verlangt sie uns so viel ab? Wie sehen ihre Entwicklungsbilder aus, die Menschen als Orientierung für ihr Tun dienen? Welche Vorbilder dienen heute als Wegweiser?

Nun, wir leben in einer Zeit, in der vielfältigste, nie gekannte Möglichkeiten verheißen werden – nennen wir es »Multioptionalität«. Erziehung, Bildung, Gesellschaft, Medien: Alle rufen einem zu, dass alles machbar und möglich ist. Unsere deutsche Gesellschaft bietet uns heute unbeschreiblich viele Optionen, unser Leben zu gestalten. Wir verfügen über einen großzügigen Spielraum, wir können scheinbar alles erreichen, wenn wir nur wollen und genug dafür tun.

Anstatt uns für eine Richtung zu entscheiden oder Schwerpunkte zu setzen, geraten wir in eine besinnungslose Betriebsamkeit nach allen Seiten. Diese Betriebsamkeit spornt uns an, führt aber auch unweigerlich zu Überforderung. Die Vorstellung, uns unbegrenzter Möglichkeiten zu erfreuen, geht einher mit dem Glauben, alles sei realisierbar. Und sie erhebt den Anspruch der Perfektion – inklusive Glücksgarantie: Alles kann und soll gelingen. Uns wird suggeriert, selbstwirksam zu sein, und dadurch bekommen wir das Gefühl, alles unter Kontrolle haben zu können. Zugleich spüren wir große Umbrüche sozialer und auch politischer Natur, die uns die vermeintliche Sicherheit nehmen. Rollenbilder geraten ins Wanken. Systeme erweisen sich als instabil, es fehlt an neuen Orientierungsbildern. All dies führt zu Verunsicherung, Überforderung und Belastung bei vielen Menschen der heutigen Zeit.

Wir versuchen, uns und andere zu optimieren – so gut es geht und vielfach noch darüber hinaus. Wir wagen es nicht mehr, den Grad der Erschöpfung selbst zu markieren, sondern vertrauen eher auf unsere Fitnesstracker und digitalen Gesundheits-Apps, die uns darüber sicherer Auskunft zu geben scheinen als wir selbst. Diese »Machbarkeitskultur« offeriert weit mehr Optionen, als wir leben können. Ein Gefühl von Begrenztheit erlangt heute Seltenheitswert. In dem insbesondere durch die Digitalisierung befeuerten Machbarkeitswahn kennen wir kein Pardon, kein Ausweichen und keinen Müßiggang. Wir blenden aus, wie anstrengend das Erreichen all dieser Ziele, wie beschleunigt unser Leben geworden ist, dass wir kaum noch innehalten können und uns auf der Überholspur selbst abhandengekommen sind. Die schier unendliche Fülle an Möglichkeiten, mit der wir täglich konfrontiert sind, und die daraus resultierenden Ansprüche sind Segen und Fluch unserer fluide gewordenen Wirklichkeit.

Wir Menschen haben sehr unterschiedliche Formen entwickelt, um diesen Herausforderungen unserer Kultur zu begegnen. Eine davon – aber eben nur eine – ist die Depression. Was hat dieses Phänomen nun mit unserer Zeit der hochattraktiven Selbstwirksamkeit und Perfektion zu tun?

Auf den ersten Blick scheinen die Symptome und Kennzeichen einer depressiven Erkrankung doch so gar nicht ins Bild zu passen. Denn in der Depression haben Menschen das Gefühl, nichts mehr selbst in der Hand zu haben. Sie befinden sich im Leerlauf, werden geflutet von Gefühlen der Ohnmacht.

Nun, eine Depression ist mehr als eine Krankheit, die sich – versehen mit einer Diagnose-Nummer – in eine medizinische Klassifizierungsschublade stecken ließe. Depression ist eine Form – wenn auch eine sehr drastische und leidvolle – mit dem Alltag umzugehen, mit den übersteigerten Ansprüchen unserer kulturellen und gesellschaftlichen Wirklichkeit. Sie zwingt uns zum Innehalten.

Wir Menschen verhalten uns nicht immer der rationalen Logik entsprechend, sind oft widersprüchlich und ambivalent in dem, was wir wollen und wie wir leben. Und doch zeigt sich ein »psycho-logischer« Sinn in all unserem Handeln, der sich uns nicht auf den ersten Blick erschließt, sondern erst nach intensiver Analyse.

Ich möchte das Seelenleben daher nicht in einzelne Elemente wie Denken, Fühlen, Wollen aufgliedern. Es ist dem seelischen Geschehen gerechter, wenn wir seinen dramatischen Wendungen, dem Drängen einer Handlung folgen. Wir spüren jeden Tag, wie wir beispielsweise eine Tätigkeit vorantreiben wollen, uns etwas anderes aber mehr in seinen Bann zieht und sich vielleicht dagegenstellt. Mitunter bekommen wir nicht direkt bewusst mit, dass der Alltag uns all unsere Kraft abverlangt und wir uns in dramatische Kämpfe hineinsteigern können, wenn wir beispielsweise beim Putzen einen regelrechten Feldzug antreten gegen alles Dreckige und allen Unrat dieser Welt. Oder wenn der Kleiderkauf eine buchstäbliche Anprobe nicht nur von Kleidung, sondern auch von verschiedenen Lebensentwürfen wird. Wenn uns aus dem Spiegel des Bekleidungsgeschäfts unser Selbst mal als diese, dann wieder als eine andere Persönlichkeit anschaut und wir uns einen Wimpernschlag lang fragen:»Was wäre eigentlich, wenn …?« Oder wenn wir ein wenig traurig gestimmt sind und uns die Suppe, die früher die Mutter uns kochte, auch heute noch Trost spenden kann. Dies alles ist nur ein Bruchteil dessen, was unserem täglichen Tun innewohnt. Das lässt uns auch verstehen, warum Kleidung, Ernährung oder auch Verrichtungen wie das Putzen oder Aufräumen eine so große Bedeutung für uns erlangen können.

Die Dramatik und Komplexität, die unserem Erleben und Verhalten innewohnen, lassen sich nur begrenzt anhand von Fragebögen erfassen. Wir brauchen die zerdehnten Beschreibungen der Menschen – für dieses Buch vor allem die derjenigen Menschen, die unter einer Depression leiden –, um alle Drehungen und Wendungen, alles Leidvolle, aber auch Komische und Skurrile, das der inneren Logik der Depression innewohnt, herausarbeiten zu können.

Daher bitten wir am rheingold Institut die Menschen in den zweistündigen Tiefeninterviews, die wir in unseren Untersuchungen durchführen, ihr Erleben zu beschreiben. Ganz dezidiert und ohne Vorbehalte. Wir ermuntern sie, alles zu äußern, was ihnen durch den Kopf geht, auch wenn sie es merkwürdig, unwichtig oder gar peinlich finden. Wir schaffen eine vertrauensvolle Atmosphäre, die es ihnen erlaubt, alles zu äußern, auch das, was nur schwer über die Lippen kommen mag. Die Erzählungen der Betroffenen in den Gesprächen erfahren dann eine weitere Bearbeitung. Jedes Interview wird erst einzeln und dann im Zusammenhang mit den übrigen analysiert. Durch dieses Vorgehen wird der Fokus von den einzelnen Schicksalen – ohne diese jedoch aus dem Blick zu verlieren – hin zu einer übergreifenden Betrachtungsweise gelenkt und es wird ein roter Faden ersichtlich, der sich quer durch die Interviews zieht.

Die hier vorgestellten Erkenntnisse basieren auf tiefenpsychologischen Studien zur Depression sowie auf mehreren Tausend Interviews zu anderen drängenden Themen unserer Zeit. Neben qualitativen Untersuchungen über verschiedene Zielgruppen wie Frauen, Männer, Kinder und Jugendliche fußen die in diesem Buch dargestellten Erkenntnisse auch auf diversen anderen Untersuchungen zu verschiedensten Formen des Umgangs mit dem Alltag in unserer Kultur. Forschungen dazu, wie Menschen ihren Körper pflegen, wie sie Medien nutzen, wie und was sie essen, wie sie ihren Alltag gestalten, was Globalisierung und Digitalisierung mit ihnen macht und was sie alles anstellen, um gegen den Zahn der Zeit etwas auszurichten, sind nur einige wenige Beispiele.

Zudem darf ich durch meine Beratertätigkeit in meiner Firma *mediccoach* Erfahrungen sammeln, wie Menschen mit Erkrankungen umgehen, wie sie sich in Kliniken fühlen und was sie – als Patient – brauchen, um zu genesen, oder – als Mitarbeiter – benötigen, um im Gesundheitswesen nicht krank zu werden. Auch diese Erkenntnisse sind in das Buch miteingeflossen.

Im Zuge meiner nunmehr 20-jährigen Erfahrung in der Markt- und Medienforschung fasziniert mich immer wieder der Umgang von uns Menschen mit unserem Alltag: mit welcher Intensität wir ihn durchleben, wie vielschichtig er ist, welche Dramen sich in ihm abspielen können – kurz, wie wenig grau er im Grunde doch ist. Die schillernden Beschreibungen des Alltäglichen erstaunen durch ihre Farbenpracht – entstanden aus Sehnsüchten und Hoffnungen, Glücksmomenten und Langeweile, Ansprüchen und Enttäuschungen, Begeisterungen und Leidenschaften. Menschen berichten in den Gesprächen davon, wie sie sich im Alltäglichen von der Schönheit des Lebens verführen lassen, zugleich aber auch in tiefe Abgründe geraten können, wie ihr ganzes Leben ins Nichts abdriften kann. So fühlt sich Depression an.

Um sie zu verstehen, müssen wir – wir Angehörige und Freunde von Betroffenen, wir Therapeuten, aber auch einfach wir Menschen, die diesem Phänomen unserer Zeit auf den Grund gehen möchten – genau hinhören und uns beschreiben lassen, wie es sich anfühlt, in einem dieser schwarzen Löcher zu verschwinden. Was es bedeutet, wenn die Welt immer weiter ausgesperrt wird und sich das Kaleidoskop des Lebens Schritt für Schritt auf die dunklen Farben beschränkt.

Die bloße Benennung »Depression« oder der gefälligere Begriff »Burn-out« sind nur Stempel, die der einzigartigen inneren Logik der seelischen Erkrankung nicht gerecht werden. Wir müssen uns den Alltag der betroffenen Menschen ganz genau beschreiben lassen. Wie es sich für sie anfühlt aufzustehen, wie sie den Tag verbringen und beenden, welche Hoffnungen und Sehnsüchte sie haben, was sie mögen, was sie ängstigt und in die Enge treibt, was sie mit ihrer Zeit anfangen, aber auch, was sie vermeiden und worunter sie leiden. Und auch und gerade für die Menschen, die selbst unter einer diagnostizierten Depression leiden oder aber unter Symptomen, die sie vielleicht nicht recht einzuordnen wissen, die aber in diese Richtung weisen könnten, können diese Beschreibungen und die daraus gewonnenen Erkenntnisse überaus hilfreich sein.

Ich möchte mit diesem Buch den betroffenen Menschen und ihren Geschichten Gehör verschaffen. Indem wir ihnen genau zuhören und uns schildern lassen, wie sie sich fühlen in ihrem Alltag, erfahren wir alles Wichtige über die Depression und ihre Struktur. Gehören Sie selbst zu den Betroffenen, lernen Sie dadurch vielleicht selbst besser verstehen, was das ist, das da gerade mit Ihnen passiert.

Die Struktur der Depression zu verstehen bedeutet demzufolge, sich auch mit der momentanen Alltagskultur der Menschen auseinanderzusetzen. Es gilt, die unbewussten seelischen Einflussfaktoren und Sinnzusammenhänge aufzudecken, die die Struktur und Dynamik der Depression im Sinne einer inneren Logik, einer »Psycho-Logik«, mitbestimmen.

Dieses Buch richtet sich nicht nur an Menschen, die unter einer Depression leiden und an die ihnen nahestehenden Personen. Auch Leser, die nicht selbst zu diesem Personenkreis gehören, werden vermutlich einige Passagen finden, in denen sie ihre eigene Lebenssituation oder die ihrer Lieben, zumindest aber einzelne Aspekte daraus, wiedererkennen und die Hintergründe besser verstehen lernen. Und dann ist es auch möglich, allmählich einen anderen Umgang mit den belastenden Situationen unseres Alltags, mit den Ansprüchen an uns selbst und auch mit den Verhaltensweisen uns nahestehender Personen zu finden. Denn gerade der Alltag, der mitunter so sehr an unseren Kräften zehrt, hält auf der anderen Seite eine Vielzahl an Möglichkeiten für uns bereit, um in einen konstruktiven Umgang mit den Anforderungen und Übergangsphasen unseres Lebens zu gelangen.

Die Depression ist eine der Formen, die das Seelische wählt, um in Strukturen zu verharren, sie ist Bewegung, die nicht in eine Entwicklung kommt, sie ist »Leben im Leerlauf«. Doch kann sie der Ausgangspunkt für eine potenzielle Veränderung sein. Der Alltag, dessen Bewältigung von depressiven Menschen als schier unüberwindbare Hürde empfunden wird, ist in Wahrheit der Königsweg – der Weg der kleinen Schritte –, der aus der Depression herausführt und dabei zugleich eine Veränderung bewirkt. Diesen Königsweg zu weisen und den Betroffenen damit Mut zu machen, ihn zu beschreiten, ist das Kernanliegen meines Buches.

Auch wenn ich in diesem Buch die Herausforderungen darstelle, die uns unsere Kultur oder unsere Gesellschaft auferlegen und die uns alle mitunter in ungeheure Nöte hineintreiben, so ist dies doch beileibe kein kulturpessimistisches Buch. Ganz im Gegenteil. Ich möchte Ihnen zeigen, dass auch in scheinbar festgefahrenen Situationen positive Veränderung möglich ist und dass gerade unser Alltag uns eine Vielzahl an Möglichkeiten dazu bietet.

Dieses Buch ist kein Ratgeber im engeren Sinne, es liefert demnach auch keinen 10-Punkte-Plan, kein Allheilmittel gegen Depression. Mein Anspruch ist es hingegen, das ein oder andere Aha-Erlebnis zu initiieren, durch ein Wiedererkennen eigener Befindlichkeiten in den Schilderungen der Fallbeispiele Impulse zu setzen und Sie als Leser/in dazu zu animieren, mal etwas »anders« zu machen.

Ich wünsche mir, dass dieses Buch denjenigen, die selbst unter Depression leiden, den Ansporn gibt, diese nicht als gegeben hinzunehmen, sondern sich mit ihr auseinanderzusetzen und sie letztlich zu überwinden.

Und auch wenn natürlich nicht jeder an Depression erkrankt –

obgleich diese ja zahlreiche Menschen in unserer Gesellschaft irgendwann in ihrem Leben trifft –, so befinden sich doch viele von uns in Situationen, die krank machen. Daher kommen uns zumindest einige Symptome der depressiv Erkrankten bekannt vor. Im Sinne einer Selbstfürsorge spricht daher alles dafür, auch bei uns selbst frühzeitig nach Anzeichen einer Depression zu forschen, um solche zu erkennen und ihnen dann entsprechend begegnen zu können.

Dazu müssen wir uns der Belastungen erst einmal bewusst werden. Und so wird es hier um überhöhte Ansprüche gehen, die uns motivieren, an denen wir uns jedoch auch abarbeiten, die wir nicht loslassen wollen und an denen wir manchmal scheitern. Und es wird auch darum gehen, sich ermuntern zu lassen, den ersten Schritt hin zu einem angestrebten Ziel zu machen.

Das Schreiben dieses Buchs war auch für mich ein Lehrstück darin, ein großes Ziel vor Augen zu haben, vor den Erwartungen nicht zu kapitulieren und zugleich die Zuversicht zu behalten, nach dem einen Schritt immer auch einen weiteren gehen zu können. Ein Prozess, der nicht auf Knopfdruck zu bewerkstelligen ist, sondern Zeit, Ausdauer, Mut und starker Nerven bedarf.

Ich möchte Sie als Leser/in – als selbst Betroffene/n oder Begleitende/n – dazu anregen, sich ebenfalls auf den Weg zu machen – heraus aus festgefahrenen Lebenssituationen, aus der Depression, aus dem Leben im Leerlauf, Schritt für Schritt.

1 Prekäre Übergangsphasen unseres Lebens

Es gibt Momente in unserem Leben, die prinzipiell eine Herausforderung für uns Menschen darstellen. Dies sind Phasen des Übergangs, in denen wir ein altes Gewand, das uns vertraut ist, noch nicht ablegen wollen, obwohl es gar nicht mehr zu uns passt, vielleicht fadenscheinig geworden ist, zwickt und kneift. Wir scheuen uns, Altes loszulassen, weil wir Neues entweder noch nicht gefunden oder aber noch nicht (an-)probiert haben. Diese Übergänge sind mitunter schwierig und verlangen uns einiges ab, sind aber für unsere Entwicklung unerlässlich. Und genau darum geht es: Es ist notwendig, sich von Altem zu verabschieden und Neues willkommen zu heißen, auch wenn wir uns damit womöglich erst allmählich anfreunden müssen. Dazu gehört Mut. Und diesen möchte ich Ihnen mit diesem Buch gerne machen.

Depression kann in sehr unterschiedlicher Form auftreten, sodass sie mitunter wie maskiert kaum zu erkennen ist. Manche der für sie typischen Aspekte finden sich aber auch im kollektiven Erleben bestimmter Personengruppen – besonders eben in Übergangsphasen. Manchmal ist Depression dann nur ein Deckname für schwierige und belastende Situationen, wie sie das Leben vieler Menschen der heutigen Kultur in bestimmten Momenten prägen. Zudem gibt es Phasen im Leben, in denen depressiven Verstimmungen aufgrund der belastenden Umstände ein Nährboden bereitet wird. Die Grenzen zwischen gesund und krank sind fließend und das Hinübergleiten von einem Zustand in den anderen bleibt oft zunächst unbemerkt. Wenn wir uns dies bewusst machen und uns vielleicht selbst in einer solchen uns fordernden Lebensphase befinden, haben wir die Möglichkeit, etwas zum Positiven zu verändern, damit nicht eine Depression es an unserer statt tut.

Von welchen Übergangsphasen und gesellschaftlichen Gruppen ist hier die Rede?

Nun, beispielsweise von den sogenannten *Working Mums*. Die psychologischen Züge, die ihr Leben heutzutage bestimmen, weisen erstaunlich viele Ähnlichkeiten zu denen der Depression auf. Die Ambition der potenten Familienmanagerin steigert sich in die faszinierende, aber auch überfordernde Verheißung der allmächtigen Alleskönnerin, die nichts abgibt und bei der alle Fäden zusammenlaufen. Überhöhte Ansprüche werden nicht relativiert. Während es in der Depression in dieser Situation zu einem Rückzug aus dem Alltag kommt, geraten berufstätige Mütter ihrerseits in ein Überdrehen in Form eines flexiblen Multitasking-Pragmatismus, in dem sie Gefahr laufen, sich durch die Selbstaufgabe im Familienalltag zu verlieren. Sie sehnen sich nach Entlastung, nehmen diese aber häufig erstaunlicherweise nicht an – denn dies würde unweigerlich das Aufgeben ihres Anspruchs, alles allein zu schaffen, nach sich ziehen.

Frauen in der Lebensmitte befinden sich ebenfalls in einem prekären körperlichen und seelischen Übergangsprozess. Das alte Kleid ist zu eng geworden, das neue noch nicht gefunden. Sie müssen sich zwangsläufig von mindestens der einen Möglichkeit in ihrem Leben – nämlich der, (weitere) Kinder zu bekommen – verabschieden. Die Menopause ist eine Herausforderung, sich mit dem Leben, den Wünschen und Sehnsüchten auseinanderzusetzen. Frauen müssen Abschied nehmen von alten Idealbildern, sich umorientieren und neue, passendere Lebensmuster suchen und finden.

Auch *Männer* befinden sich heute kollektiv in einer schwierigen Übergangsphase. Ähnlich wie in der depressiven Struktur halten sie an Idealbildern vom Mannsein fest, Bildern, die im Gegensatz zu den multiplen Bildern der Frau ihre Konturen verlieren und sich in Auflösung befinden. In der aktuellen Kultur können sie kaum noch auf ein Männerbild zurückgreifen, das ihnen Orientierung gibt und wegweisend ist. So müssen sie sich selbst ihren Weg suchen und häufig geschieht dies in Ausrichtung an der Frau. Doch dabei erfahren sie dann, dass dies gar nicht erwünscht ist und sie eigentlich »nichts richtig machen« können. So ziehen sie sich zurück und flüchten sich in die wenigen verbliebenen Männerdomänen oder ihren Beruf, in dem ihre männlichen Attribute noch gefragt sind.

Jugendliche sind zugleich fasziniert und überfordert angesichts der Vielzahl an Möglichkeiten, die sich ihnen bieten. Die jungen Abiturienten beispielsweise erleben jedwede Festlegung auf eine berufliche Richtung als eine Reduktion aller schillernden Aufstiegsfantasien und verharren nicht selten in einem Zustand der Unentschiedenheit. Im »Chillen« finden die Heranwachsenden ihre Art des Rückzugs aus dieser Überforderung und leben zugleich eine stille Revolte aus.

Sehen wir uns diese Gruppen, deren Nöte denen depressiver Menschen in bestimmten Aspekten ähneln, nun noch etwas genauer an. Wir werden zum einen feststellen, dass es nicht verwunderlich ist, dass gerade Personen, die sich in solchen Lebenssituationen befinden, in die Depression abgleiten können. Zum anderen aber auch, dass Letztere nur ein Ausdruck dessen ist, was viele von uns im täglichen Leben erfahren und manchmal auch erleiden.

Working Mums – zwischen Allmacht und Entkräftung

Hellen ist 46 Jahre alt, Justizfachangestellte in Vollzeit und seit 18 Jahren verheiratet. Ihre beiden Kinder sind ihr ganzes Glück. Sie wirkt sehr weiblich und attraktiv und strahlt über das ganze Gesicht, wenn sie von ihren Kindern spricht, doch die große Erschöpfung wird ebenfalls schnell spürbar. Den Bandscheibenvorfall im letzten Jahr sieht sie als einen Warnschuss, der ihr nahelegt, doch mal etwas kürzer zu treten. Vier- bis fünfmal im Jahr erleidet sie »kleine Zusammenbrüche«. Dann hat sie das Gefühl, dass ihr alles zu viel wird. Sie legt sich ins Bett, bricht in Tränen aus und bekommt starke Kopfschmerzen. Nachdem sie von ihrem Mann und den Kindern getröstet wird, geht's weiter – bis zum nächsten Zusammenbruch. Ursprünglich wollte sie nie Kinder haben. Jetzt erscheint ihr ein Leben ohne sie sinnlos. »Es ist so schön, wenn man das Gefühl der Liebe zurückbekommt – wenn mein Sohn mich in den Arm nimmt und sagt, er hat mich lieb!«

Hellens Alltag ist komplett durchgetaktet, sie engagiert sich an allen Fronten. Dabei hat sie sich so viel aufgebürdet, dass man schon vom Zuhören Erschöpfung verspürt: Sie ist Elternvertreterin in beiden Schulklassen, Mitglied im Elternrat, fährt die Kinder zum Training und zum Klavierunterricht, lernt mit ihnen vor Prüfungen, kocht, putzt, macht die Wäsche, erledigt den Einkauf, schnibbelt abends vor dem Fernseher mit ihrem Mann Gemüse, damit es am nächsten Tag etwas frisch Gekochtes gibt. Auch in der spärlichen Freizeit hält sie das Getriebe am Laufen: Zweimal wöchentlich geht sie zum Reha-Sport, samstags zum Zumba, regelmäßig zur Kosmetikerin und ebenso zu diversen Freizeitevents mit ihren Freundinnen (Spa-Besuche, Wochenend-Tripps etc.).

Ihr Mann unterstützt Hellen im Rahmen seiner Möglichkeiten (er hat im Winter noch einen Nebenjob) und hat sie schon häufiger ermutigt, doch eine Putzhilfe zu engagieren, aber dazu ist sie zu sparsam. Sie gibt das Geld lieber für ihre Kinder, für Freizeitaktivitäten und Urlaub aus. Sie möchte ihren Kindern auch finanziell viel bieten. Schließlich ist ja auch alles machbar.

Alles machbar? Für Frauen (k)ein Problem. Wie Hellen können Frauen scheinbar alles schaffen und das natürlich perfekt und simultan. Sie können treusorgende Mutter, liebende Ehefrau und Partnerin, potente Familienmanagerin, verlässliche Freundin, kreative Stylistin und erfolgreiche Businessfrau sein. Die Liste wäre unendlich weit fortzuführen und enthält auch nicht wirklich etwas Neues. Neu ist aber, mit welcher Vehemenz Frauen an diesem Multitasking-Superwoman-Bild festhalten und in welchen Druck es sie hineinmanövriert. Das spüren sie in ihrem überdrehten Alltag, der kaum ein Innehalten ermöglicht, oft gar nicht mehr. Ich glaube, dass sich sehr viele Frauen in diesen Beschreibungen wiederfinden. Auch mir als einer *Working Mum* sind diese Schilderungen nicht fremd.

In den von uns durchgeführten zweistündigen Tiefeninterviews hielten die von uns befragten *Working Mums* nun einmal zwangsläufig inne und wurden zu ihrer Überraschung gewahr, was für einen Alltagswahnsinn sie da betreiben und wie stark die Erschöpfung ist, in der sie sich immer wieder erleben. Viele Frauen bemerkten mit Schrecken, wie sehr sie sich eigentlich abstrampeln, um dieses Bild der allmächtigen Alleskönnerin aufrechtzuerhalten.

Die in der Depression antreibenden überhöhten Ansprüche, auf die wir noch zu sprechen kommen werden, finden sich nämlich auch bei den berufstätigen Müttern. Mehr noch, der Alltag der *Working Mums* spitzt das multioptionale Bildangebot unserer Kultur nochmals zu: Frauen befinden sich inmitten einer Schlacht zwischen konkurrierenden Lebensbildern, die sie erfüllen wollen oder sollen. Grundlegende, wichtige Bilder verlangen ebenso ihre Berücksichtigung wie scheinbar banale. Frauen scheinen Meisterinnen darin zu sein, diese verschiedenen Bilder zu verkörpern. Sie verwandeln sich wie Chamäleons und sind mal Hausfrau und Mutter, mal Partnerin, mal gute Freundin, mal Businessfrau. Ihr Alltag ist unfassbar voll mit Tätigkeiten, Terminen, Erledigungen, Planungen, Dramen … Es ist ein Alltag mit extrem hoher Energiedichte. Die Frauen, die Beruf und Mutterdasein kombinieren, lieben diesen Reichtum an Bildern, und zugleich leiden sie darunter. Trotz der Fülle fühlen sie sich oft leer und unerfüllt; am Ende des Tages werden sie eher von Schuldgefühlen geplagt, als dass sie voller Stolz auf ihren Tag und das, was sie alles geschafft haben, zurückblicken würden.

> Ich arbeite 35 Stunden, was ist daran Teilzeit?
> Mein Mann hat eine 40-Stunden-Woche, das
> sind nur fünf Stunden Unterschied.«

> Für jede Stunde, die das Kind länger in der Kita
> bleiben muss, gebe ich mir die Schuld!«

Berufstätige Mütter fühlen sich in der Ausübung einer ihrer Rollen immer schuldig gegenüber den jeweils anderen, da sie diesen »die Zeit stiehlt«, selbst aber natürlich auch ihren Tribut fordert. Der Beruf raubt der mütterlichen Fürsorge die Zeit, diese stiehlt sie dem partnerschaftlichen Miteinander, und das wiederum beansprucht für sich die Zeit, die die Frau dringend auch einmal für sich selbst benötigen würde. Und so dreht sich der Kreis, alles stiehlt allem die Zeit, und die Frauen haben das Gefühl, nichts richtig und ganz machen zu können.

Das ist das große Dilemma der versprochenen unendlichen Möglichkeiten, unser Leben zu gestalten. Mutterschaft ist eigentlich eine Provokation dieser gesellschaftlichen Multioptionalität. Denn ein Kind auf die Welt zu bringen, ist die Festlegung schlechthin und zudem eine, die sich nicht revidieren lässt. Das bekommen Frauen heute hautnah zu spüren. Haben sie sich gegen Kinder entschieden, gelten sie als kaltherzig, womöglich »von Ehrgeiz zerfressen« auf eine glanzvolle Karriere bedacht, auch werden sie häufig mit der Frage konfrontiert, ob ihnen ein kinderloses Leben ausreichend Sinn in ihrem Dasein gebe. Gehen sie als Mutter ihrem Beruf nach, sehen sie sich – ob unausgesprochen oder offen verbalisiert – dem Vorwurf ausgesetzt, nicht ausreichend für ihre Kinder da zu sein. Pausieren sie nach der Geburt ihres Kindes länger als ein Jahr, müssen sie sich die Frage gefallen lassen, ob ihnen das Hausfrauendasein nicht zu langweilig sei. Also, wie auch immer sie es machen, machen sie es falsch. Und dieses Empfinden findet seinen Niederschlag in einem permanenten schlechten Gewissen, nicht alle Bedürfnisse und Anforderungen zeitgleich in derselben Weise bedienen zu können. Dann wird das multiple Bildangebot zu einem Zwang und führt zu einem Durchdrehen und Leerlaufen wie in der Depression.

Doch diese Unzulänglichkeiten und das normale Scheitern an dem Überanspruch des perfekten Mutterbildes sind nicht das Problem. Problematisch ist vielmehr, dass die meisten Mütter, oft unbewusst, dennoch an diesem glanzvollen Bild festhalten.

Das wird unterstützt durch die Idealisierung des Mutterbildes: Mutter zu werden wird als das größte Glück und der bedeutendste

Lebenseinschnitt beschrieben, nach außen oft idealisiert und verklärt. Den Tag der Geburt des Kindes schildern viele Frauen als den schönsten im Leben. Frauen erleben sich in diesem Moment als Schöpferinnen.

> Wenn sie es dir auf den Bauch legen und es ist
> alles dran, so klein und schon so perfekt, und
> das hast du gemacht – das ist Glück!«

Die schwierigen, manchmal auch hässlichen und unperfekten Seiten des Mutterseins wühlen die Frauen auf, sind ihnen peinlich und werden oft verschwiegen. Über schmerzvolle Geburten, Ängste, Erschöpfung, über ihre Wut auf die eigenen Kinder, die sich nicht benehmen, darüber, dass man sie vielleicht auch einmal anschreit oder gar bereut, überhaupt welche bekommen zu haben, möchten sie nicht so gerne sprechen.

> Mir hat vorher niemand gesagt, dass man
> eigentlich nicht mehr schlafen kann.«

Viele berufstätige Frauen mit Kindern sind – selbst wenn sie genervt oder wütend sind – bestrebt, dies vor sich und anderen zu verbergen, um dem Anspruch des glanzvollen Bildes der glücklichen und liebenden Mutter gerecht zu werden. Sie versuchen, zu viel zu realisieren, alles zu schaffen – was nicht möglich ist. Daran arbeiten sie sich ab und das fordert seinen Tribut. Die Wut darüber, dass eben nicht alles schaffbar ist, lässt sie jedoch nicht in eine Auseinandersetzung mit der Vorstellung von der perfekten Supermum kommen, sondern entlädt sich gegenüber anderen Frauen, dem Mann oder den eigenen Kindern.

> Ich habe oft eine ungeheure Wut in mir und lasse
> sie meine ganze Familie spüren. Ich laufe der
> Vorstellung einer perfekten Frau und Mutter
> hinterher, was einfach nicht realistisch ist.«

Wenn wir mit *Working Mums* über ihr Leben sprechen, fällt auf, dass durchgehend Familie und Mutterschaft zum alles beherrschenden Thema werden. Der Beruf existiert oft nur wie am Rande.

> Es ist doch wie früher bei meiner Mutter, wir
> machen alles mit den Kindern, nur dass wir
> heute zusätzlich noch arbeiten gehen.«

Was genau macht das Leben der *Working Mums* heute aus? Was führt sie in die Überforderung, und warum ist für sie eine Änderung so schwierig, auch wenn ihnen Unterstützung angeboten wird?

Männer spielen, obwohl physisch anwesend, im Alltag der leistungsstarken Frauen eine sehr untergeordnete Rolle und werden von diesen (fast) überflüssig gemacht.

> Es ist doch verrückt: Wir sind beide berufstätig,
> aber wenn ich heimkomme und mein Mann schon
> längst zu Hause ist, kommen die Kinder trotzdem auf
> mich zu und fragen, was es denn zu essen gibt.«

Mütter beschreiben ihren Familienalltag oft so, als gäbe es den Ehemann gar nicht. Sie organisieren überwiegend alles selbst – das ist ein ungeheurer Kraftakt, vermittelt ihnen aber zugleich auch ein Gefühl von Allmacht. Sie leben und lieben ihr potentes Familienmanagement und spüren kaum, wie sehr es sie in die Knie zwingt, alle Rädchen am Laufen und alle Fäden in der Hand zu halten. Durch den Anspruch, alles schaffen zu können, kommen die Frauen unweigerlich an ihre Grenzen. Sie fühlen sich schuldig und sind gekränkt, wenn sie doch nicht alles zu bewerkstelligen vermögen. *Working Mums* gehen in der Erfüllung ihrer diversen Rollen bis zur Selbstaufgabe und ordnen sich und ihre Bedürfnisse – im Dienste der Familie – denen der Familienmitglieder unter.

> Um meine Bedürfnisse geht's doch hier nicht.
> Man muss sich als Mutter zurücknehmen können,
> vielleicht kommen noch mal andere Zeiten.«

Frauen erleben dann deutlich Grenzen ihrer Selbstbestimmtheit und fühlen sich ohnmächtig in der Alltags-Familien-Mühle. Sie befürchten, dass nichts Eigenes mehr bleibt, sie sich als Person regelrecht auflösen.

Ich regle zwar alles und mein Mann sagt immer, dass hier jeder nach meiner Pfeife tanzt, aber ich hab das Gefühl, dass von mir eigentlich gar nichts übrig bleibt.«

Aber anstatt sich mit ihren Überforderungen realistisch auseinanderzusetzen, gehen die Frauen noch einen Schritt weiter: Sie idealisieren das Bild der alles schaffenden *Working Mum*. Wenn sie den Alltag mit Beruf, Kindern und Partner am Laufen halten, fühlen sie sich unersetzbar. Erstaunlicherweise halten sie auch dann daran fest, wenn die Aufgaben partnerschaftlich aufgeteilt werden könnten, und erzählen gerne Anekdoten, die ihre unabdingbare Anwesenheit bestätigen.

Als ich in der Klinik gewesen bin, ist meine Tochter mit zwei unterschiedlichen Socken in die Schule gegangen.«

Die Erwartung und Hoffnung, alles schaffen und regeln zu können, bekommt Züge von Größenwahn. Das lässt die betroffenen Frauen bis zur Erschöpfung arbeiten und fasziniert sie gleichermaßen. Zudem bietet unsere Gesellschaft unendlich viele Bilder zur Befeuerung dieses Größenwahns. Schöne Frauen, unterwegs mit der Freundin, die Kinder liebevoll umsorgend und erziehend, abends verführerisch den Partner umgarnend … es wirkt, als ob alles ganz spielerisch zu vereinen wäre.

Frauen halten an dem Bild fest, alles schaffen zu können, spüren aber zugleich eine große Sehnsucht nach kleinen Oasen im Alltag und nach kurzen Auszeiten. Viele von ihnen haben für sich bereits Ausweichmöglichkeiten, im Sinne kleiner Fluchten, gefunden, um für einen Moment aus dem dichten Alltagsgetriebe auszusteigen.

Dies verändert allerdings nicht automatisch etwas an ihrer grundsätzlichen Dynamik und freiwilligen Selbstdressur, sondern bietet meist nur ein kurzes Auftanken. Ein Mädelsabend oder ein Wellnesswochenende führen nicht zwangsläufig die entscheidende Veränderung der Überbeanspruchung herbei, denn sie sind mitunter ihrerseits bereits zu einem Muss geworden und stellen einen weiteren Anspruch an die Frauen dar. Selbst das eigene Zuhause kann einen solchen verkörpern: Es ist ein Rückzugsort mit Aufforderungscharakter. Dort wird das Idyll der heilen Familie präsentiert. So verkehrt sich diese emotionale Erholungsstätte in einen pausenlosen Antreiber und ihr Instandhalten in eine Sisyphosarbeit, denn selbstredend muss das Heim dann auch stets tipptopp in Ordnung und vorzeigbar sein. Und überraschenderweise tun sich Frauen heute immer noch schwer, Entlastungen anzunehmen. Eine Putzfrau zu beschäftigen, käme nicht nur für Hellen einer Kapitulation gleich:

> Für mich war eine Putzfrau das Eingeständnis, dass ich es nicht alleine schaffe. Es fällt mir schwer, das aus der Hand zu geben.«

Dem utopischen Anspruch, »alles in Perfektion zu können«, versuchen *Working Mums* immer wieder gerecht zu werden und entwickeln dabei einen immensen Alltagspragmatismus.

Dieses Ideal der perfekten berufstätigen Mutter treibt sie alle an – egal in welcher finanziellen oder sozialen Situation sie sich befinden.

Eigentlich könnte Mutterschaft für Frauen ein Lehrstück in Verändern und Loslassen sein, denn Kinder zu haben, bedeutet, sich in einem ständigen Entwicklungs- und Wandlungsprozess zu bewegen. Man muss sich immer wieder neuen Entwicklungen stellen, sich selbst neu erfinden, die Beziehung zu den Kindern modifizieren und sowohl sie als auch festgefahrene Muster loslassen. Diese notwendigen Veränderungen stellen eine sehr große Herausforderung dar. Doch wirklich problematisch wird es dann, wenn sich zwar etwas Neues entwickelt hat, aber immer noch an alten Ansprüchen festgehalten wird. Diese aufzugeben, fällt vielen Frauen noch schwer, und oft sind es erst Schicksalsschläge, die ein Loslassen, Verändern, Andersmachen, Neusehen und Entwickeln einleiten.

Sophie, 29 Jahre alt, eine zarte, junge und hübsche Frau, berichtet in einer Gruppe von Frauen, die an der Studie zu den *Working Mums* teilnahmen, von ihren fünf erlittenen Fehlgeburten. Derzeit ist sie erneut schwanger. Die Qualen, die sie hinter sich hat, kann man kaum ermessen. Erst durch dieses Leiden erlaubt sie sich nun eine Gelassenheit, die alle anderen Frauen der Gruppe nicht von ihr erwartet hätten. Sie wirkte auf den ersten Blick wie die perfekte *Working Mum* schlechthin. Sie überrascht mit ihrem plötzlichen Statement:
»Ich hetze mich nicht mehr. Wenn ich nicht kochen will, dann mache ich es nicht. Dann soll er sich doch was zu essen bestellen, wenn er nach Hause kommt. Ich bin dann weg, mache etwas für mich! Ich bin nicht das Mädchen für alles! – Früher war auch bei mir immer alles tippi toppi, heute nicht mehr.«
Sie wünscht sich, diese Gelassenheit auch nach der Geburt zu behalten, denn sie hat die Erfahrung gemacht, dass ihr Alltag so besser funktioniert und sie weniger belastet ist. Eigentlich sei sie sonst nicht gelassen, sondern sehr schnell hochfahrend, perfektionistisch und anspruchsvoll, sie befürchtet, dass sie diese Gelassenheit nur für die Zeit der Schwangerschaft halten kann.

Regina, 49 Jahre alt, ist durch den plötzlichen Verlust ihres Jobs in hoher Position und den Tod der Mutter aufgewacht. Heute ist sie Stilberaterin. Sie nennt das, was sie wachgerüttelt hat, »Schicksalsschläge«. Zunächst erlebte sie den Verlust der Arbeit als Desaster:
»Ich dachte, mein Leben bricht zusammen! Doch dann bin ich aufgewacht und war erschrocken zu sehen, wie mein Arbeitgeber mit Menschen umgeht: von heute auf morgen kündigen! Und

ich habe es zutiefst bereut, in der ganzen Zeit meine Mutter nicht besucht zu haben! Jetzt im Nachhinein sehe ich, wie auch meine Tochter gelitten hat, an den Wochenenden war ich immer kaputt und zu nichts zu gebrauchen. Für niemanden. Auch mit meinem Mann ging nichts. Alles war Stress: Freunde einladen, ausgehen, etwas mit meiner Tochter unternehmen, die Zärtlichkeiten meines Mannes, ich wollte alles von mir fernhalten, alles war zu viel! Ich glaube, wenn ich so weitergemacht hätte, wäre irgendwann der Burn-out gekommen!«

Jetzt, wo sie wachgerüttelt ist, erkennt Regina vieles, was sie zuvor gar nicht sehen konnte. Sie entwickelt ein neues Selbstbild. Es wird ihr bewusst, dass Familienmanagement ein eigener Job ist, der Zeit benötigt und den man oder frau ernst nehmen sollte. »Bis vor Kurzem habe ich mich stark über die Arbeit definiert. Ich dachte, ich sei mehr wert durch meine tolle Position und dass viele mich beneiden. Aber jetzt weiß ich: Die Leute, die mich mögen, mögen mich, weil ich ich bin! Die Hausarbeit und das Kümmern um meine Tochter verstehe ich jetzt als mein Aufgabengebiet, nicht als zusätzlichen Ballast. Es ist mir wichtig, dass ich mich kümmere. Ich habe die Familienarbeit aufgewertet. Man kann sie nicht dem Zufall überlassen. Da bleibt was auf der Strecke! Heute bin ich nicht mehr die, die alles an sich reißt und alles selbst macht. Heute habe ich Zeit, die Aufgaben zu verteilen, sodass jeder mitmacht! Und allen macht es auch noch Spaß!«

Die berufstätigen Mütter bewegen sich somit auf einem schmalen Grat zwischen Allmacht und Erschöpfung. Dabei haben sie unterschiedliche Strategien entwickelt, um mit der Situation umzugehen. Die im Folgenden präsentierten Typen, die der Belastung auf jeweils andere Art begegnen, sind als zugespitzte Stilisierungen zu verstehen, als Überzeichnungen wie die einer Karikatur. Aber vielleicht finden Sie sich in der ein oder anderen Form ja auch ein wenig wieder.

Die kämpfende Löwin

Sie ist als Familienoberhaupt energisch, durchsetzungsfähig und stark, kämpft um das Wohl der Familie und hierbei im besonderen Maße um das der Kinder. Sie ist der Dreh- und Angelpunkt der Familie und für sämtliche Aufgaben verantwortlich, hat alles im Griff und ist stolz auf die erbrachte Leistung. Für sie ist das Leben eine dauerhafte Challenge, die Anstrengung dabei nimmt sie kaum noch wahr. Auffällig viele Frauen bezeichneten sich wortwörtlich als »Löwin« der Familie.

> In der Familienberatung während der Mutter-Kind-Kur haben alle einheitlich gesagt, ich sei eine Löwin! Das stimmt auch. Ich hätte gern Pranken, um denen, die uns bedrohen, damit eins überzuziehen! Ich bin ziemlich energisch, willensstark und kämpferisch. Ich stelle mich vor meine Kinder.«

> Ich bin eine Löwin, weil ich schön bin und jagen gehe, um die Familie zu versorgen. Und doch bin ich immer für die Kinder da. Ich kümmere mich um die Familie und beschütze sie.«

Die pragmatische Prozess-Optimiererin

Sie hat den Anspruch, Abläufe in der Familie immer weiter zu optimieren. Sie wahrt die Kontrolle über sämtliche familiären Prozesse und organisiert die Familie wie ein Unternehmen. »Ich habe alles unter Kontrolle, bei mir muss alles rundlaufen« – so lautet ihre Devise.

Sie will das Familienmanagement so optimieren, dass Prozesse »verschlankt und strukturiert« werden, um möglichst wenig Aufwand zu haben. Ihr Pragmatismus darf jedoch nicht zu offensichtlich werden, denn dann gelten Frauen wie sie schnell als lieblose Mütter und herzlose Organisationsmaschinen. Das ist aber nicht das Schlimmste für die Prozess-Optimiererin, in ärgste Nöte gerät sie vor allem dann, wenn nicht alles nach ihrem Plan läuft und etwas außer Kontrolle zu geraten droht.

> Ich bin Koordinatorin, Projektentwicklerin, Alles-Finderin – nur ich weiß, wo alles liegt! Ich habe die Verantwortung für alles, in der Kindererziehung und im Haushalt.«
>
> Ich bin schon die liebe Mama für die beiden (Sohn und Freund) und ich bin der Chef! Die Organisatorin und Routenplanerin, das Leitschaf!«

Die überbehütende Glucke

Sie wird durch das eigene Kind erst zur »richtigen Frau« und geht vollends in ihrer Mutterrolle auf. Sie macht sich unentbehrlich und verliert dabei ihr eigenes Leben aus den Augen. Das Kind ist zur Ausdrucksform ihrer selbst geworden und bekommt kaum eigene Entwicklungsmöglichkeiten zugesprochen. Sich selbst gesteht sie ebenfalls keinen eigenen Raum jenseits der Mutterrolle zu.

> Und wenn am Ende des Monats noch was übrig bleibt, bin ich froh, wenn wir mal zusammen essen gehen können. Oder wir auf den Urlaub sparen. Ich muss nicht shoppen gehen – Hauptsache, meinem Sohn geht es gut. Ich bin die Geberin.«
>
> Das ist paradox: Ich möchte die anderen glücklich machen, und dann bin ich enttäuscht, dass ich selbst nicht betüddelt werde. Oft denke ich gar nicht darüber nach, aber dann kaufe ich für alle etwas ein, und zu Hause merke ich, dass ich gar nicht an mich gedacht habe.«

Die Ausblenderin

Sie will weitermachen wie vor der Mutterschaft und tut sich schwer damit, die Veränderungen des Lebens als Mutter anzunehmen. Sie will sich nicht einschränken lassen. Kinder baut sie wie Accessoires ins Leben ein. Sie setzt sich selbst unter Druck, um auch als Mutter attraktiv und unabhängig zu sein. Keinen erfüllenden Job, kein ansprechendes Äußeres, kein erfülltes Sexual- und Sozialleben zu haben, würde sie als eine Kapitulation empfinden. Sie erlebt eine starke Konkurrenz zu Müttern wie auch zu Nichtmüttern.

> Mein jugendliches Aussehen ist mir wichtig. Vor allem Kleidung und Schuhe, auf der Arbeit trage ich gern Kleider. Die kann ich mir bei meiner Figur auch leisten, die ist mir sehr wichtig, da bin ich diszipliniert.«

> Er kommt am Wochenende zu mir, dann gehen wir aus, tanzen, treffen Freunde. Es ist eher so, als wäre ich noch mal jung.«

Die selbst gewählt Alleinerziehende

Sie ist nicht wirklich alleinerziehend, sieht sich aber als Mutter und Vater in einer Person und für alles zuständig. »Ich bin alleinerziehend mit Partner«, so beschreibt sie ihre Situation. Sie will alles allein schaffen, obwohl Hilfe von anderen angeboten wird. Sie fühlt sich in dieser Position zugleich mächtig und ohnmächtig. Sie tut alles, um bloß keine Aufgaben oder Verantwortung an den Partner abgeben zu müssen, und ist stolz auf die erbrachte Leistung in der Familie und im Job. Sie genießt es, die Macht über die Familie zu haben. Gleichzeitig fühlt sie sich erschlagen von den nicht erfüllbaren Anforderungen.

> Mein Mann sagt oft: ›Du hast immer deine spezielle Ordnung und findest es doch super, dass kein anderer weiß, wo die Sachen sind, und wir dich anrufen müssen.‹«

> Mein Mann ist mein sechstes Kind.«

Die relativierende Realistin

Sie hat – oft durch ein schicksalhaftes Ereignis – ihre Ansprüche überdacht und relativiert. Denn sie hat die Erfahrung gemacht, dass nicht immer alles perfekt sein muss. Sie achtet wieder stärker auf sich. Der Anspruch an sie selbst ist nicht mehr so hoch, damit realistisch geworden und somit auch erfüllbar. Sie vermag Verantwortung abzugeben und weiß nun, dass die Welt sich auch ohne sie weiterdreht, wenn die Kinder beispielsweise beim Exmann sind.

Sie hat gelernt, mit Kompromissen zu leben und unperfekte Lösungen zu akzeptieren aufgrund der Erfahrung, dass nicht alles allein machbar ist. In diesem Typus finden sich oftmals die tatsächlich alleinerziehenden Mütter wieder.

Dadurch entsteht wieder mehr Gelassenheit und Zufriedenheit. Mitunter kann dies nur für eine gewisse Zeit aufrechterhalten werden (beispielsweise in der Schwangerschaft).

Wenn ich mal ausfallen würde, dann wäre das schon schlimm, aber dann kämen meine Kinder in der Zeit eben zu ihrem Vater.«

Es wird mittlerweile ja schon von dir erwartet, dass alles reibungslos läuft, aber das geht nicht immer.«

Ich konnte mich nicht mehr freuen und war nur noch genervt, das konnte es nicht sein. Ich mache das, was ich kann, mehr geht nicht.«

Abschied von der Alleskönnerin

Die Frage, die sich aufdrängt, ist, wie es Frauen gelingen kann, auch ohne Schicksalsschläge – aus sich selbst heraus – etwas zu verändern und von dem Bild der allmächtigen Alleskönnerin Abschied zu nehmen.

Dieses Bild übt scheinbar eine so starke Anziehungskraft und Faszination aus, dass Frauen bis an und auch über ihre Grenzen gehen, bevor sie sich eingestehen, dass nicht alles zugleich machbar und lebbar ist. Sie versklaven sich freiwillig diesem Idealbild, hetzen ihm bis zur Besinnungslosigkeit hinterher und wollen so gar nicht davon lassen. Multiple Perfektionsansprüche treiben sie an, aber auch fast in den Wahnsinn.

Verstanden haben viele *Working Mums* die Unmöglichkeit ihres Unterfangens schon längst, aber wirklich etwas zu verändern und anders zu leben ist dann eben eine ganz andere und weitaus schwierigere Sache. Mal den Kuchen für die Schulfeier nicht zu backen, sondern einfach nur Kekse zu kaufen, nicht bei jedem Elternabend dabei zu sein, die verpatzte Klassenarbeit nicht als eigenes Scheitern zu verbuchen, darum bitten, dass der geschäftliche Termin 15 Minuten später beginnt, da man vorher noch das Kind in die Kita bringen muss, mal etwas liegen zu lassen und sich selbst zu pflegen fällt vielen Frauen immer noch schwer.

Für den Ausstieg aus diesem Dilemma gibt es kein Patentrezept. Da ist es mit einem Saunaabend oder einem Wochenende mit den Freundinnen noch längst nicht getan – die Veränderung muss grundsätzlicher Natur sein, denn mitunter werden diese Aktivitäten zu einem weiteren Anspruch, den man glaubt erfüllen zu müssen. Für sich persönlich zu spüren und zu verstehen, was einen tatsächlich aus der Alles-machen-müssen-Schleife herausbringt, muss gelernt, im Alltag umgesetzt und eingeübt werden. Das ist schwierig und sicher auch schmerzhaft, weil es bedeutet, das schillernde Bild von sich selbst als der Frau, die alles (allein) bewerkstelligen kann, aufzugeben. Aber auf lange Sicht ist dies heilsam. Und notwendig. Denn diese Situation der Überbelastung hat Ähnlichkeiten mit der Ausgangssituation depressiver Menschen. Es gilt jedoch zu verhindern, dass das Seelische den Weg in die Depression einschlägt, um aus der Spirale der Überforderung herauszukommen – hinein in die völlige Stilllegung.

Es bedarf daher einer ehrlichen Auseinandersetzung nicht nur mit dem Partner, sondern vor allem mit diesem überfordernden Idealbild seiner selbst, um aus dem heiß gelaufenen Getriebe in eine positive Entwicklung zu gelangen.

Wesentlich ist es auch, zu relativieren und Priorisierungen vorzunehmen. Zu entscheiden, an was man festhalten möchte, was aber auch aufgegeben oder auf später verschoben werden kann, welche Aufgaben an andere abgegeben und wo und wie Zuständigkeiten verteilt werden können. Die Männer müssen und viele wollen auch eine neue Art der Beziehung leben. Dabei muss ausgehandelt werden – sicherlich mehr und häufiger als früher –, wer für was zuständig ist. Und wenn man dann Verantwortung abgegeben hat, muss man sich auch heraushalten. Das will oft erst gelernt sein.

Die Lösung kann folglich nicht nur sein, den Müttern zu raten: »Entspann dich mal.« Denn berufstätige Frauen wünschen sich auf der einen Seite Entspannung und Gelassenheit, unternehmen aber zugleich unbewusst sehr viel, um diese zu verhindern. Auffällig ist der Wunsch nach Entlastungen und zugleich der Widerwille dagegen, Unterstützung und Hilfe anzunehmen. Auch hieran muss man arbeiten.

»Anstatt einer Putzhilfe kaufe ich lieber einen Staubsauger-Roboter.« Das war bei den Interviews mit den *Working Mums* häufig zu hören. Meines Erachtens ist es jedoch noch besser, selbst heraus aus dem Robotermodus zu kommen. Oft verspüren Frauen Angst, dass das ganze Alltagsgebilde zusammenbricht, wenn sie an einer Stelle locker lassen. Sie sollten ermuntert werden, wieder Zwischenschritte und Relativierungen zuzulassen. Sie brauchen das Vertrauen darauf, dass ihr Leben verschiedene Gewichtungen hat, die nicht für immer festgeschrieben sind. So wie ihre Kinder sich entwickeln und verändern, verändern sich auch die Bedürfnisse und Anforderungen aller Beteiligten.

Working Mums können nicht allem gleichzeitig gerecht werden. Das müssen sie akzeptieren lernen, müssen Prioritäten setzen und die Dinge dann wieder in einem Nacheinander tun und erleben. Dafür bedarf es Fürsprecher, Rollenvorbilder, Geduld, Übung und Mut.

Frauen in der Lebensmitte – Zugewinne und Verluste in den besten Jahren

Als Bettina morgens erwachte, war alles um sie herum grau. Der Tag erhellte nur den Himmel, ihre Stimmung blieb düster. Sie fühlte eine bleierne Schwere, die sie nicht aus den Kissen herauskommen ließ, und die quälende Angst, in ein schwarzes Loch zu fallen.

Bettina war 49 Jahre alt und sehr froh, dass ihre Kinder aus dem Gröbsten heraus waren, endlich selbstständiger wurden und dass sie als Mutter dadurch weniger eingebunden war. Der neu entstandene Freiraum verlangte danach, genutzt und ausgekostet zu werden. Sie hatte endlich wieder mehr Zeit für sich, konnte mal ein Bad nehmen, in Ruhe einen Kaffee trinken und musste nicht von der Arbeit sofort nach Hause hetzen, in Sorge, eines der Kinder stünde gleich unbeaufsichtigt vor der Tür. Ohne schlechtes Gewissen konnte sie nach der Arbeit durch die Stadt schlendern oder im Supermarkt einkaufen. Die Kinder befanden sich auf dem richtigen Weg. Bettina war zwar noch ab und zu als versorgende oder tröstende Mama gefragt, doch das reduzierte sich zusehends. Sie verfügte wieder über mehr Zeit mit ihrem Mann, beide konnten einfach so ins Kino gehen, ohne einen Babysitter für die Kinder engagieren zu müssen, und auch schon mal ein Wochenende zu zweit verreisen. Diese Zweisamkeit hatte sie sehr vermisst. Bettina war sportlich aktiv und traf sich regelmäßig mit ihren Freundinnen. Im Job ging alles seinen Weg und brachte keine große Aufregung mit sich. Sie gehörte im Büro zu den alten Hasen und arbeitete zügig ihr tägliches Arbeitspensum ab. Eigentlich entspannte sich ihre Alltagssituation gerade ein wenig. Aber Bettina spürte, dass sie dennoch mit ihrem Leben haderte. Manchmal wurde sie traurig, ohne zu wissen, warum. Sie mischte sich in die Belange ihrer Kinder ein, obwohl sie genau wusste, dass dies nun eigentlich gar nicht mehr angebracht war; diese lebten inzwischen ihr eigenes Leben und zeigten ihr das auch deutlich. Auf der Arbeit überkam sie die schleichende Angst, dass sie den neuen digitalen Entwicklungen und Anforderungen nicht mehr gewachsen sei. Da gab es die jungen Kollegen, die die digitalen Medien wie selbstverständlich nutzten, sodass Bettina manchmal befürchtete, sie könnten an ihr vorbeiziehen und sie überflüssig machen. Sie und ihr Mann gerieten abends immer häufiger in Streit, obwohl sie sich auf das Zusammensein gefreut hatten. Das schien ihr absurd, denn beide hatten diese Phase in ihrem Leben so sehr herbeigesehnt.

Anstatt ihre neu hinzugewonnene Zeit zu genießen, vertrödelte sie oft Stunden mit Belanglosigkeiten und hatte trotz der zusätzlichen Atempausen das Gefühl, rastlos zu sein, nichts wirklich schaffen zu können, am Abend erschöpft in die Kissen zu fallen und auf einen nicht zufriedenstellenden Tag zurückzublicken.

Bettina war eigentlich eine Frau, die selbstbestimmt ihr Leben managte. Sie hatte einen netten Freundeskreis und wurde von vielen beneidet, nicht nur um ihren Job, sondern auch um ihre reizende Familie. Sie wusste darum, wie gut sie es eigentlich hatte, konnte aber das Gefühl von beunruhigender Leere, wie sie es nun häufiger spürte, nicht abstreifen. Sie empfand Angst und fühlte sich tieftraurig, sodass sie sich mitunter wünschte, der Tag würde gar nicht erst anbrechen.

Bettina spürte deutlich, dass sich in ihrem Leben etwas veränderte. Das war einerseits gut und sie freute sich auf die Zeit, die vor ihr lag. Zugleich hatte sie aber auch eine diffuse Angst vor dem, was kommen würde. Zeitweilig übermannte sie das Gefühl, in ein tiefes, schwarzes Loch zu fallen. Sie verlor immer mehr an Boden.

Ähnlich wie Bettina geht es heute vielen Frauen in der Lebensmitte. Sie leben unter anderen gesellschaftlichen Bedingungen als die Frauen vor 30 Jahren. Gegenwärtig verfügen sie über eine Vielzahl an Möglichkeiten, ihr Leben zu gestalten. Sie sind nicht mehr festgelegt auf nur eine Rolle, sondern können aus einer großen Bandbreite an Rollenbildern die auswählen, die dabei helfen, den individuellen Lebensweg zu finden und zu modellieren.

Dies verheißt jedoch nicht nur ungeahnte Möglichkeiten, sondern birgt auch gewisse Gefahren in sich. So befinden sich gerade auch Frauen heute in einem wahren Bilder-Battle und versuchen, eine Unmenge an Vor- und Entwicklungsbildern zu bedienen.

Der Wunsch, diese alle zugleich – und am besten noch perfekt – zu erfüllen und zu leben, führt die Frauen unweigerlich in Überforderungen hinein. Ewige Jugend, Schönheit, Fruchtbarkeit und Leistungsfähigkeit gelten dabei sozusagen als selbstverständlich zu wahrende Attribute.

Die Einflüsse der aktuellen Kultur seit der Jahrtausendwende schlagen sich denn auch – vor allem bei Frauen – auf den Umgang mit dem Älterwerden nieder. Unsere Gesellschaft ist geprägt von dem digital suggerierten faszinierenden Versprechen universeller Machbarkeit, alles unter Kontrolle haben zu können, sowie von multiplen Perfektionsansprüchen. Da will das Altern so gar nicht hineinpassen. Entsprechend können es sich Frauen in der Lebensmitte heute kaum mehr leisten nachzulassen, Ruhephasen einzubauen oder »alt auszusehen«. Es »gehört sich nicht«, das Alter mit seinen Veränderungen einfach hinzunehmen. »Wenn du heute so alt aussiehst und dich so alt fühlst, wie du bist, hast du etwas falsch gemacht« – so scheint es. Der kulturelle Anspruch verlangt nach »ewiger Jugend«.

Hinzu kommt, dass in unserer fluiden Wirklichkeit auch die Grenzen zwischen den Generationen immer mehr verschwimmen. Gegenwärtig fühlen sich die Alten jung und die Jungen kommen uns mitunter älter vor als ihre Elterngeneration. Es finden sich zudem große Schnittmengen in den Interessen der verschiedenen Altersklassen, sodass es bisweilen mehr Einendes als Trennendes zu geben scheint. Menschen finden derzeit in Musik, Kleidung und Ernährung generationsübergreifend ihresgleichen. Generationen bilden heute kaum mehr abgeschlossene Einheiten; das bedeutet weniger Festlegung auf starre Muster, führt aber im Extrem zu einer Beliebigkeit, die bei der Navigation durchs Leben irritiert. Wir Menschen wissen heute kaum noch, woran wir uns orientieren sollen, und empfinden uns zugleich als stark unter Druck gesetzt, nur das Beste von uns zu zeigen.

Dieser Verlust des inneren Kompasses wirkt sich belastend darauf aus, wie sich Frauen in der Lebensmitte fühlen. In dieser Zeit der Umorientierung verspüren sie häufig ein Gefühl der inneren Leere und werden depressiv. Meist wird in diesem Alter lediglich der sich verändernde Hormonspiegel dafür verantwortlich gemacht. Doch es scheint insgesamt eine prekäre Zeit zu sein, in der Frauen anfällig dafür sind, depressive Symptome auszubilden.

Bevor es darum gehen wird, wie Frauen diese Umbruchphase nicht nur durchstehen, sondern auch positiv für sich nutzen können, möchte ich gern schnell noch einen Blick darauf werfen, wie sich diese Zeit für Frauen um die 50, »in den besten Jahren«, heute darstellt. Welche Lebensentwürfe, Pläne, Erwartungen und Wünsche haben sie? Wie navigieren sie durch diese immer durchlässiger werdenden Lebensverhältnisse? Welchen Herausforderungen begegnen sie? Und nicht zuletzt: Welche Lösungsformen entwickeln sie? Wo gibt es für sie Ankerpunkte, die Halt und Orientierung geben? Wie kann ein angemessener Umgang mit sich selbst, dem Älterwerden und den damit einhergehenden Veränderungen gelingen, wenn das Geburtsjahr nicht mehr relevant sein darf?

Die Endlichkeit der unendlichen Möglichkeiten

Die Verheißungen unserer Kultur, dass eigentlich alles möglich ist, sind für Frauen in der Lebensmitte ebenso faszinierend wie prägend und lassen sie kaum glauben, dass das Leben auch an ihnen seine Spuren hinterlässt.

> Als ich mit 49 einen Termin bei meiner Gynäkologin hatte und ihr meine Beschwerden mitteilte, sagte sie zu mir ›Willkommen im Klub!‹ und meinte damit den Klub der Frauen in den Wechseljahren. Da dachte ich nur, das kann doch gar nicht sein, das gibt's ja gar nicht, da bin ich jetzt also auch drin. Ich konnte das gar nicht so recht glauben.«

Die Vorstellungen von Weiblichkeit und Frausein werden auch heute noch eng mit dem Bild von Mutterschaft verwoben. Daher ist der Abschied von dieser potenziellen Möglichkeit für jede Frau ein Thema, unabhängig davon, ob sie sich für oder gegen Kinder entschieden hatte oder gar ungewollt kinderlos geblieben ist. Sogar dann, wenn eine Frau sich bewusst gegen eine Mutterschaft entschieden und immer glücklich damit gelebt hat, wird sie in der Lebensmitte durch die schwindende Fruchtbarkeit noch einmal mit dieser Thematik konfrontiert. Sie muss sich damit auseinandersetzen, dass ihre fruchtbare Zeit als fortpflanzungsfähige Frau sich dem Ende zuneigt. Rein biologisch und evolutionär betrachtet hat sie ihr Soll erfüllt und wird zunehmend überflüssig – das stellt sie als solche infrage. Das Verlieren der Fruchtbarkeit wird oft als Verlust weiblicher Potenz und Attraktivität empfunden. Hierin unterscheiden sich Frauen und Männer: Frauen können mit Eintreten der Menopause nicht mehr empfangen und gebären, also kein Leben mehr spenden, Männer hingegen verlieren ihre Zeugungsfähigkeit in der Lebensmitte in der Regel nicht.

Die Wechseljahre sind jedoch keine rein biologische Thematik, sondern aus psychologischer Sicht eine viel komplexere. Frauen erleben gleichermaßen körperliche Veränderungen und schicksalhafte Umbrüche in dieser Zeit: Viele sehen die Kinder ihrer Wege gehen, die eigenen Eltern, manchmal auch Freunde, erkranken oder sogar sterben: »Die Einschläge kommen näher.« Man wird gezwungen, sich mit dem Thema Endlichkeit auseinanderzusetzen. Die Partnerschaft steht auf dem Prüfstand. Berufliche Wechsel und Einbrüche werden aufgrund des fortschreitenden Alters als dramatisch erlebt.

Das Ausbleiben der Regel ist also nur ein Aspekt einer umfassenderen Thematik, aber ein sehr prägnanter: Er markiert sinnbildlich das Schwinden von Optionen. Die noch vorhandenen reduzieren sich auf ein überschaubares Maß – Ausbildung und berufliche Entwicklung, Partnerwahl und Familiengründung sind meist abgeschlossen,

So gern wir uns heute immer noch alle Möglichkeiten offenhalten würden, so sehr wir auch mit dem liebäugeln mögen, was wir noch alles erreichen, schaffen und gestalten wollen, so sehnlichst wir unserem Leben vielleicht sogar noch einmal eine ganz andere Wendung geben möchten, das Ausbleiben der Menstruation macht es deutlich: Frauen müssen sich von dem Gedanken verabschieden, dass noch alles möglich ist in ihrem Leben – zumindest eine Tür schließt sich unwiederbringlich.

> Als ich dann gemerkt habe, dass meine Regel ausbleibt, war ich froh, dass das endlich vorbei ist, und gleichzeitig war ich total traurig. Da ging auch etwas zu Ende.«

Bettina beschrieb Freunden gegenüber meist gut gelaunt die Abnabelung ihrer beiden Kinder als eine organische und normale Entwicklung. Bei eindringlicherer Auseinandersetzung spürte sie – neben einem Gefühl von unbändigem Stolz auf ihre Kinder – jedoch auch eine tiefe Traurigkeit. Sie empfand es als schmerzhaft, dass sich eine Zeit, eine Phase in ihrem Leben, dem Ende zuneigte.

> Es ist so ein trauriger Abschied, fast wie wenn ein geliebter Mensch stirbt und du weißt, da ist etwas unwiderruflich vorbei.«

Zu Beginn konnte sich Bettina diese »irrationalen und übertriebenen« Gefühle weder erklären noch zugestehen, denn sie hatte sich doch so auf ihre erweiterten Freiräume gefreut, und letztlich waren ihre Kinder ja noch nicht einmal ausgezogen. Und doch fühlte es sich wie ein bitterer Abschied an.

Die »zweite Pubertät«

Zwiespältige Gefühle sind typisch für Frauen in der Lebensmitte, denn diese befinden sich auf physiologischer und seelischer Ebene im Wandel, im Übergang von einer Phase, einer Welt, in eine andere. Es gilt, sich von Altem zu verabschieden und zu lösen, um Neues zu finden. Das wird meist sehr ambivalent erlebt.

Körperliche und seelische Prozesse laufen untrennbar parallel ab und geraten in dieser Zeit in ein turbulentes Auf und Ab. Dass sich viele Empfindungen nicht eindeutig zuordnen lassen, löst eine Verunsicherung aus, die verschiedene Lebensaspekte betrifft, nicht nur körperliche: Was ändert sich? Was bleibt? Wie lange dauert das? Was kommt danach? Wie viel Frau bin ich dann noch? Bin ich eigentlich noch dieselbe? Ist meine Partnerschaft so in Ordnung? Was will ich beruflich? Woran habe ich überhaupt Spaß? Was tut mir gut?

Es beginnt eine Phase des Suchens und Experimentierens. In dieser Zeit erproben Frauen neue Ausdrucksmöglichkeiten, entdecken andere Arten der Freizeitgestaltung für sich, müssen ihre Leistungsfähigkeit neu austarieren und sehen sich vor der Herausforderung, echte Veränderungen ihrer Lebenssituation in Gang zu setzen.

Die Gefühle in der Lebensmitte sind ambivalent und ähneln denen in der Pubertät, denn nun erleben sich Frauen erneut in einem fragilen seelischen Spannungsfeld. Die Lebensmitte ist daher so etwas wie eine zweite Pubertät mit der dazugehörigen körperlichen und seelischen Achterbahnfahrt. Das Wechselbad der Gefühle sowie die Schlaflosigkeit und Unruhe, die diese Zeit typischerweise begleiten, und das Gefühl, körperlichen Veränderungen ausgeliefert zu sein, erinnern an den Zustand der Adoleszenz. Doch anders als die Pubertät erleben Frauen die Lebensmitte zumeist nicht als Wachstum und Zugewinn, sondern als Ende oder zumindest Anfang vom Ende, als Abschied. Die emotionale Grundfärbung ist deshalb trauriger.

Wie in der Pubertät ist die Umgebung davon mit betroffen und wird mit infrage gestellt. Ehemänner, Kinder, Freunde sehen sich Konsequenzen ausgesetzt, erfahren Umbewertungen und Begrenzungen. Sie spüren, dass die Partnerin, Mutter bzw. Freundin sich verändert, ihr Leben kritisch betrachtet und eventuell nun anders beurteilt. Die Reaktionen darauf sind häufig abwehrend bis ablehnend.

Auch der Blick der Frauen auf sich selbst ist oft negativ geprägt. Sie nehmen in einer gesteigerten Selbstwahrnehmung eher die unliebsamen Entwicklungen an sich wahr: Die Haut wird trockener und faltiger, die Haare ergrauen und verlieren ihren Glanz ebenso wie der Körper seine Elastizität, Geschmeidigkeit und somit vermeintlich seine Attraktivität. Frauen in der Lebensmitte fühlen sich weniger belastbar als früher, sind schneller müde und gereizt, benötigen längere Zeit zur Rekonvaleszenz. Krankheiten schränken sie ein, sie spüren weniger Agilität, und nicht zuletzt verbinden sie den Verlust der Fruchtbarkeit in der Menopause oft mit der Angst, an weiblicher Anziehungskraft zu verlieren. Erschwerend kommt hinzu, dass kaum attraktive und dabei zugleich reale und lebensnahe Vorbilder für diese Lebensphase existieren, an denen Frauen sich orientieren könnten. Die eigenen Mütter können in der Regel nicht als Rollenmodelle dienen. Vielmehr werden deren Wechseljahre oft in negativen Bildern beschrieben oder sind gar nicht wahrgenommen worden. Eher verweisen die Frauen auf Prominente, um zu zeigen, wie sie selbst sein möchten oder auch nicht. Das sind aber keine lebensnahen Vorbilder, an denen man sich orientieren könnte.

Auch zwingt das Nachlassen körperlicher und geistiger Leistungsfähigkeit Frauen in der Lebensmitte zu Langsamkeit und Erholungsphasen. Das ist für manche eine willkommene Erlaubnis zur Entschleunigung, aber viele tun sich erst einmal schwer, mit ihrer reduzierten Kraft umzugehen.

Dabei verlieren Frauen leider oft den Blick für die durchaus auch positiven Seiten dieser Phase und die neuen Möglichkeiten, die sich darin für sie auftun. Denn dieser seelische Übergang ist nicht nur mit schmerzhaften Verlusten, sondern auch mit beglückenden Zugewinnen verbunden.

Frauen in den besten Jahren erfahren eine neu gewonnene Freiheit. Sie erleben sich in einem weniger engen Lebenskorsett. Wenn sie Kinder haben, sind diese nun bereits älter und selbstständiger, was ihnen als Mütter wieder mehr Zeit für die Erfüllung eigener Bedürfnisse schenkt. Die Nächte sind wieder zur Erholung da, und in der Schule sollten die Kinder – wenn sie diese nicht ohnehin schon abgeschlossen haben – jetzt größtenteils allein zurechtkommen. Es gibt weniger Verpflichtungen und mehr *me-time*, die nach Gusto gestaltet werden kann. Eigentlich kann frau um die 50 aufatmen.

Auch dass sie sich nicht mehr mit jüngeren anderen Frauen in Konkurrenz um potenzielle Partner befindet, erlaubt ihr eigentlich einen größeren Entfaltungsspielraum. Es lohnt sich also der Blick auf den Zugewinn an Möglichkeiten, das Leben zu genießen, auch mal für sich zur Ruhe zu kommen, ausgeglichener, frei für neue Entdeckungen, Reisen oder neue Hobbys zu sein.

Viele Frauen erleben es als entlastend, dass sie nicht mehr bestimmte Normen erfüllen müssen, wie sie es noch als jüngere Frauen getan haben. Sie sind weniger verhaftet in starren Rollenmustern, durch den Wegfall der vorherigen Rolle als gebärfähige Frau und versorgende Mutter werden nochmals neue Freiheiten spürbar und Konventionen abgestreift.

> Jetzt zählt, was ich will. Ich mache nicht mehr alles mit und passe mich nicht mehr an. Seit ich 50 bin, überlege ich mir genau, mit wem ich meine Zeit verbringe, das Leben ist endlich.«

Der positive Aspekt des Verlusts an Optionen und des Näherrückens des Themas Endlichkeit ist der, dass es durch die Auseinandersetzung damit zu einem veränderten Blick auf sich und das Leben kommt.

Frauen halten inne, schauen auf bereits Geleistetes und Erreichtes und fragen sich, was wohl noch kommen mag, denken darüber nach, was sie noch erleben und erreichen wollen. Auch hierbei vergleicht man sich wieder mit anderen Frauen in derselben Lebensphase, tritt vielleicht sogar in Konkurrenz zu ihnen, zieht Bilanz für sich selbst: Wie aktiv bin ich? Wie aktiv sind die anderen? Wie habe ich mich gehalten? Wie die anderen? Wie zufrieden und glücklich bin ich? Sind die anderen glücklicher? Wie sehr haben mich Schicksalsschläge ereilt? Wer hatte mehr Glück im Leben? Bis wohin habe ich es gebracht? Wo stehen die anderen? Wie bin ich finanziell aufgestellt? Was können sich die anderen leisten?

Wegmarke 50

Die Zahl 50 scheint wie magisch die Lebensmitte des heutigen Menschen mit höherer Lebenserwartung zu markieren – die eine Hälfte des Lebens ist vorbei, die andere bricht nun an. Mit etwa 50 Jahren machen Frauen eine umfassende Standortbestimmung und bewerten ihr Leben in beide Richtungen – mit dem Blick zurück und nach vorn. Sie halten inne, betrachten das bereits Erreichte, das, was sie im Leben vermisst haben, verpasste Chancen und schlummernde Sehnsüchte. Zugleich schauen sie auch in die Zukunft, darauf, was noch vor ihnen liegen könnte. Sie spüren, dass sich alte Verhaltensmuster so nicht fortsetzen lassen, und ebenso, dass sie noch keine neuen Strategien entwickelt haben, um mit der veränderten Situation umzugehen. Diese Übergänge auszuhalten und zu gestalten ist schwierig. Damit tun sich Menschen per se schwer. Etwas Altes loszulassen, bevor wir noch nicht genau wissen, was vor uns liegt, verunsichert uns und macht uns Angst, sodass wir uns eher an Überholtem festklammern, als uns mit offenen Augen Neuem zuzuwenden.

Übergänge sind für uns Menschen also grundsätzlich eine große Herausforderung. Selbst wenn wir merken, dass das Alte nicht mehr passt, an allen Ecken und Enden zwickt und wir ihm entwachsen sind, tun wir uns schwer, es abzustreifen und verharren in alten Mustern, solange wir noch nichts Neues für uns gefunden haben. Wenn die Formen und Rituale, die bislang unseren Alltag bestimmt haben, sei es in Bezug auf Kinder, Job, Familie oder das Selbstbild, überholt sind, aber noch keine neuen an unserem Horizont aufscheinen, verspüren wir eine große Ambivalenz: Wir sind Altes leid, trauern ihm aber gleichermaßen nach. Wir haben Angst vor dem, was kommen mag, und sind zugleich gespannt darauf. Solche Übergänge sind schwer auszuhalten, aber notwendig, um Neues zu entwickeln.

Ich habe genau gemerkt, dass meine Kinder mich in dieser Form nicht mehr brauchen. Aber ich konnte irgendwie noch nicht loslassen und war unglaublich gekränkt und beleidigt, wenn sie keine Lust mehr hatten, etwas mit mir zu unternehmen. Anstatt mich zu freuen, dass ich mal einen Moment für mich hatte, habe ich geschmollt.«

Die magische Zahl 50 steht bei Frauen also für einen grundlegenden Umbruch und eine kräftezehrende Neuorientierung. Ein Perspektivwechsel wird erforderlich. Das ist gut und wichtig.

Denn das Klimakterium ist zu verstehen als ein umfassender Klimawechsel. Es ist verbunden mit einer Auseinandersetzung mit sich selbst, dem eigenen Leben und der Rolle als Frau. Und mit der Suche nach neuen Bildern und Wegen, das weitere Leben zu gestalten, agil und aktiv.

Die Wechseljahre sind also weit mehr als nur ein physiologischer Vorgang. Nur einzelne Symptome zu behandeln, wird dieser Phase nicht gerecht, sie bedarf einer ganzheitlichen Betrachtung. Diese zweite Pubertät, dieser Übergang in der Lebensmitte, stellt einen seelischen Stellungswechsel im Leben einer Frau dar.

Der Zugewinn an Freiheit, gepaart mit dem Gefühl von Begrenztheit und dem Blick auf Endlichkeit, führt dazu, dass Frauen genauer in sich hineinspüren, um zu ergründen, was ihnen wirklich wichtig ist.

Sehr oft beginnen sie in dieser Zeit auszusortieren, Wichtiges von Unwichtigem zu trennen, Kontakte und Freundschaften auf die wesentlichen zu reduzieren. Sie machen nicht mehr jede Mode mit, haben oft ihren eigenen Stil gefunden. Sie merken, dass sie Stress nicht mehr so gut aushalten können. Und machen sich einfach weniger Stress. All dies hat mit der neu gewonnenen Gelassenheit zu tun und diese ist ein großes Plus dieses Lebensabschnitts.

Wege durch die Wechseljahre

Frauen gehen mit der Dynamik des Umbruchs in der Lebensmitte unterschiedlich um und bewegen sich zwischen zwei Polen: dem des Annehmens der eigenen Natur und der damit einhergehenden Veränderungen und dem des Bekämpfens derselben.

In dieser Grundspannung entwickeln sich nun Strategien und Bedürfnisse, die sich zu einem gewissen Grad bei allen Frauen finden lassen. Der individuelle Umgang jeder Frau mit der veränderten Situation beinhaltet immer alle Aspekte, nur der Fokus auf sie und die Gewichtung sind unterschiedlich. Diese allgemeinen Strategien werden wir uns nun näher ansehen.

Kampfansage an die Zeit

Eine Strategie im Umgang mit den körperlichen wie auch seelischen Veränderungen in dieser Zeit beschreibt einen Prozess, in welchem Frauen die Wechseljahre als etwas Fremdes wahrnehmen, das sie sich gern vom Leib halten würden. Häufig werden sie von ersten Symptomen überrascht, bevor sie überhaupt damit rechnen. Es ist für sie immer zu früh, sie sind nicht darauf eingestellt, es »passt gerade nicht«. Sie fühlen sich plötzlich als Frau infrage gestellt und beziehen dies auf mehrere Bereiche: Das weibliche Selbstbild gerät ins Wanken, das Frausein als solches, die Attraktivität wie auch die Leistungsfähigkeit. Wechseljahre und Alterungsprozesse werden zunächst als Feinde angesehen und bekämpft.

Am liebsten würden die Frauen das Auftreten der Symptome aufschieben oder gar ganz an sich vorbeiziehen lassen und das eigene Selbstbild erhalten, einfach so weitermachen wie bisher und unberührt über diese Lebensphase hinwegsurfen.

> Das passte damals bei mir gar nicht rein. Ich dachte, wenn ich es einfach ignoriere, bin ich noch nicht in den Wechseljahren. Verrückt eigentlich, aber mich hat das echt kalt erwischt.«

Manche Frauen richten sich hartnäckig im alten Selbstbild ein und versuchen mit allen Mitteln, das Schicksal aufzuhalten. Und damit ist ein Scheitern vorprogrammiert. Eine ehrliche Auseinandersetzung mit den Veränderungen, Akzeptanz und Gelassenheit sind die Wegweiser, die aus einer beginnenden Krise herausführen.

Vogel-Strauß-Politik

Eine andere Reaktion auf Wechseljahressymptome ist die des Vogels Strauß: Man steckt den Kopf in den Sand und hofft, dass die Wechseljahre einfach an einem vorüberziehen werden, ohne dass man von ihnen behelligt würde. Man will nicht wahrhaben, dass man »in die Jahre kommt«. Das geht mitunter so weit, dass Frauen zeitweise Veränderungen an sich leugnen und einen immens großen Aufwand betreiben, um das eigene Alter zu überspielen bzw. zu übermalen.

> Ich bin zwar 51, aber das hat nichts zu sagen: Man ist eben so alt, wie man sich fühlt und entsprechend dem, was man aus sich macht. Ich ignoriere einfach mein biologisches Alter.«

Als Vorbilder werden überwiegend jüngere Frauen herangezogen. Mit diesen rivalisieren die in die Wechseljahre Kommenden in puncto Schönheit, sexuelle Ausstrahlung, Style, sogar Fruchtbarkeit. Sie trimmen die Figur mittels Sport und Diät in Form. Der Kleidungsstil ist ebenfalls betont jung und sexy. Auch die berufliche Leistung darf nicht nachlassen. Die Frauen befürchten, ihre Karriere könnte unter der Fremdeinschätzung »Wechseljahre« leiden. Auch hier heißt es, sich den Tatsachen zu stellen und das eigene Älterwerden für sich anzunehmen. So wie die zweite Hälfte des halb vollen Glases noch genossen werden kann, hat auch die andere (Lebens-)Hälfte noch viel zu bieten.

Die »Große Mutter«

Den Gegenpol zu den beiden zuvor genannten Strategien der Frauen im Umgang mit den Wechseljahren stellt die Verklärung des weiblichen Alterungsprozesses dar. Sie findet Ausdruck im Bild der »Großen Mutter« (und Großmutter). Frauen wollen ihre Reife zeigen, stehen zu ihren Veränderungen, beispielsweise ihren grauen Haaren, und betrachten die Wechseljahre als Ganzes – die physischen, seelischen und sozialen Veränderungen – als lockende Herausforderung. Sie verwandeln ihre körperliche in eine geistige Reife und Fruchtbarkeit und möchten Erfahrungen und praktische Unterstützung an die nachfolgende Generation weitergeben. Dies kann als Beraterin erfolgen, etwa als Großmutter, oder auch als professionelle Supervisorin. Damit erheben sich Frauen in eine neue Rolle und sichern gleichzeitig ihre Bedeutung und Wertschätzung. Dies gelingt jedoch in anderen Kulturen, in denen älteren Menschen mehr Wertschätzung entgegengebracht wird, leichter als in Deutschland.

Aber auch diese Strategie, die gleichwohl viel Positives an sich hat, birgt gewisse Gefahren des Selbstbetrugs. Wenn es sich für diese Frauen auch so darstellt, als seien die Wechseljahre kein Problem für sie, kann der so entspannte Umgang mit der Thematik doch ebenfalls eine Vermeidungstaktik sein – nur eben mit anderen Vorzeichen. Denn streng genommen findet auch hier keine Auseinandersetzung mit dem Thema Älterwerden und Abschiednehmen von vergangenen Lebensphasen statt. In der Idealisierung wird das Bild weiterhin perfekt gehalten, gerade so, als sei alles kein Problem, mehr noch, als sei alles überhaupt kein Thema – die eigentliche Problematik wird somit negiert. Was also sonst kann frau tun, um bewusst und sicher durch die Wechseljahre zu navigieren?

Zeit der Reife

Sich mit der eigenen Begrenztheit und Endlichkeit auseinanderzusetzen ist notwendig für eine produktive Entwicklung. Das beinhaltet gegebenenfalls auch, sich wenn nötig von Eltern, Kindern, Partnern, Fähigkeiten und Rollen zu verabschieden und diesen Abschied in angemessener Weise zu betrauern, ohne diese natürliche Grenze, die das Leben setzt, als eine tiefe Kränkung zu erleben.

Erst dann können Veränderungen willkommen geheißen und integriert werden!

Vielen Frauen tut es gut, sich in dieser Zeit mehr auf ihre feminine Stärke zu besinnen. So können sie sich selbst wieder näherkommen und sich verbunden fühlen mit ihrer Weiblichkeit, anstatt gegen sie anzugehen. Dies ist eine Chance, Veränderungen nicht als neue Symptome zu verstehen, sondern als etwas, was schon immer in ihnen angelegt gewesen ist, als eine Art Entfaltung ihrer selbst. Dann vermögen sie körperliche und seelische Prozesse aufzugreifen, anstatt sie zu bekämpfen. Richten Sie sich auf die noch verbleibende Zeit ein und gehen Sie Themen an, die Ihnen auf der Seele brennen. Vielleicht macht es für Sie Sinn, in dieser Phase auch über neue berufliche Orientierungen nachzudenken, die Partnerschaft und den eigenen Wertekodex zu prüfen, sich zu fragen: »Wohin bin ich bisher gekommen und in welche Richtung soll es weitergehen?«

Wenn Frauen Veränderungen ihres Körpers und ihrer Psyche weder komplett leugnen noch ausschließlich bekämpfen, kann in dieser Zeit auch Raum entstehen für sinnliches Neuentdecken. Dann können sie spüren: Es erschließen sich ihnen andere Wege. Und viele von ihnen wagen tatsächlich noch einmal eine Neu- oder Umorientierung.

> Es ist irgendwie auch beruhigend: Jetzt sind die Jüngeren dran, und es ist an meiner Tochter, schön zu sein. Ich kann mich auch mal zurücklehnen und mich um andere Dinge kümmern, was Neues.«

Um den Wechseljahren zu begegnen, wird viel Neues und Anregendes ausprobiert, was in befruchtende Prozesse münden kann: Frauen erproben sich in neuen Hobbys, setzen sich auf neue und andere Weise mit ihrem Körper auseinander und verändern ihre

Ernährung, sie treiben mehr Sport, entdecken vielleicht sogar andere Sportarten, überdenken die Beziehung zum eigenen Mann und/oder sondieren andere Männer als potenzielle Liebespartner.

> Ich hab dann auch wieder mehr nach rechts und links geschaut, hatte wieder Lust, auszugehen und neue Leute kennenzulernen. Und dann ist mir mein neuer Partner begegnet, damit hatte ich gar nicht mehr gerechnet.«

Viele Frauen gewinnen in dieser Zeit an sich neue Seiten von Weiblichkeit lieb, entdecken ihre Lust neu und definieren Schönheit in einer anderen Form. »Schön« zu sein bedeutet nun, eine positive Ausstrahlung zu haben, Lebendigkeit und Agilität. Eine Frau erlebt sich dann als schön, wenn sie sich in ihrer Haut wohlfühlt, gepflegt ist. Die meisten Frauen glauben nicht an ein Wundermittel, um Alterungsprozesse aufzuhalten. Aber sie haben Sehnsucht danach, sich angenommen, mit sich im Reinen und schön im eben genannten Sinne zu fühlen.

Die Konfrontation mit der neuen Lebensphase regt viele Frauen auch zum Ausprobieren neuer weiblicher Ausdrucksformen an. Dem Schrecken der Lebensphase Wechseljahre setzen sie neue sinnliche Erfahrungen entgegen: weibliche, körperumschmeichelnde Kleidung – farbenfroh und figurbetont. Frei werdende Zeit und Kraft füllen sie mit neuen Beschäftigungen: Kurse, Seminare, kreatives Handwerken, körperliche Betätigung, Kochen, Backen. Situativen Veränderungen in der Familie oder am Arbeitsplatz begegnen sie mit experimentellen Vorstößen in neue Rollenverteilungen und probieren aus. Insgesamt gibt es zwischen glanzvoller Performance und entspannter Einfachheit viele Zwischentöne des Umgehens mit dieser Phase. Es lohnt sich in dieser Phase, sich ruhig einmal auszuprobieren, um zu erfahren, was man möchte und was einem guttut.

Die Zeit der Lebensmitte ist eine große Herausforderung, ist mitunter von schmerzhaften Veränderungen geprägt und kann daher ein Nährboden für eine depressive Erkrankung sein. Aber diese Zeit stellt zugleich auch eine große Chance dar, Altes zu überdenken und neue Formen zu finden, abzuwägen, wovon man sich verabschieden und was man Neues entwickeln möchte. Zwischen lähmender Stilllegung und blindem Aktionismus gibt es viele lebbare Zwischenschritte in einer Balance zwischen Besinnung und Lebendigkeit.

Aktiv sein Alter zu gestalten, heißt weder, sich ihm komplett hinzugeben, noch gegen es anzukämpfen oder es zu ignorieren. Durch eine lustvolle Kultivierung des Alltags – das Zelebrieren von Kochen, Essengehen, Treffen mit Freunden und anderen schönen Dingen – können neu gewonnene Freiheiten genutzt und ausgekostet werden.

Auch Reisen vermögen den Blick auf den Alltag zu erweitern und in der Rückschau als gemeisterte Herausforderung das Selbstbewusstsein zu stärken: »Wenn ich andere Länder bereisen kann, schaffe ich auch mein Alltagsleben.« Auf Reisen erlebt man Neues und Unbekanntes – durch diese Erfahrung fühlt man sich agil, lebendig und aktiv.

Sport und Fitness können in dieser Zeit mehr sein als körperliche Ertüchtigung. Als seelische Reinigung und Justierung vermögen sie dabei zu helfen, diese wilden Jahre nicht nur durchzustehen, sondern eine neue Selbstwahrnehmung zu erfahren. Analog dazu bedeutet auch Körperpflege mehr als Säuberung: Es ist eine achtsame Selbstfürsorge.

Um durch die turbulente Zeit zu kommen, hilft es, sich Fragen in Bezug auf Einheit, Richtung und Zusammenhang zu stellen:

Einheit: Wer bin ich geworden und wie lassen sich die Veränderungen integrieren? Was behalte ich bei und welche Haut gilt es abzuwerfen?

Richtung: Wo will ich hin und wer und was kann mir hier Orientierung verschaffen? An welchen positiven Frauenbildern kann ich mich ausrichten?

Und zu guter Letzt: In welchen Sinnzusammenhang – bezogen auf andere Menschen oder einen übergreifenden Kontext – kann ich mich und mein Leben einbetten?

Frauen wollen in ihren Veränderungen stärker angenommen und entlastet werden. Daneben wird auch der Wunsch nach einem humorvollen Umgang mit dieser Übergangszeit deutlich. Das heißt nicht, dass die Problematik und der Schmerz des Loslassens verschwiegen werden sollten, doch gilt es, den Fokus mehr auf das Neue zu legen, das kommt, und ihm offen, mit Neugierde und mit Zuversicht zu begegnen.

Frauen sollten dabei unterstützt und ermutigt werden, Dinge, Menschen und Rollen zu verabschieden, zu betrauern und zugleich zurückzuschauen in Stolz und Wertschätzung auf bereits Gelebtes. Und schließlich den Blick nach vorn richten und das Älterwerden willkommen heißen. Dann werden auch die Wechseljahre in ein anderes Licht gerückt, erscheinen nicht länger als Sackgasse, sondern als Möglichkeit zum Aufbruch – um Erfüllung zu finden in der zweiten Lebenshälfte.

Männer heute – Jäger des verlorenen (Manns-)Bildes

Benjamin, 42 Jahre alt, ist verheiratet und seit zwei Jahren Vater. Er lebt mit seiner emanzipierten Frau zusammen. Sie arbeitet in Teilzeit, die Aufgaben im Haushalt teilen sie sich weitestgehend. Eigentlich ist Benjamin sehr zufrieden mit seinem Leben, spürt aber, dass er immer wieder an seine Grenzen stößt, wenn es darum geht, klar zu äußern, was er sich wünscht. Er liebt seine Frau und seinen zweijährigen Sohn sehr, und doch merkt er, dass sein Spielraum merklich kleiner geworden ist. Auf beruflicher Ebene gibt es für ihn als Architekt immer wieder Phasen, in denen er sehr beansprucht ist. Er hat das Gefühl, aufpassen zu müssen, dass ihm von ambitionierteren Kollegen nicht der Rang abgelaufen wird. Wenn er ehrlich zu sich ist, muss er sich eingestehen, dass er sich im Büro auch nicht wohlfühlt. Er ist zerrissen zwischen den beiden gegensätzlichen Wünschen, einerseits im

Job voranzukommen und andererseits möglichst viel Zeit mit seiner Familie zu verbringen. Letzteres hat sein eigener Vater nämlich nie getan. Benjamin hat noch immer den Traum, ein eigenes Architekturbüro aufzubauen, doch davon ist er momentan meilenweit entfernt. Bernd, ein Studienkollege, hat dies gerade verwirklicht und lebt seinen Traum – Benjamin beneidet ihn darum. Er hat das Gefühl, mit seiner Frau nicht offen darüber reden zu können, aus Angst, sie könne denken, er sei nicht glücklich mit ihr. Er zieht sich innerlich immer mehr zurück, arbeitet »wie ein Roboter ohne Freude«, ist zu Hause so viel präsent wie möglich und erledigt spät abends im Home Office noch die Dinge, die auf der Arbeit liegen geblieben sind. Manchmal ertappt er sich dabei, seinen Vater zu beneiden, der früher eine sehr klassische Rollenverteilung lebte. Aber das möchte Benjamin auch wieder nicht. Eigentlich hat er kein richtiges Bild von sich als Mann. »Irgendwie schwimme ich und weiß nicht so recht, wohin es gehen soll, genauer gesagt, wohin ich will. Ich bin eigentlich nicht mehr sichtbar, ziehe mich immer mehr in mich zurück und bin auf der anderen Seite unglaublich gereizt und brülle oft rum.«

Benjamin ist kein Einzelfall. Auch Männer finden sich in ihrer Lebenssituation mitunter nicht zurecht und sind unzufrieden. Das kann bei ihnen ebenfalls zu depressiven Verstimmungen führen. Tatsächlich leiden heute immer mehr Männer unter Depressionen, auch wenn dies weniger ist, da es bei ihnen noch mehr verschwiegen wird als bei Frauen. So fällt beispielsweise jeder zehnte Mann nach der Geburt seines Kindes in ein seelisches Tief und hat Angst, seiner Rolle als guter Vater nicht gerecht zu werden. Dennoch scheint Depression immer noch eher eine Frauenkrankheit zu sein. Die typischen Symptome wie Rückzug und Niedergeschlagenheit zeigen sich bei Männern häufig in verdeckter Form, werden maskiert durch gereiztes und aggressives Verhalten. Kommt noch hoher Alkoholkonsum hinzu, kann nur schwer differenziert werden, ob es sich um eine Depression oder um eine Suchterkrankung handelt.

Für Benjamin wie für viele Männer ist das Mannsein heute schwierig, weil sie kein klares Bild mehr davon haben, wie das eigentlich aussehen soll – das Männerbild diffundiert.

Dem scheinen einige Phänomene zu widersprechen, etwa die Renaissance des Bartes, der Anblick tatkräftiger, vor Kraft strotzender Heimwerker oder leidenschaftlich-archaische Grillmeister, Diskussionen rund um die Frauenquote, die Dominanz männlicher Führungskräfte sowie die Notwendigkeit der #meToo-Debatte. Und dennoch: Das alte Idealbild des dominanten Alphamännchens – »stark und durchsetzungsfähig« – in Job und Familie ist passé, auch das des eher weichen Mannes – »aggressionsfrei und verständnisvoll« –, des Frauenverstehers, der sich genauso liebevoll um die Kinder kümmert wie die Mutter und permanent versucht, es seiner Frau recht zu machen, greift nicht. Wann ist ein Mann denn nun ein Mann? Diese Frage ist heute weder für Männer noch für Frauen leicht zu beantworten.

Männer befinden sich momentan in einer Identitätskrise, die sich sowohl auf ihre Selbstwahrnehmung als auch auf ihre Außendarstellung bezieht. Die derzeit beobachtbare Diffusion der Rollen von Männern und Frauen sowie die Vielfältigkeit der Manns-Bilder, die heute bedient werden sollen, führen dazu, dass Männer – ebenso wie Frauen – häufig überfordert damit sind, all die an sie gerichteten Erwartungen – auch die eigenen – parallel zu erfüllen.

Welche Bilder versucht nun das starke Geschlecht heute zu vereinbaren, obwohl sie eigentlich nicht vereinbar sind? Welche Auswirkungen haben diese multiplen und widersprüchlichen Ansprüche auf das Gemüt der Männer? Wie gehen sie damit um? Und welcher Zusammenhang zwischen unserer Gesellschaft, dem momentanen Männerbild und der männlichen Depression kann aufgezeigt werden?

Depression bei Männern weist die gleiche Grundstruktur auf wie bei Frauen, zeigt sich allerdings in einer anderen Färbung. Für beide Geschlechter geht es darum, sich einer mutigen Auseinandersetzung mit den eigenen Wünschen, Sehnsüchten und an sie gestellten Anforderungen zu stellen.

Bilderleere und leere Bilder

Mussten sich Männer vor 15 Jahren noch entscheiden, ob sie das Bild des Machos oder das des Softies für anstrebenswert hielten, so haben sich diese Bilder heute weitestgehend aufgelöst und sind im Zuge der erwähnten Rollendiffusion regelrecht verschwunden. Die alten Bilder greifen nicht mehr und es fehlt an neuen. Die gegenwärtige ist eine Zeit des Übergangs, die den Männern viel abverlangt.

Sie fühlen sich nicht selten im übertragenen Sinne kastriert und ihrer männlichen Kraft beraubt, denn sie erleben die Frauen auf dem Vormarsch in Gebiete, die früher überwiegend ihre Domäne waren. Im Beruf können sie zwar meist noch ihren Mann stehen und fühlen sich dort noch einigermaßen versiert und erfolgreich; sobald sie jedoch die Schwelle des Heims übertreten haben, stellen sie sich häufig unter die Hoheit der Frau und erleben sich daher im Privatleben als zu angepasst und konturlos.

> Auf der Arbeit macht 'ne ganze Abteilung, was ich sage, aber wenn ich den Fuß zu Hause zur Tür reinsetze, dann behandelt meine Frau mich wie ein kleines Kind.«

Sie orientieren sich häufig an den Frauen, was ihnen Konflikte jedoch nicht erspart: Machen sie zu wenig, ist es nicht richtig, und nehmen sie die Dinge in die Hand, scheint das auch nicht erwünscht zu sein, denn oftmals sehen Frauen dann ihren Allmachtsanspruch in Bezug auf das Funktionieren des Familienlebens dadurch infrage gestellt.

Frauenpower und ihre Folgen

Zu der Erosion des Männlichkeitsbildes kommt somit das Vorpreschen der Frauen in die früher eher männlich geprägten Bereiche, das als Eindringen in das eigene Terrain empfunden wird. Dies steigert die Unsicherheit, die ohnehin schon durch die gesellschaftlichen Entwicklungen entstanden ist.

> Heute weiß man doch gar nicht mehr,
> wie man als Mann sein soll.«

Frauen hilft die Emanzipation dazu, sich langsam, aber stetig aus der schwächeren Position, die sie jahrzehntelang innehatten, zu befreien. Für die Männer wirkt das allerdings so, als bekämen sie von ihrer Macht etwas weggenommen. Viele Frauen übernehmen Attribute und Tätigkeiten, die vorher Männern vorbehalten waren bzw. zugesprochen wurden. Zudem ist typisch männliches Verhalten in vielen Bereichen nicht mehr erwünscht. Schon früh erfahren Jungs, dass sie zu laut, zu massiv und zu aggressiv sind.

> In öffentlichen Einrichtungen werden
> eher die Mädchendinge gefördert, als dass
> Jungen so sein dürften, wie sie sind.«

Die diametral entgegengesetzten Forderungen dieser Bilder »Sei empathisch und verständnisvoll wie eine Frau« und »Sei klar und durchsetzungsstark wie ein Mann« konnten die Männer nicht in einem lebbaren Bild vereinbaren. Heute spitzt sich die Situation weiter zu. Vermochten sie seinerzeit zwischen den beiden Bildern zumindest noch hin- und herzuspringen, zeigt sich nunmehr weitestgehend eine komplette Auflösung des Mannerbildes. In der Untersuchung im rheingold Institut zu diesem Thema waren wiederholt Äußerungen wie »Ich bin Mädchen für alles« und »Ich bin die beste Freundin meiner Frau« zu hören, was zeigt, wie konturlos das Bild für Männer heute geworden ist.

Sie befinden sich in einer schwierigen Übergangsphase, die eine Wahrnehmungs- und Darstellungskrise nach sich zieht, und sind auf der Suche nach einem Orientierung bietenden Bild. Dafür wird ihnen aber keine Zeit zugebilligt: Sie sind aufgefordert, weiter ihren Mann zu stehen, auch wenn sie gar nicht mehr genau wissen, wie dieser auszusehen hat.

Männliche Strategien

Angesichts dieses Dilemmas der Bildauflösung und Diskreditierung bzw. Hemmung männlicher Grundimpulse bilden Männer nun unterschiedliche Strategien aus. Dabei lassen sich vor allem zwei Formen des Umgangs mit der veränderten Situation unterscheiden: eine eher *regressive* und eine *flexiblere*, die wir nun genauer betrachten werden.

In der eher *regressiven* Form orientieren sich Männer privat meist an den Frauen. Sie lehnen sich stark an diese an und bemühen sich darum, ihren Anforderungen gerecht zu werden. Anhand des bewertenden Blicks der Frau versuchen sie herauszufinden, welches Handeln erwünscht und welches unerwünscht ist, und machen oft die Erfahrung, dass gut eben nicht gut genug ist. Sie haben eine große Sensibilität dafür entwickelt, bereits aus der Mimik und Gestik der Frau herauszulesen, was als gut bzw. schlecht bewertet wird. Sie bestehen kaum auf ihrer eigenen Meinung und vertreten selten einen klaren Standpunkt. In der Liebe der Frau suchen diese Männer in ihrer Orientierungslosigkeit Sicherheit und Halt.

Dadurch entsteht bei der Frau jedoch das Gefühl, dass der Mann nicht das macht, was er wirklich möchte, sondern nur so tut, als ob. »Ich will, dass du mal sagst, was du wirklich willst«, bekommen Männer oft zu hören, wissen genau das aber selbst nicht so recht. Sie überantworten ihre Selbstfürsorge an ihre Partnerin. Hierdurch entsteht eine immer größere Labilität. Im Streit treten Männer dann häufig gar nicht für die eigenen Belange ein – aus Sorge, die Harmonie zu gefährden.

> Meine Frau mag es nicht, wenn ich ihr zu sehr nach dem Mund rede; aber wenn ich mal sage, was ich will, und das auch durchsetzen möchte, ist es ihr auch nicht recht.«

Die Anlehnung und Orientierung an der Frau führt dazu, dass sich viele Männer in ihrem Selbstgefühl als Mann geschwächt fühlen.

Sie leben ihre Leidenschaften dann oft nur im Verborgenen aus und suchen sich Möglichkeiten, aus dieser Situation für kurze Zeit auszubrechen.

So treiben sie beispielsweise intensiv Sport, genießen ihre Männerabende mit den Kumpels, beschäftigen sich mit von Frauen oft als kindisch empfundenen Spielen am Computer oder der Playstation, lieben es, Filme anzusehen, in denen männliche Kompetenzen und Attribute zelebriert werden und zum Erfolg führen, besuchen Pornoseiten im Internet, verschwinden im Bastelkeller, schrauben am Auto oder Motorrad herum und leben ihre archaische Männlichkeit im Fällen von Bäumen mit der Motorsäge aus.

Da läuft einem das Wasser im Mund zusammen, wenn die Säge wie Butter durch die Bäume geht.«

Ich habe zwei Freunde, die machen Downhill-Biking, einfach weil sie rauswollen und ihre absolute Freiheit haben möchten. Die schinden sich die Knochen, aber durch das Hobby können sie sich viele Wochenenden komplett ausklinken.«

In diesen Tätigkeiten können Männer noch die Männlichkeit leben, die ihnen in ihrem Privatbereich streitig gemacht wird, die verpönt und nicht mehr gesellschaftsfähig scheint.

Durch den Rückzug in diese Domänen oder in den Beruf, in dem sie sich immer noch als wirkungsmächtig erleben, geraten Männer aber weder in eine Auseinandersetzung mit der Partnerin noch mit ihren eigenen Wünschen, Sehnsüchten und Ängsten. Dabei wäre es gerade wichtig, diese Emotionen nicht abzuspalten, sondern die eigenen Bedürfnisse wahrzunehmen und ihre Erfüllung einzufordern.

Ein *flexiblerer, vorwärtsgerichteter Typus* reagiert auf die veränderten Umstände und nimmt sie an. In Auseinandersetzung mit der Frau auf Augenhöhe entwickelt er sein Eigenes. Dieser Typus findet sich eher bei jüngeren Männern, deren Eltern auch schon ein weniger tradiertes Rollenbild gelebt haben. Sie haben bereits gelernt, sich allein zu versorgen.

Diese Männer gehen mit dem weiblichen Konterpart in eine Auseinandersetzung; es wird geschaut, wer welche Stärken und welche Schwächen hat, und dementsprechend werden Aufgaben und Tätigkeitsfelder verteilt. Diese sind aber nicht auf alle Ewigkeit festgeschrieben, sondern werden immer wieder neu verhandelt. Dies ist ein beweglicher Auseinandersetzungs- wie auch Findungsprozess für den Mann. Das heißt nicht, dass von allen alten Rollenmustern restlos Abstand genommen würde. Diese werden nur nicht einfach unreflektiert übernommen, sondern im Prozess, im Zusammenleben, immer wieder neu ausgehandelt.

Dabei versuchen auch diese Männer, Konflikte eher zu vermeiden, um den Familiensegen bzw. die Eintracht nicht aufs Spiel zu setzen. Sie streben ein harmonisches Miteinander an, bei dem die Partnerschaft eher wie ein WG-Leben unter Freunden realisiert wird. Man arrangiert sich, ganz vernünftig, ohne Beziehungsdramen und Versöhnungsrituale.

Es finden also meist keine leidenschaftlichen Auseinandersetzungen statt, alles wirkt eher sachlich und rational durchdacht. Sehnsüchte, Träume sowie unpassende Charaktereigenschaften werden auch hier von den Männern aus der Beziehung herauszuhalten versucht.

Urmännliche Sehnsüchte manifestieren sich dann eher in anderen Phänomenen, so lebt beispielsweise im Comeback des Vollbarts das Bild des maskulinen, starken und markanten Mannes fort. Aber selbst hier zeigt sich eine deutliche Kultivierung. Männliche Bartträger sind heute oft sehr stylisch unterwegs und eher gepflegt als archaisch wild.

Suche nach Orientierung

Beide Typen, sowohl der *regressive* als auch der *flexible*, wollen sich die Liebe der Frau erhalten. Ersterer durch Anpassung, der zweite durch Aushandeln. Beide streben jedoch danach, die Beziehung möglichst harmonisch zu gestalten.

Problematisch und irritierend wird es für die Männer, wenn die Bereiche, in denen sie sich auf unterschiedliche Weise einbringen und erleben – etwa als durchsetzungsstark im Beruf und handzahm im Privatleben –, voneinander abgespalten werden. Wenn die Unvereinbarkeit dieser Bilder zu groß wird, wenn die Wertschätzung, nach der mann sich sehnt, nur durch eines der beiden zu erfahren ist, dann bleiben sie starr nebeneinander stehen. Es kommt zu einer strikten Trennung, zu einer Kluft, und es erwächst die Gefahr, dass sich depressive Symptome ausbilden.

Eine vom rheingold Institut durchgeführte Studie zeigte auf, dass viele Männer am gleichen Problem kranken. Durch die Auflösung allgemeingültiger Bilder leiden sie an Orientierungslosigkeit, der sie mit unterschiedlichen Strategien begegnen. Wie wir soeben gesehen haben, kann dies durch Anpassung an die Frau geschehen, insofern man bei ihr Halt und Orientierung sucht; dabei werden jedoch die eigenen Wünsche und Sehnsüchte verleugnet. Eine weitere Strategie ist die der Auseinandersetzung mit der Partnerin und des Aushandelns neuer Strukturen und Rollenaufteilungen – eine Form, bei der die eigenen Bedürfnisse stärker in den Austausch eingebracht werden.

Und schließlich gibt es auch ihn noch: den Alt-Macho, der die Auflösung des Männerbildes ignoriert, ganz traditionell »weitermacht wie bisher« und ungebrochen an tradierten Männlichkeitsmustern festhält. Bei dieser Form des Umgangs mit der veränderten Situation wird der Konflikt weitestgehend ignoriert und die Seite der Frau einfach ausgeblendet; dieser Typus setzt sich und seine Bedürfnisse rigide und kompromisslos durch.

In diesem Spannungsfeld und angesichts dieses Grundkonflikts spüren die heutigen Männer, dass sie bei zu starker Anpassung sich selbst verlieren, bei zu rationalem Aushandeln die (erotische) Spannung in der Beziehung verlieren und das alte Macho-Bild einfach nicht mehr zeitgemäß und tragfähig ist.

Auch homosexuelle Männer müssen sich mit der Erosion eines klaren Männerbildes auseinandersetzen, haben aber den heterosexuellen Männern etwas voraus. Sie sind auf gewisse Weise geübter in der Wandlungsfähigkeit und im Spiel mit verschiedenen Männerbildern.

Durch die größere Toleranz gegenüber gleichgeschlechtlichen Partnerschaften ist heute ein entspannterer Umgang mit Homosexualität möglich. Bei aller hinzugewonnenen Freiheit zieht dies jedoch auch einen Verlust nach sich. Der schwule Mann fühlt sich heute weniger einer schwulen, klar definierten Community zugehörig, die ihm früher Orientierung und identitätsstiftender Ankerpunkt war. Konnte sich Homosexualität noch vor Jahren in Abgrenzung zum »Normalen« als etwas »anderes« formieren, hat die schwule Identität heute durch die vielen Optionen von Partnerschaften an Eindeutigkeit verloren. So ist auch das schwule Männerbild konturloser geworden.

> Natürlich sind wir stolz darauf, dass es heute
> normal ist, schwul zu sein, und man sich nicht mehr
> verstecken muss. Aber es ist beliebig geworden.
> Wofür sollen wir Schwule denn noch kämpfen?«
>
> Die Frage ›Wer ist denn bei euch die Frau?‹
> spiegele ich gerne Heteropärchen zurück und
> frage sie genau dasselbe. Heute sind doch Frauen
> teilweise viel potenter als die Männer.«

Generell verspüren Männer vermehrt die Sehnsucht nach einer authentischen Stärke, wirklich gefühlter Selbstsicherheit, dies jedoch gepaart mit der Fähigkeit, offen und berührbar zu sein. Darin möchten sie bestärkt werden.

> Wir Männer müssen authentischer sein, wir dürfen
> uns den Mund nicht verbieten lassen; Ehrlichkeit
> ist wichtig – sonst sind wir Männer ohne Eier.«

Zu einem solchen Mann können sie sich nur entwickeln, wenn sie sich offen und ehrlich in Auseinandersetzungen einbringen, Konflikte wagen, Kränkungen und Gekränktwerden riskieren. Angesichts der zunehmenden Vermischung von Bereichen und Zuständigkeiten im Alltag brauchen sie zudem Tätigkeitsfelder und Möglichkeiten, bei denen sich ihre Rolle klar von der der Frau unterscheidet und sie sich nicht als mit ihr gleichgeschaltet erleben.

Da die eigene Männlichkeit erodiert ist und ein stabiler Halt fehlt, bedarf es eines neuen Entwicklungsbildes für den Mann: nicht ausschließlich rigide oder angepasst, sondern markant und kraftvoll, berührbar und sensibel, ohne zu feminin zu sein. Dieses muss nicht perfekt sein, vielmehr authentisch und lebbar.

Kinder und Jugendliche – alles ist möglich und nichts geht

Mathilda ist 14 Jahre alt und besucht die 9. Klasse des Gymnasiums. Sie lebt mit ihren berufstätigen Eltern zusammen, ihre beiden älteren Geschwister sind bereits aus dem Haus. Sie ist sehr musikalisch, spielt Geige, Horn und Gitarre, macht daneben noch Leichtathletik und geht tanzen. Sie wirkt im Gespräch viel älter und erwachsener, als sie tatsächlich ist. Sie scheint sich viele Gedanken zu machen. Mathilda ist ein sehr schlaues und verantwortungsbewusstes Mädchen, das schon jetzt keine Leichtigkeit mehr ausstrahlt – vielmehr wirkt sie ernst und kämpft regelmäßig mit schwerer Migräne.

Ihr Alltag ist mit Schule und den vielen Hobbys sehr ausgefüllt. Ihr werde »schnell alles zu viel«, sagt sie. Dann bekommt sie Migräne und legt sich ins Bett, verdunkelt das Zimmer, wartet darauf, dass die Kopfschmerzen nachlassen, und schläft viel. Danach ist sie bemüht, alles eine Weile langsamer angehen zu lassen.

Ihr Alltag ist von morgens bis abends durchgetaktet: aufstehen, anziehen, Schulbrote machen, in die Schule gehen, die Hausaufgaben erledigen, lernen, mittags etwas kochen, zum Musikunterricht gehen, eine Stunde etwas für sich im Zimmer machen (Youtube, Lesen, Handy) und abends dann häufig mit den Eltern fernsehen, um »die Mutter glücklich zu machen«. Diese ist sehr traurig darüber, so wenig Zeit mit ihrem einzig noch daheim wohnenden Kind verbringen zu können. Mathilda würde sich gerne noch mehr in ihr Zimmer zurückziehen, möchte jedoch ihre Mutter weder enttäuschen noch traurig stimmen.

Das Mädchen macht sich Sorgen, die Schule nicht zu schaffen, obwohl sie gute Noten schreibt. Sie bewundert ihren Bruder wegen seiner Gelassenheit (sie selbst nimmt sich immer direkt alles zu Herzen) und auch ihre Schwester, die glücklich zu sein scheint mit dem, was sie hat und macht. Mathilda selbst fühlt sich oft nicht gut genug. Sie wünscht sich für später, dass sie zufrieden ist, einen Partner findet und ein Haustier hat.

Philip, 19 Jahre alt, hat vor einem Jahr sein Abitur gemacht. Er lebt bei seiner Mutter und seiner zwei Jahre jüngeren Schwester. Seine Eltern sind getrennt. Nach dem Abitur weiß er nicht recht, was er machen soll. Er möchte nicht ins Ausland gehen, da er seit zwei Jahren eine feste Freundin hat, mit der er eine sehr innige, fast eheähnliche Beziehung pflegt. Er verbringt das Jahr mit verschiedenen Jobs oder Praktika, die meistens seine Mutter für ihn organisiert. Inhaltlich variieren diese sehr: Philip nimmt, was er kriegen kann. Er hat ein gutes Abitur gemacht und kann sich verschiedene Studiengänge für sich vorstellen, eine Festlegung ist allerdings noch schwierig für ihn. In seiner Freizeit geht er ins Fitnessstudio und mit seinen Freunden aus. Das Zusammenleben mit seiner Mutter empfindet er als schwierig; sie verlangt von ihm, sich auch an der Hausarbeit zu beteiligen. Wenn er nicht arbeitet oder seine Freundin oder Kumpels trifft, kann er sich aber nur schwer für irgendetwas motivieren. Er schaut morgens, wenn er wach wird, bereits seine Serien. Lediglich dann, wenn seine Freundin zu ihm kommt, kann er sich aufraffen, sein chaotisches Zimmer aufzuräumen. Eigentlich könnte es ihm richtig gut gehen und er freut sich auf die Zeit seines Studiums. Momentan fühlt er sich aber wie stagniert in einem »komischen Zwischenbereich«.

Kinder werden als Spiegel der Gesellschaft wahrgenommen. So wie es unseren Kindern geht, so steht es auch um uns als Gesellschaft. Wenn wir an Kinder denken, denken wir eher an eine Entwicklung, die positiv nach vorn gerichtet ist, und nicht an traurige, unglückliche Geschöpfe. Doch sind auch Kinder und Jugendliche heutzutage ganz besonderen Herausforderungen ausgesetzt, wird ihnen vieles abverlangt. Und so gibt es unter ihnen immer mehr Fälle von Depression als einer Art des Umgangs mit den veränderten Gegebenheiten unserer Kultur.

Der Gedanke, dass Kinder depressiv sein könnten, macht uns dabei als Gesellschaft weitaus betroffener, als wenn wir Depression in Zusammenhang mit Erwachsenen betrachten, es macht uns schier fassungslos. Wenn so junge Menschen bereits unter Depressionen leiden, sie sich vor lauter Traurig- und Ausweglosigkeit verlassen und verzweifelt fühlen, scheint es dann nicht nur um sie, sondern um unsere ganze Gesellschaft als solche schlecht bestellt zu sein? Depression bei Kindern ist noch mehr tabuisiert als die depressive Erkrankung bei Erwachsenen, und ihr Auftreten hat sich in den letzten Jahren verzehnfacht. Laut der Stiftung Deutsche Depressionhilfe gehören leichte depressive Verstimmungen bis hin zu schweren depressiven Störungen zu den häufigsten psychischen Erkrankungen bei Kindern und Jugendlichen.

Aber auch hier gilt: Jede Generation hat ihre Bedingungen, unter denen sie aufwächst, und jedes beobachtbare Phänomen muss, um richtig verstanden zu werden, in einen kulturpsychologischen Zusammenhang gestellt werden. Wie geht es also Kindern und Jugendlichen in unserer heutigen Zeit?

In den Medien wird die Beantwortung dieser Frage zum Dauerthema, denn es vergeht kein Tag, an dem nicht über das Befinden unserer Kinder berichtet würde. Aber man ist sich keineswegs einig – die Artikel und Meinungen über den Zustand der heutigen Jugend variieren sehr stark: Das eine Mal werden Kinder als verwöhnte Gören dargestellt, als kleine Tyrannen, die ihre Umgebung drangsalieren, dann wieder als überforderte Geschöpfe, die wehrlos den gesteigerten Anforderungen seitens ihrer Eltern und der Kultur ausgesetzt sind. Es ist die Rede davon, dass unsere Kinder und Jugendlichen immer kränker werden und sich nicht mehr ausreichend bewegen. Und es wird aufgezeigt, wie viele depressive Kindern es bereits gibt, die traurig die Welt an sich vorbeiziehen lassen. Doch finden wir auch Berichte über glückliche und sorglose Kinder, Kinder, denen das Leben mit all seinen Möglichkeiten offensteht. Zeitungstitel wie »Die Lüge vom gestörten Kind« stehen repräsentativ für die Ansicht, dass es unseren Kindern eigentlich sehr gut geht.

Also, was stimmt nun? Was ist mit unseren Kindern los? Werden sie heute maßlos überfordert? Ist die glückliche Kindheit nur eine Mär? Oder sind sie womöglich glücklicher denn je?

Wollen wir den Seelenzustand bei Kindern und Jugendlichen verstehen, müssen wir auch hier genau schauen, wie und in welchen Zusammenhängen sie heute leben und wie sie ihren Alltag gestalten. Wie erleben sich die Heranwachsenden selbst? Was macht ihre Welt in unserer Kultur aus Kindersicht momentan aus? Fühlen sie sich wirklich so überfordert, wie es in den Medien beschrieben wird? Was bedeutet für sie Glück im übergreifenden Sinne? Wo erleben sie aber auch ganz konkret Glück in ihrem Alltag? Wo Unglück? Was strengt die Kinder an? Wo fühlen sie sich aufgehoben und sicher? Was trägt zu ihrer Zufriedenheit bei? Was möchten sie nicht missen und wovor möchten sie am liebsten davonrennen? Was fordert und was überfordert sie? Welchen Herausforderungen sehen Kinder sich heute gegenüber? Was verlangt unsere Kultur ihnen ab? Welche Einflüsse hat unsere Gesellschaft auf die ansteigende Zahl der depressiven Erkrankungen bei Kindern und Jugendlichen?

Um diese Fragen beantworten zu können, ist es notwendig, das Augenmerk auch auf die Eltern zu richten, denn Eltern und Kinder leben in einem aufeinander bezogenen System. Das Miteinander in der Familie ist keine Einbahnstraße: Nicht nur die Kinder machen das, was die Eltern wollen oder nicht wollen, sondern die Eltern orientieren sich zugleich auch an ihren Kindern. Diese sind heute mehr denn je zur Ausdrucksform ihrer Eltern geworden, sie sind gewissermaßen ihr »Projekt«, ja, das unserer ganzen Gesellschaft. Das geheime Versprechen unserer Kultur, alle Möglichkeiten zu haben, sodass man alles erreichen kann, sollen unsere Kinder realisieren. Und die Eltern fühlen sich heute persönlich verantwortlich für deren Gelingen oder Scheitern. Sie haben das Gefühl, nicht nur alles selbst beeinflussen zu können, sondern auch beeinflussen zu *müssen*. Dies eröffnet ihnen unglaubliche Einwirkungsmöglichkeiten, bedeutet zugleich aber auch einen immensen Aufwand, Schuldgefühle inklusive. Tun sie nicht genug, fördern sie ihr Kind also nicht ausreichend, machen sie sich an ihm schuldig. Fördern sie es zu viel, rauben sie ihm die Kindheit und laden dadurch wiederum Schuld auf sich. Uns wird heute suggeriert, dass die optimale Förderung bereits im Mutterleib beginnt, und sie endet beileibe nicht, wenn die Kinder ausgezogen sind. Häufig finden sich daher Eltern in den Erstsemesterveranstaltungen ihrer Kinder, um diese auch im Studium weiterhin begleiten zu können.

Die Kehrseite der Verheißung »Alles ist machbar« manifestiert sich in einer enormen Verunsicherung und Überforderung der Eltern: Sie wissen oftmals nicht, wie sie mit ihren Kindern umgehen sollen, sehen sich in Erziehungsfragen selbst auf dem Prüfstand und fühlen sich den Anforderungen, denen sie als Eltern gerecht werden sollten, häufig nicht mehr gewachsen. Dabei verspüren sie eine innere Widersprüchlichkeit: Einerseits tun sie sich schwer damit, einen festen Rahmen vorzugeben, und andererseits haben sie enorm hohe Erwartungen an ihren Nachwuchs. Mütter und Väter wechseln häufig ihre Haltungen und Erziehungsregeln und senden gegensätzliche Signale aus: Ihre Kinder sollen vorzeigbar sein, in allen Bereichen brillieren und zugleich uneingeschränkt Kind sein dürfen. Das kann nicht funktionieren. Was hat das für Auswirkungen auf unsere Kinder?

Wenn Kinder und Heranwachsende von ihrem Alltag berichten, fällt auf, dass sie erstaunlich wenig problematisieren und klagen, aber auch selten euphorisch von kindlichen Glücksmomenten erzählen. Sie zeigen wenig Anzeichen totaler Überforderung, die oft als krank machende Entwicklung in den Medien beschrieben wird, wirken aber auch nicht überschwänglich glücklich oder gar unbeschwert. Kinder beschreiben ihren Alltag als etwas Normales und wenig Aufregendes, ausgelassene Momente von Freude und Glückseligkeit sind äußerst rar.

Was sind nun die Faktoren, die auf psychologischer Ebene das Erleben des Alltags unserer Kinder ausschlaggebend bestimmen? Hier möchte ich nun einige zentrale Aspekte beleuchten.

Aufwachsen im Schlaraffenland?

Viele Heranwachsende verfügen heute über große finanzielle und materielle Möglichkeiten, derer sie sich fast uneingeschränkt bedienen können. Die Kinderzimmer sind übervoll mit Spielzeugen, Jugendliche kleiden sich in Markengarderobe und das Smartphone ist mittlerweile obligat. Oft wissen Kinder nicht, was sie sich zu Geburtstagen oder Weihnachten überhaupt wünschen sollen. Nur noch vereinzelt sparen Jugendliche auf ein bestimmtes Ziel, um sich einen langersehnten Wunsch erfüllen zu können. Sind sie mit ihrer Familie nicht von Armut betroffen, können sie sich einer paradiesisch scheinenden Fülle erfreuen, in der es nahezu an nichts fehlt. Nicht nur auf materieller, sondern auch auf ideeller Ebene vermögen viele aus dem Vollen zu schöpfen. Sie haben Eltern, die sich über alle Maßen um die Belange ihrer Kinder kümmern, versuchen, möglichst viel Zeit mit ihnen zu verbringen, sie oftmals in allem unterstützen, mit ihnen lernen, mitunter die Hausaufgaben für sie erledigen und Ansprechpartner wie auch Freund zugleich für sie sein wollen. Kinder werden von A nach B chauffiert, bekommen alle erdenkliche Hilfe, um die Schule zu meistern, und ihre Befindlichkeiten lassen kaum ein Elternteil kalt. Vielen Kindern scheint es heute somit auf den ersten Blick an nichts zu fehlen. Wo liegt dann also das Problem?

Brüchige Gefüge

Die Kinder spüren einen Mangel auf ganz anderer Ebene. Durch Trennungserlebnisse und das Entstehen von Patchworkfamilien ist ihre Welt aus den Fugen geraten und brüchig geworden. Die meisten von ihnen erleben, wenn nicht selbst, dann doch zumindest im Freundeskreis, das Auseinanderbrechen von Familien. Die Angst davor schwebt wie ein Damoklesschwert auch über ihnen. Ihre generellen Lebensordnungen erleben sie als instabil und fragil. Kinder sind hellhörig und empfindlich geworden, denn ein Streit zwischen den Eltern könnte auch zum Bruch in der eigenen Familie führen.

Ich wünsche mir, dass meine Eltern zusammenbleiben, unsere Nachbarn haben sich schon getrennt.«

Die schlimmste Zeit war, als meine Eltern sich getrennt haben und ich der Richterin sagen musste, bei wem ich leben will.«

Das sind nicht die einzigen Unsicherheiten und brüchigen Gefüge, die heute die Kindheit bestimmen. Instabile Ordnungen finden sich auf verschiedenen Ebenen und führen zu einem Gefühl von Destabilisierung. Der Alltag unserer Kinder ist durch wenig feste Routinen geprägt und dadurch labil und ungewiss geworden. Globalisierung und Digitalisierung sowie das damit einhergehende Verschwimmen der Grenzen zwischen Arbeit und Freizeit, festen Arbeitszeiten und -orten der Eltern sowie eine deutliche Reduktion von religiösen und gesellschaftlichen Ritualen tragen dazu bei, dass feste Abläufe erheblich seltener geworden sind. Selbst der Alltag einer intakten Familie ist nur noch wenig durch klare Routinen und Regeln bestimmt und ritualisiert. Selten sind Tagesabläufe und Abfolge der Mahlzeiten klar strukturiert und organisiert.

Mein Wecker klingelt um 6:10 Uhr. Dann heißt es im 10-Minuten-Takt duschen und fertig machen. Mama ist oft schon weg, wenn ich aufstehe, aber sie bereitet mir immer das Frühstück und das Pausenbrot vor. Wenn ich bei Papa schlafe, wecke ich ihn.«

Ich frühstücke gar nicht zu Hause. Ich warte bis zur ersten großen Pause. Dann habe ich morgens mehr Zeit.«

In einer fluiden Wirklichkeit wechseln die Abläufe und Zuständigkeiten täglich. Die bereits thematisierte Auflösung rigider Frauen- und Männerbilder schafft Unklarheiten und verunsichert Eltern und Kinder gleichermaßen. Es ist nicht mehr klar geregelt, wer für die Heranwachsenden für welche Themen der Ansprechpartner ist. Vielmehr sind beide Eltern für alles zuständig und handeln oft täglich neu aus, wer gerade die Versorgung und Betreuung der Kinder übernimmt. Dies führt bei diesen zu Verwirrung, bei den Eltern hingegen häufig zu Konkurrenzkampf und Konflikten. Diese wirken daher vor den Kindern oft als nicht verlässlich und in ihrer Elternrolle eher labil.

Meine Eltern verstehen sich jetzt nach der Trennung besser und streiten nicht mehr so viel, seitdem sie nicht mehr zusammen sind. Mein Papa kommt morgens manchmal mit frischen Brötchen vorbei und dann frühstücken wir zusammen. Ich weiß aber meist nie, wann er kommt.«

Mama und Papa arbeiten beide. Wer gerade da ist und mich zum Training fährt, weiß ich eigentlich nie; das ändert sich ständig.«

Zudem wissen die Eltern nicht genau, wie stark sie ihren Kindern gegenüber als Erziehungsberechtigte und richtungsweisende Erwachsene auftreten sollen und dürfen. Mitunter bekommen sie daher Sätze zu hören wie: »Mama, dann musst du mir das halt verbieten, du bist doch die Mutter.« Auch das Durcharbeiten diverser Elternratgeber gibt ihnen nicht die Sicherheit zurück, die sie brauchten, um in ihrem Verhalten klar und konsequent zu sein. So oszillieren Eltern in ihrer Rolle den Kindern gegenüber zwischen Freund, Erziehungsberechtigtem und kindlichem Erwachsenen. Das führt zu einer Willkür in der Erziehung und einer unsteten Behandlung der Kinder.

Elterliche Scheinpräsenz

Kinder leben heute oft mit Eltern zusammen, die immer noch etwas zu tun haben und meist in Gedanken schon beim nächsten Punkt auf der Tagesordnung sind. Indem sie auf diese Weise ihrem Anspruch nachkommen, möglichst viel Zeit mit ihren Kindern zu verbringen, zugleich aber auch ihre alltäglichen Pflichten zu erledigen, treffen sie selten eine klare Entscheidung für oder gegen eine gemeinsame Zeit mit den Kindern. Vater oder Mutter lesen vor und planen zugleich in Gedanken schon den nächsten Arbeitstag oder gehen beim Spielen im Kopf bereits die Einkaufsliste durch. Das bedeutet: Auch wenn Eltern physisch präsent sind, sind sie psychisch doch oft abwesend.

Mein Vater ist immer vor dem Computer. Mama macht dann immer irgendwas oder sitzt vor dem Fernseher.«

Mein Vater ist zwar da, sagt aber nie was.«

Meine Eltern sitzen abends oft noch mit dem Laptop am Tisch und arbeiten.«

Das belastet auch die Eltern, gibt ihnen kaum Raum, sich auf die Kinder voll und ganz einzulassen. Für diese sind Vater und Mutter kaum noch zu fassen. Das behindert den Aufbau bzw. Fortbestand einer tragfähigen und stabilen Eltern-Kind-Beziehung. Das Leben wird ja, wie bereits dargelegt, durch die Vielzahl an labilen Ordnungen für die Kinder zutiefst unberechenbar. Und so können sie auf eine Stabilisierung durch die Eltern kaum noch zurückgreifen. Nicht weil die Eltern dies willentlich verweigern würden oder nicht wollten, sondern weil sie selbst auch Kinder ihrer Zeit sind und in der Kultur der unendlichen Möglichkeiten dem vermeintlich unumgänglichen Sog des energie- und zeitraubenden Multitaskings erliegen.

Kinder haben aber eine heimliche Sehnsucht nach Berechenbarkeit und Verlässlichkeit. Die Überforderung der Eltern und die daraus entstehende Unberechenbarkeit erschwert ihnen das Aufbauen eines Grundvertrauens und kann den Nährboden für das Entstehen einer Depression bereiten.

Kinder in der Elternrolle

Kinder fürchten häufig das Auseinanderbrechen ihrer Familie – ihrer Basis – und entwickeln daher ein sensibles Frühwarnsystem, wenn Krach droht: Sie beschwichtigen, werden zu Vermittlern und Mediatoren, beruhigen, ermahnen, haben Verständnis, trösten, deeskalieren. Sie reagieren sehr empfindlich auf Streit der Eltern und werden dann manchmal selbst laut, um die Eltern zu übertönen. Mitunter fungieren sie sogar als deren stabilisierende Therapeuten und fühlen sich für deren Stimmung verantwortlich.

Schaut man sich die Rolle der Kinder und ihrer Eltern in den heutigen Familien an, fällt auf, dass oft (zumindest partiell) ein Rollentausch stattgefunden hat. Die Kinder klagen jedoch nicht darüber, sondern haben es sich unausgesprochen zur Aufgabe gemacht, das labile System Familie zu sichern und in dieser Hinsicht auch tätig zu werden. Sie fühlen sich unbewusst verantwortlich für das Ge- oder auch Misslingen, für das Zusammenhalten oder aber Auseinanderbrechen der Familie. Kinder werden zum Ratgeber und richtungsweisenden Spiegel für ihre Eltern. Dadurch übernehmen sie schon in jungen Jahren eine sehr erwachsene Position.

Meine Mama wird oft laut, dann schreit die so, wenn der was nicht passt oder wenn die sich mit Papa streitet. Ich hasse es, wenn meine Mutter so nervös ist und rumschreit.«

Ich würde mir wünschen, dass meine Mama
ruhiger wäre, nicht so viel rumschreien würde
und dass Papa mehr Zeit für mich hätte.«

Der Wecker klingelt, ich stehe auf, ziehe
mich an, gehe runter, mache mir Frühstück.
Da ist von meinen Eltern keiner da.«

Mein kleiner Bruder ist erst sechs. Ich finde es
toll, dass ich ihm so viel helfen kann.«

Ich wünsche mir, dass meine Mutter nicht mehr
so oft traurig ist. Sie hat oft ein trauriges Gesicht.
Gefragt habe ich sie aber noch nicht, warum das so
ist, weil ich Angst habe, Ärger zu bekommen.«

Ich liebe es, wenn wir mit der Familie in den Urlaub
fliegen. Mama und Papa geht es dann auch immer gut.«

Die familiäre Systemstabilisierung ist primär die Aufgabe der Eltern, wird aber heute oft auf die Schultern der Kinder verlagert.
Dass diese sich unbewusst dieser Aufgabe annehmen, stellt die eigentliche Überforderung unserer Jugend dar. Immer wieder zeigen sich aber auch Versuche, sich dieser Aufgabe zu entledigen.
So beispielsweise dann, wenn Kinder durch unangepasstes Verhalten – indem sie als »Katastrophenkind« Dinge tun, die unmöglich
sind – darauf hinwirken, die Eltern wieder in ihrer Elternrolle zu
fordern, und so indirekt danach verlangen, Grenzen gesetzt zu bekommen.

Ein weiterer, jedoch sehr ungesunder Versuch, mit dieser Überforderung umzugehen, kann in der unbewussten Ausbildung von
Zwangserkrankungen liegen. Kinder werden durch die labilen
Ordnungen verunsichert und bekommen Angst, wenn das System
ihnen keinen Halt gibt. Diese Angst können sie meist nicht verbali-
sieren und verschieben sie unbewusst auf eine Sorge, die sich »leichter« behandeln lässt: So bilden die Heranwachsenden vermehrt
Zwangserkrankungen aus (Essstörungen, Kontrollzwang etc.), die
ihre Angst an konkrete Handlungen binden, wie etwa krankhaft

häufiges Händewaschen oder zwanghaftes Kontrollieren von Kalorien und Essenszufuhr, um unbewusst Kontrolle in das labile System zu bekommen. Wenn die Kinder solche Zwangshandlungen vollziehen, engt das zwar ihre Handlungsfähigkeit ein, ist für sie mitunter aber immer noch leichter auszuhalten als das Leben mit der diffusen Angst, dass das Familiensystem auseinanderbrechen könnte. Die Kinder scheinen immer in Habachtstellung zu sein. Sie sehnen sich danach, zur Ruhe zu kommen, sind aber innerlich aufgewühlt. So klagen einige Jugendliche über Kopfschmerzen, verwenden eine Schlafmaske und Hörbücher oder Musik, um endlich entspannen und in den Schlaf gelangen zu können. Diese Schilderungen ähneln den Beschreibungen vieler Menschen, die an Depression erkrankt sind.

Das Netz als doppelter Boden

Die Überforderung der Kinder und das Fehlen von Grundvertrauen in die familiäre Basis führen dazu, dass die Heranwachsenden sich auf kleine Kreise von Bezugspersonen und Themen fokussieren, statt sich Gedanken um globale politische Situationen zu machen. Oft wird der heutigen Jugend vorgeworfen, sich nicht ausreichend für gesellschaftliche und politische Themen zu interessieren. Doch wie soll man sich beherzt den großen Unsicherheit verursachenden Themen widmen, wenn schon der kleine Kreis der Familie keine Sicherheit mehr verspricht? Erst allmählich ist es einigen Heranwachsenden wieder möglich, sich politisch zu engagieren, sich mit Gleichgesinnten zusammenzutun und gegen die Elterngeneration zu opponieren. In der Greta-Bewegung – »Fridays for Future« – für den Klimaschutz finden sie mehreres: einen Zusammenschluss von ihresgleichen und ein Aufbegehren gegen die ältere Generation. Aber vor allem gibt ihnen diese Bewegung einen sinnstiftenden Zusammenhang mit klarer Ausrichtung.

In ihrem Alltag vertrauen die Jugendlichen nicht mehr darauf, dass etwas beständig Halt geben könnte. So suchen sie diesen, indem sie sich unverbindlich mehrfach absichern, ohne sich ganz und gar einzulassen. Dies gilt sowohl in Bezug auf die Eltern als auch auf die Freunde: Die heutigen Heranwachsenden haben viele Freunde, sind in zahlreiche Netzwerke eingebunden, ihre freundschaftlichen Beziehungen sind aber nicht so verbindlich, wie es die zur Busenfreundin oder zum besten Freund früher waren. Bricht der eine weg, ist immer noch ein anderer da. Die Jugendlichen verbringen ihre Zeit mit den Eltern, haben aber zugleich die Freunde über Whatsapp virtuell immer dabei. Sie suchen die Nähe von Vater und Mutter bei gleichzeitiger Absicherung durch Verbundenheit mit den Freunden. Droht diese zu schwinden, etwa durch das Leerwerden des Akkus oder eine instabile Netzverbindung, ängstigt dies die Jugendlichen – es ist kaum aushaltbar für sie, keine Verbindung zu ihren Freunden zu haben. Was auf den ersten Blick unverbindlich und austauschbar erscheint, ist für sie ein Lösungsversuch, um mit dem Labilen ihrer Welt umzugehen. In einer Flut von Freundschaften haben die Jugendlichen einen losen Zusammenhalt etabliert, der ihnen Sicherheit gewährt und sie zugleich freilässt von Verbindlichkeiten. Soziale Netzwerke fungieren für sie tatsächlich als Netz und doppelter Boden, als Absicherung, für alltägliche Entscheidungen und Verrichtungen. Dementsprechend wird beispielsweise beim Kleidungskauf jedes Kleidungsstück zuerst einmal fotografiert und das Foto dann an Freunde gesendet, um deren Meinung in den Entscheidungsprozess miteinzubeziehen. So schickt Julia, ein 12-jähriges Mädchen, ein Foto verschiedenfarbiger Schnürsenkel an über 20 Freunde, um eine Kaufentscheidung treffen zu können.

Häufig sitzen Jugendliche, wenn sie sich treffen, zusammen, scheinen aber gar nicht oder nur indirekt über ihre Smartphones miteinander zu kommunizieren. Und dann wieder liegen sie nebeneinander auf dem Bett und haben dabei fast zärtlich anmutenden Körperkontakt.

Auch Computerspiele sind in diesem Zusammenhang neu zu bewerten: Sie stellen keine grenzenlosen Erweiterungen unserer Realität dar, sondern, ganz im Gegenteil, das Angebot, sich in einem festen Rahmen zu bewegen. Indem ich ein Computerspiel wie eine Parallelwelt neben meiner realen installiere, schaffe ich mir hier ein Universum mit Überschreitungsmöglichkeiten, aber auch mit klaren Ordnungen und Regeln. Werden diese nicht eingehalten, folgen die Konsequenzen. Das schafft Entlastung und gibt Sicherheit und Berechenbarkeit. In der Eindeutigkeit von Freund und Feind verschwimmen die Grenzen nicht wie im realen Leben, in dem man alle mögen sollte. Hier kann ich mich mit meinen Freunden im Team – auch mal politisch inkorrekt – gegen die Gegner richten, kann gemeinsam für oder auch gegen etwas kämpfen.

Zwischen Superstar und Loser

Die Aufgabe der Systemstabilisierung bedeutet für die Kinder eine belastende Herausforderung, die sehr anstrengend ist. Sie sehnen sich aber nach einer Verlässlichkeit, die es ihnen erlaubt, sich sorglos zu entwickeln. Dies wird auch deutlich in ihren Fantasien, groß herauszukommen und Berühmtheit zu erlangen, um von allen bewundert zu werden. Hinzu kommt das Versprechen eines rasanten, scheinbar mühelosen Aufstiegs: Castingshows und steile Youtuber-Karrieren zeigen ein extremes Entwicklungsspektrum auf: die Möglichkeit eines glanzvollen Emporkommens für jedermann von jetzt auf gleich. Und dies sind nur einige Beispiele dafür, wie sehr die Kinder und Jugendlichen danach streben, gesehen und bewundert zu werden, um eine positive Reaktion auf ihr Tun zu bekommen. Und ganz grundlegend: Sie wollen nichts anderes, als geliebt und angenommen werden.

So entwickeln die Kinder heute Systemutopien, die sich in einem sehr extremen Rahmen bewegen. Indem sie sich in Vorstellungen von paradiesischen Glanzwelten flüchten, versuchen sie, der Labilität ihrer Lebenszusammenhänge wie in Tagträumereien zu entkommen und zugleich dem hohen Anspruch der Gesellschaft, insbesondere dem ihrer Eltern, zu genügen. Das geht einher mit einer großen Angst vor bodenlosen Abstürzen. Sie fürchten, sich aufs Peinlichste zu blamieren, gar nichts mehr zu schaffen, keinerlei Freunde mehr zu haben, allein dazustehen.

Das verunsichert, macht Angst und hemmt die Heranwachsenden, etwas zu wagen und Verschiedenes auszuprobieren. Denn nicht nur allgemein in unserer derzeitigen Kultur, sondern auch in ihrem engsten familiären Umfeld erleben die Kinder unberechenbare Entwicklungen, die in zwei entgegengesetzte Richtungen verlaufen und scheinbar schnell Realität werden können.

Das Motto unserer Kultur »Alles ist möglich« bedeutet für die Kinder berauschende Möglichkeiten eines glanzvollen Aufstiegs, im Umkehrschluss aber zugleich auch das extreme Gegenteil: »Alles kann scheitern.« Diese Kluft hat sich in den vergangenen zwei Jahrzehnten, katalysiert durch die Digitalisierung, radikal verschärft. Zwischen Superstar und Loser gibt es heute in der Fantasie der Heranwachsenden kaum Zwischenstufen. Noch nie lagen Aufstiegschancen und Absturzgefahren so nah beieinander. Eine Schülerin oder ein Schüler kann heute noch von allen bewundert und gefeiert werden und sich morgen schon aus Scham nicht mehr in die Schule trauen. Durch die Digitalisierung erfahren die Taten der Jugendlichen so etwas wie einen Booster, der sie schneller, als sie denken können, in den glamourösen Olymp oder ins schändliche Aus katapultiert.

Persönlichkeitsbildung heute

Was auffällt, ist, dass die Heranwachsenden sich schwer damit tun, sich als Typus festzulegen, als Person ein eindeutiges Profil auszuprägen, Vorlieben deutlich zu machen und klar Stellung zu bestimmten Themen zu beziehen. Sie äußern eigene Standpunkte eher vorsichtig, relativieren schnell und treten wenig entschieden für ihre eigene Meinung ein. Das Oszillieren zwischen Entwicklungsträumen und -albträumen ist so immens, dass Heranwachsende es oft vermeiden, eine klare Richtung einzuschlagen. Sie verharren dann lange Zeit in einem Zustand der Unentschiedenheit und scheuen klare Festlegungen.

Heranzuwachsen hat schon immer bedeutet, eine Gestalt für sich zu finden, sich auszuprobieren und zu erfahren, was und wie man sein und werden will. Kinder und Jugendliche kommen – trotz der besonders durch die digitale Welt suggerierten vermeintlichen Unendlichkeit an Möglichkeiten – nicht umhin, ihren Alltag zu leben und sich dabei für eine Entwicklungsrichtung zu entscheiden. Eine Festlegung – egal in welche Richtung – bedeutet dabei jedoch immer eine Beschneidung der Multioptionalität – die Entscheidung für *eine* Sache ist zwangsläufig immer weniger, als *alle* Möglichkeiten offenstehen zu haben. Jede Entscheidung hat für die Heranwachsenden bereits im Kern einen defizitären Charakter, auch wenn sie notwendig ist für die Entwicklung. In diesem Dilemma tun sie sich sehr schwer damit, Entscheidungen zu treffen, und sind stets um ein möglichst langes Offenhalten aller Möglichkeiten bemüht.

Viele suchen so etwas wie ein »Moratorium«, einen Aufschub, für ihre Entscheidungen. Das mittlerweile beinahe schon obligatorisch gewordene Auslandsjahr nach dem Abitur ist ein Sinnbild dieser Suche und der damit verbundenen Unentschiedenheit geworden. Zum einen steht es für den Aufbruch hinaus in die Welt, zum anderen aber auch für ein Abwarten. Es verbleibt meist noch in einem »Davor«, auch wenn die Landesgrenzen überschritten werden.

Der Widerstand gegen das Festlegen auf eine Ausrichtung entsteht auch aus mangelndem Selbstwertgefühl: Die heutigen Kinder und Jugendlichen haben kaum das Gefühl, wirklich etwas entwickeln und aufbauen zu können. Aus einer falsch verstandenen Liebe und Fürsorge ihrer Eltern wird ihnen oft zu viel abgenommen, sodass sie selten in die Lage versetzt werden, aus sich selbst heraus etwas schaffen und leisten zu müssen. Sie wachsen in einer Kultur auf, in der ihnen sozusagen alles bereitgestellt wird und in der es eher ums Bewahren statt ums Aufbauen geht. Das schwächt das Vertrauen der Heranwachsenden in die eigenen Gestaltungskräfte und Fähigkeiten.

Eigentlich haben wir schon alles, wir können im Grunde gar nichts selbst aufbauen, es sei denn, es wird alles durch einen Krieg zerstört.«

Kinder und Jugendliche wollen aber etwas aufbauen – auch jenseits der digitalen Möglichkeiten wie beispielsweise im Computerspiel Minecraft.

Ersatzweise wird dieser Gestaltungswille dann am eigenen Körper ausgelebt, etwa durch das Aufstellen und Einhalten rigider Fitnesspläne. Durch den kontrollierten Fettab- und Muskelaufbau erleben Heranwachsende einen direkten Zugriff auf die fass- und erlebbare Welt. In der Modellierung ihres Körpers erfahren sie auf greifbare Weise Folgen und Erfolge ihrer Anstrengung. Hier sind sie bereit, viele Mühen und Entbehrungen auf sich zu nehmen, sich durchzubeißen und klaren Regeln zu folgen. Fast wirkt es so, als entspannten diese klaren Ge- und Verbote die Jugendlichen und brächten ein lebbares Maß in das überfordernde, wenn auch berauschende Übermaß hinein.

Das Heranwachsen bringt naturgemäß auch noch andere Unsicherheiten mit sich. Eine Metamorphose findet statt. Welches Wesen wird aus diesem Prozess des Wandels hervorgehen? Aus Angst, aus ihnen könne etwas herausbrechen, was hässlich und nicht liebenswert ist, verweilen gerade die älteren Jugendlichen lieber in einem Zustand des La(r)vierens und scheuen noch zurück vor der Entpuppung zum wunderschönen Schmetterling, um den offenen Zustand des »Alles ist möglich« lange aufrechtzuerhalten. So können sie zum einen den Anforderungen einer Kultur, die suggeriert, alles sei, ja müsse machbar sein, genügen und zum anderen der Gefahr entgehen, abzustürzen und etwas zu tun, was das System gefährdet.

Die heutigen Jugendlichen gleichen eher aus und bleiben im Vagen, als Gefahr zu laufen, durch etwas Unpassendes den Rahmen zu sprengen und das System »Familie« zu gefährden. So wirken sie oft angepasst und wenig revolutionär.

Wenn die Heranwachsenden sich nämlich deutlich von ihren Eltern abgrenzen und in der Pubertät gegen sie und das System rebellieren, bedeutet dies für sie zugleich, dass sie als Systemstabilisierer nicht mehr funktionieren. Dadurch wird das System insgesamt gefährdet. Oft bremsen sie sich daher im Hinblick auf eine offen ausgelebte Pubertätsrevolte aus. Sie fürchten, als rebellisches Kind das Familiensystem, das sie doch stabilisieren wollen, noch zusätzlich zu belasten.

Dadurch wird den Kindern und Jugendlichen die Möglichkeit einer gesunden Abgrenzung und eines Opponierens gegenüber den Eltern – im Sinne einer offen ausgelebten Pubertät – genommen. Ihre Revolte tragen sie heute eher im Stillen aus, in einem nicht enden wollenden Zustand des Chillens und Abhängens.

Die Ausgestaltung eigener Entwicklungen bei Kindern und Jugendlichen findet demnach heute eher im Verborgenen oder reversibel statt. In einer Art Probehandeln sondieren die Kinder verschiedene Formen des Ausdrucks, der Entwicklung, ohne sie wirklich entschieden zu leben. Im häufigen Verändern des (Netzwerk-)Profils kann man die eigene Wirkung ausprobieren und bei Nichtgefallen auf Knopfdruck rückgängig machen. Die bei Jugendlichen beliebte Bildbearbeitung der eigenen Fotos ermöglicht es, sich mit einem Mal anders zu zeigen, ohne jedoch in der Realität anders zu werden. Dies zeigt sich auch auf anderer Ebene: Beim Feiern kann in terminierten Exzessen kurzfristig ein Ausbruch stattfinden, ohne die gesamte unsichere Konstruktion komplett zu gefährden. So wird am Wochenende gefeiert mit hohem Alkoholkonsum und ab Montag wieder in der Schule funktioniert.

Sehnsucht nach einer sicheren Basis

Die konkreten Entwicklungswünsche der Kinder speisen sich aus zwei Sehnsüchten: zum einen der, groß rauszukommen, und zum anderen jener, einen sicheren Hort zu haben. So möchten die Heranwachsenden beispielsweise berühmte Youtuber werden, als Fantasyautor/in Ruhm und Ehre erlangen, auf der Bühne stehen und erfolgreiche/r Musiker/in sein, Germany's next Topmodel werden, der beste Skate- oder Longboardfahrer aller Zeiten sein, zu einem Helden mit Superkräften wie Spiderman avancieren, anderen Leuten helfen, um auf der ganzen Welt berühmt und von allen geliebt zu werden.

Die andere Sehnsucht, die nach einem sicheren Hort, zeigt sich beispielsweise in folgenden Wünschen: »immer ein Dach über dem Kopf zu haben«, »ein Auto mit gutem Navi zu besitzen, das einen sicher zum Ziel bringt«, »eine Familie zu haben, glücklich zu sein«, »ein eigenes Haus oder eine Wohnung und keine Geldsorgen zu haben«, »Freunde und Privatsphäre zu besitzen«, »sich sicher zu fühlen und keine Angst haben zu müssen«, »Eltern zu haben, die die Wahrheit sagen und auf ihre Kinder aufpassen« etc. Beiden Sehnsüchten liegt jedoch der Wunsch zugrunde, gesehen, respektiert und geliebt zu werden.

Kinder werden heute mit sehr hohen Anforderungen der Kultur konfrontiert. Auch die Eltern versuchen, im Streben nach dem Perfekten alles zu erreichen und ihren Kindern wiederum alles zu ermöglichen. Dabei ist ein gesundes Maß verloren gegangen, das Halt und Begrenzungen geben würde. Die Erwachsenen sind ihrerseits in hohem Maße verunsichert und fühlen sich in ihrer Rolle als Eltern oft konturlos und überfordert. Sie wollen sich nicht schuldig machen und vermeiden es daher gern, eine klare Position zu beziehen.

Und das führt letztlich zur Überforderung der Kinder. Zwar sind natürlich auch die Anforderungen in der Schule, etwa durch die Einführung von G8, nicht wegzudiskutieren, doch scheinen diese nicht der belastendste Faktor zu sein.

Kinder erleben in ihrem Alltag Überforderung vielmehr in erster Linie durch labile Ordnungen – und das gleich auf unterschiedlichen Ebenen: politische und wirtschaftliche Instabilität im Großen trägt ebenso zu einer Verunsicherung bei wie eine brüchige Alltagsordnung und eine labile Elternrolle und -präsenz im kleinen familiären Gefüge. Kinder benötigen Eltern, die sich dieser Rolle bewusst sind und ihren Kindern auch so gegenübertreten. Wenn ein Heranwachsender jedoch als Systemstabilisator fungiert und zum Therapeuten der eigenen Eltern wird, benötigt er eventuell bald selbst einen. Denn die Überforderung, die dann droht, erinnert an Zustände, wie sie auch depressive Menschen erleben. Die Kinder und Jugendlichen sind damit in der Tat ein Seismograf für bestimmte Problematiken unserer Gesellschaft.

Orientierungshelfer aus dem Netz

Kinder und Jugendliche wachsen heute in einer Welt auf, in der das Digitale und das Analoge erstmals zu einer Einheit verschmolzen sind. Zwischen digitaler Inszenierung und analoger Wirklichkeit verschwimmen die Unterschiede bis zur Unkenntlichkeit. Beide koexistieren in einer neuen Welt, die Heranwachsenden bewegen sich in einer durch soziale Netzwerke, Spiele und Serien permanent verwobenen Realität. In diesen neuen Räumen suchen und finden sie neue Helden und Vorbilder, die mit denen vorangegangener Generationen nur noch wenig gemeinsam haben.

Leben in einer Vielfalt an Möglichkeiten

Die schier unerschöpfliche Fülle an Optionen, die unsere Kultur kennzeichnet und die uns insbesondere durch die Digitalisierung vor Augen geführt und suggeriert wird, prägt natürlich auch das Leben unserer Kinder. Für Heranwachsende bedeutet es eine zusätzliche große Herausforderung, den richtigen Umgang damit zu finden. Zudem befeuert durch einen recht hohen Lebensstandard haben Kinder heute viel mehr Möglichkeiten, als sie zu realisieren vermögen. Sie haben gelernt, jede Menge zugleich zu können: sich erwachsen zu präsentieren, auf die Eltern und den Zusammenhalt der Familie aufzupassen, sich zu benehmen, sozial kompetent zu agieren, sich den Freunden cool zu präsentieren und ihren Alltag mit dem Smartphone zu organisieren. Sie können vieles gleichzeitig bedienen: technische Geräte, soziale Medien, die Schule, die Ansprüche der Eltern und der Gleichaltrigen sowie die Bemühung, ihr soziales Umfeld zu stabilisieren.

Ein Versuch, dies zu bewältigen, zeigt sich in der rastlosen Multitasking-Produktivität und dem »Erlebnis-Zapping« wie auch in einer Art Selbstnarkose via Medienkonsum. Dies alles strengt die Heranwachsenden an, ohne dass sie sich dessen bewusst wären, führt sie in Überforderungen hinein und wird dann zumeist den schulischen An- und Überforderungen zugeschrieben.

Der schönste Moment am Tag ist, wenn ich
frisch geduscht ins Bett fallen kann.«

Zwischen Verheißung und Verzweiflung

Eine Folge dieser Entwicklungen ist die oben ausführlich beschriebene gefühlte Kluft zwischen Größenfantasien und Absturzängsten. Zwischen diesen beiden Extremen tut sich ein seelisches Vakuum auf. Die medialen Verheißungen implizieren ein »Alles ist
möglich« und zugleich ein »Ich kann eigentlich gar nichts richtig«.
Die digitalen Umbrüche bereichern und bedrohen den bereitge-
stellten Wohlstand gleichermaßen. Dies führt zu einem Hin und
Her zwischen Ängsten und Hoffnungen, was auch die Eltern der
Heranwachsenden zurzeit intensiv durchleben. Trotz meist guter
materieller Ausstattung und tragfähiger Ausbildung haben viele Jugendliche das Gefühl, wenig in der Hand zu haben, und fragen
sich: »Was zeichnet uns aus? Was können wir eigentlich?«

Ein 13-jähriges, sehr eloquentes Mädchen erzählte in einem Interview, dass sie trotz ihres Notendurchschnitts von 1,2 noch
sehr viel für die Schule lernt, daneben Leichtathletik sowie Reiten
trainiert und Geigenunterricht nimmt. Trotzdem hat sie das Gefühl, nicht gut genug zu sein, und Angst davor, irgendwann unter
der Brücke zu landen.

Das allgegenwärtige Smartphone

Das Handy – der wichtigste Gegenstand der Kinder und Heranwachsenden – wird zum Sinnbild der Simultanität von erlebter
Allmacht und Ohnmacht. Mit dem Smartphone lassen sich große
Entwicklungen und Entscheidungen kinderleicht durch einen Fingerwisch bewerkstelligen – alle Informationen stehen bereit, und
man kann sich spielend mit anderen verbinden. So vermögen Heranwachsende mit ihrem Smartphone beispielsweise Wissenslü-
cken binnen Sekunden zu schließen, haben aber zugleich nicht das

Gefühl, den Sachverhalt wirklich verstanden und durchdrungen zu haben, also, nicht wirklich etwas gelernt zu haben. Erschwerend kommt hinzu, dass sie sich durch die Omnipotenz ihres medialen Werkzeugs als von diesem abhängig und nicht mehr vollständig erleben. Wenn das Handy einmal nicht zur Hand ist oder die Akkuleistung schwindet, erleben sie Gefühle von Ohnmacht und Angst.

> Wenn ich dann sehe, dass ich nur noch 8 Prozent Akku habe, werde ich richtig nervös und krieg Angst.«

So haben einige Jugendliche hier schon selbst Strategien der Begrenzung entwickelt, um mithilfe der realen Welt Handlungsfähigkeit zu bewahren:

> Wenn wir uns treffen, legen wir die Handys in die Mitte, damit wir auch mal miteinander reden und nicht jeder nur auf sein Smartphone schaut.«

Die Helden unserer Zeit

Angesichts der rapiden Entwicklung der digitalen Welt können und wollen die Jugendlichen nur noch bedingt auf Unterstützung und Hilfe der Eltern zurückgreifen, da die ältere Generation in ihren Augen das für sie relevante multimediale Spektrum nicht so virtuos zu bedienen vermag wie sie selbst. Die neu erschaffenen Räume der digital-analogen Welt sind für diese ältere Generation oft unbekanntes Terrain. Selbst wenn sie Medienkompetenz aufweisen, haben sie angesichts der rasanten technischen und sozialen Entwicklung wenig ausreichende Zugangs- und Kontrollmöglichkeiten. Dies kommt den Heranwachsenden gelegen, denn dadurch haben sie ihren eigenen Bereich für sich. Somit erleben sie trotz der Zwänge eines durchgetakteten Alltags heute zugleich auch eine relativ große Freiheit. Sie können in der aktuellen vernetzten Realität nahezu ungestört neue Formen von Gemeinschaft und Kommunikation ausprobieren, meistern und sich selbst darin erproben. Hier sind sie meist sicher vor ihren Eltern, die sich ansonsten in alles einmischen und vieles für ihre Kinder erledigen wollen.

> Wir sind auf Instagram, weil wir dort unsere
> Privatsphäre haben. Auf Facebook sind auch
> meine Eltern, das geht gar nicht mehr.«

Die fluide gewordene Welt bringt neue Herausforderungen und Ausdrucksformen hervor, neue Entwicklungsfelder für Kinder und Jugendliche. Eltern und Lehrer sind hier also wenig hilfreich, da sie die Spielregeln nicht kennen und wenig fachkundige Unterstützungskompetenz bieten. Doch wer füllt nun das entstehende Vakuum? Wer hilft den Heranwachsenden bei ihrer Entwicklung? Wer leistet Orientierungshilfe in dieser komplexen Welt?

Auch hier bietet das Netz wieder eine Vielzahl an Möglichkeiten. Neue bedeutungsvolle Helden – dynamische Mentoren mit heute relevanten Fähigkeiten – werden auf Youtube und in den sozialen Netzwerken konsultiert. So wird beispielsweise das Einhalten und Übertreten von Regeln in Computerspielen eingeübt. Hier kann man allein oder gemeinsam zocken, Meister des Spiels zeigen live ihre Künste und avancieren zu Lehrmeistern der neuen Welt.

Die neuen Ausdrucksformen des Seelischen werden durch ein permanentes Aussenden von Lebenszeichen und Feedbackschleifen manifestiert. Wenn Jugendliche nicht aktiv auf ihren digitalen Plattformen sind, verlieren sie fast ihre Daseinsberechtigung. Mehr noch, durch das eigene Aktivsein wie auch durch die Reaktionen im Netz vergewissern sie sich ihrer selbst. Das Internet wird zum multimedialen Echoraum, der Sicherheit gewährt.

> Wenn ich zwei Stunden nichts schreibe, denken
> die anderen doch, mit mir ist etwas passiert,
> dass ich krank bin oder sogar tot.«

Ein besonderes Phänomen und Beispiel dafür ist das »Flammen sammeln« bei Snapchat, das zum Maßstab für die eigene Beliebtheit wird. Genauso wie beim Sammeln von Likes versuchen die

Heranwachsenden so, Erfolgserlebnisse zu generieren und damit eine Art Absicherung zu erfahren.

> Ich habe einen Freund, der hat 560 Flammen, voll krass. Wie hat der das geschafft?«

Das kommunikative Netz gibt also Sicherheit durch den Widerhall des Ichs. Indem es die Möglichkeit bietet, ein Kaleidoskop an Selbstbildern zu kreieren und zu vermitteln, dient es aber auch dazu, dem kulturellen Anspruch der Überinszenierung, der Überindividualisierung und dem Diktat der multiplen Optionen gerecht zu werden. Heranwachsende probieren all das aus, beweisen darin große Kompetenz und beherrschen dieses schwindelerregende Spiel mit den eigenen Gestaltungsmöglichkeiten virtuos.

> Wir können heute deutlich mehr machen und uns leichter verabreden als unsere Eltern damals, haben einen viel größeren Freundeskreis, aber irgendwie ist es auch nicht mehr so verbindlich wie früher. Man weiß bis kurz vorher nicht, ob der Freund auch wirklich zur Verabredung kommt oder ob er noch schnell vorher per Whatsapp absagt, weil man ja so viele Optionen jeden Abend hat.«

In einer Untersuchung an unserem Institut haben wir Heranwachsende gefragt, an wem sie sich orientieren, wer ihre Helden sind und wobei diese ihnen helfen. Jede Zeit hat ihre Leitfiguren und so hat unsere digitale Zeit neue Helden geboren. Diese sind aber mitnichten nur für die Orientierung in der digitalen Welt zuständig. Sie helfen dabei, die Kluft zwischen Größenfantasien und Absturzängsten abzufedern und sind Navigatoren in der neu verwobenen Realität – im Alltag der Heranwachsenden. Sie zeigen den Jugendlichen, die sich im Zwiespalt zwischen der glamourösen Welt von Instagram und Co. und nagenden Zukunftsängsten bewegen – dem Traum von glanzvollem Aufstieg und der Angst vor bodenlosem Absturz –, wie Entwicklung in der neuen Welt funktionieren kann, wie das Vakuum zwischen Allmacht und Ohnmacht zu füllen ist.

Und sie führen vor, wie man den Alltag lebt. Denn obwohl Kinder und Jugendliche sich so spielerisch in ihren neuen Welten bewegen, müssen sie den analogen Alltag aus Familie, Schule und Pubertät meistern. Da den Jugendlichen in ihrer Entwicklung sowohl von den Eltern als auch durch die digitalen Möglichkeiten viel abgenommen wird, müssen sie das erst lernen. Sie müssen aufstehen, sich anziehen, in die Schule gehen, Entscheidungen treffen, Hausaufgaben machen, sich Freunde suchen, sich verlieben und auch wieder entlieben und mit Liebeskummer fertigwerden. Im World Wide Web bekommen sie dafür ein Portfolio von richtungsweisenden Anleitungen.

Dies erklärt, warum viele Youtube-Stars mit der Darstellung scheinbar banaler Alltagsverrichtungen – Schminken, Spielen, Shoppen – so riesige Erfolge feiern. Erwachsene mögen mitunter sagen: »Die können doch gar nichts.« Was sie aber können und zeigen, ist, wie man Alltag leben kann. Anhand ihrer Vorbilder kann Alltag eingeübt und Entwicklung gelernt werden. Alltag ist dann mehr als Eintönigkeit und Monotonie. Alltag ist eine immer wieder anzugehende Herausforderung. Man kann hier von einer kunstvollen Alltagsbewältigung sprechen.

Die neuen Helden beherrschen also die digitale wie auch die analoge Alltagswelt, denn diese lassen sich für die Jugendlichen nicht mehr voneinander trennen. Hier sind sie virtuos unterwegs. Doch entsprechend der rasanten Entwicklung der heutigen Zeit haben Helden als solche auch eine sehr geringe Lebensdauer: Sie halten nicht lange her als Helden, werden schnell ausgetauscht. Je nach aktueller Bedürfnislage suchen die Heranwachsenden nicht nur solche Helden, bei denen alles reibungslos läuft, sondern solche, die Schritt für Schritt etwas schaffen, sich ausprobieren und den Jugendlichen durch ihr Vorbild helfen, Schwierigkeiten des täglichen Lebens zu meistern. Sie sind keine perfekten Siegertypen, vielmehr zeichnen sie sich durch eine große Nähe aus, sind ansprechbar und zeigen – zumindest scheinbar – viel von sich, vor allem, wenn sie offenlegen, dass auch mal etwas nicht gelingen kann.

Ich finde die Blogger super. Ehrlich gesagt können die ja nichts Besonderes, aber die sind so authentisch und zeigen, wie die leben, das feiere ich.«

Ich liebe die Filme mit ›primitive technologies‹: Da spricht der Typ kein einziges Wort, sondern zeigt nur, wie er mithilfe primitiver Technologien, bei denen er nur Werkzeuge verwendet, die er eigens hergestellt hat, z. B. sich ein Haus im Wald baut.«

Diese »Stummfilme« schauen sich Jugendliche stundenlang fasziniert an, fast meditativ, und lernen dabei, wie etwas Schritt für Schritt Gestalt annimmt.

Eine große Sehnsucht und zugleich auch Angst von Jugendlichen ist es, sich zu zeigen, wie man wirklich ist. Das versuchen sie sich besonders bei den Bloggern abzuschauen, die den Mut haben, ihr Leben allen in der Öffentlichkeit zu präsentieren, und denen es scheinbar egal ist, was andere über sie denken. Wegen der großen Angst vor Gesichtsverlust trauen sich Heranwachsende das selbst häufig nicht zu. Und wo genau finden sie diese Helden eigentlich?

Helden in Serien

Die Protagonisten von Serien avancieren häufig zu neuen Helden und werden zum permanenten Alltagsbegleiter. Im Ein- und Abtauchen in Endlosschleife in die in Hülle und Fülle angebotenen Serien zeigt sich die Sehnsucht der Heranwachsenden nach dramatischen und fesselnden übergreifenden Entwicklungen. Sie ziehen sich oft stundenlang zurück und machen ihre Eltern damit schier wahnsinnig. Auf ihre Familie wirken sie dann lethargisch, lustlos, manchmal wie depressiv lahmgelegt. Phasenweise können sie sich zu nichts anderem motivieren, als eine Serie nach der anderen zu streamen. In der Schule, im Freundeskreis wird den Jugendlichen eine große Toleranz gegenüber anderen abverlangt, unabhängig von Herkunft, Nationalität oder sexueller Ausrichtung. In den Serien jedoch wird Farbe bekannt, es wird dramatisiert, zugespitzt, ausgegrenzt und bekämpft, was das Zeug hält. Es gibt Gut und

Böse, Schwarz und Weiß, tiefe Liebe und dramatisch-böswillige Inszenierungen und Verleumdungen. Jugendliche ziehen sich dann stundenlang zurück, um bestimmte Entwicklungen ersatzweise in den Serien mitzuerleben. Sie sind also alles andere als lahm- und stillgelegt, sondern leben diese seelisch bewegenden Themen mit. Der Rückzug wirkt wie eine stille Revolte gegen den Alltagsdruck: Die Jugendlichen ziehen sich in ihre Welt zurück und gehen die Probleme des Alltags nicht wirklich an.

Helden auf Youtube als Alltags-Knigge

Als neue Helden werden auch Youtuber angesehen, die vorführen, wie erfolgreiche Entwicklung und banaler Alltag gehen. Ihre Heldenhaftigkeit misst sich nicht an großen Taten, manchmal scheinbar nicht mal an großem Können. Sie zeigen schlicht, wie Alltag funktioniert, indem sie Einblick in den und Anteilnahme an dem ihren ermöglichen. Sie filmen sich in ihrem Alltag; wie sie aufstehen, wie und was sie einkaufen, wie sie sich schminken oder ihr Fahrrad reparieren – manchmal ernten sie sogar Begeisterung, wenn sie lediglich dokumentieren, wie sie schlafen. Sie sind eben nicht perfekt, sondern menschlich – sie kommunizieren auf Augenhöhe. Zum Vorbild werden sie unter der Prämisse: »Das könnte ich auch erreichen.« Eine eigene Kategorie neuer Helden sind Youtuber, die als Lehrmeister in Let's-Play-Formaten durch die virtuelle Spielewelt führen. Dann spielen Jugendliche noch nicht einmal selbst, sondern schauen ihren spielenden Helden zu.

Helden in sozialen Netzwerken

Auf Instagram und Co. zeigen sich neue Helden in einem kunstfertig inszenierten Alltag. Die Heranwachsenden wissen, dass das Ganze arrangiert und einstudiert ist, bewerten ihre Vorbilder aber dennoch nach »authentisch« und »unecht«. In Vlogs wird der Alltag zur Kunst erhoben, es können Höhen und Tiefen nachvollzogen werden.

Prominenz im klassischen Sinne – Schauspieler, Moderatoren oder Sportler – werden vor allem dann in den Heldenstatus erhoben, wenn sie sich durch mediale Inszenierung in den sozialen

Netzwerken profilieren und durch Selbstdarstellung sozusagen aus der Nähe erlebbar werden.

An ihnen wird vor allem geliebt und bewundert, wenn sie es schaffen …

> … aus dem Ghetto heraus zu einem Star zu werden. Der hatte gar nichts und ist jetzt der beste Fußballer. Der hat an sich geglaubt.«

»Nahbarkeit« bedeutet zugleich auch eine Nähe zum täglichen Leben. Heranwachsende sind interessiert an allem, was ihnen echte Orientierung bei der Alltagsbewältigung verspricht. Das geht von konkreter Lebenshilfe bis hin zu Hilfen beim (spielerischen) Erreichen von Zielen. Kinder suchen sich ihre Helden heute vor allem jenseits der Familie. Nichtsdestoweniger benötigen sie ihre Eltern als Leitplanken und Haltepunkte in ihrer Entwicklung.

Halt und Raum für Entwicklung

Kindern und Jugendlichen fehlt es derzeit also an klaren Orientierungen, die weder die Gesellschaft noch die eigenen Eltern leisten (können). Dies – zusammen mit der Verunsicherung durch brüchige Systeme und der Überforderung durch ihre Rolle als Systemstabilisatoren – bewirkt bei ihnen Verunsicherung und Belastung in einer naturgemäß ohnehin sensiblen Phase des Heranreifens. So ist es nicht verwunderlich, dass auch schon junge Menschen in depressive Zustände geraten können.

Was aber benötigen die heutigen Heranwachsenden, damit sie sich zu eigenständigen, selbstbewussten Persönlichkeiten entwickeln können und der Depression kein Nährboden bereitet wird?

Nun, sie brauchen einerseits Raum und andererseits Aufgaben, die adäquat sind für ihren Entwicklungsstand und ihre Rolle als Kind.

Orientierung suchen sie sich weniger bei ihren unsicheren Eltern als eher bei neuen Helden im World Wide Web. Da es sich bei den heutigen Kindern und Jugendlichen um die erste Generation handelt, bei der Digitales und Analoges zu einer Einheit verschmolzen ist, ist »real« und »fiktiv« nicht mehr sauber zu trennen. Analoger Alltag und Digitales sind verwoben und stellen heute DIE Lebenswirklichkeit der Heranwachsenden dar.

Durch die Überforderungen, die nicht nur durch unsere Kultur der Perfektion und Multioptionalität entstehen, sondern auch durch die nicht zu bewerkstelligende Aufgabe, selbst die eigene Familie stabilisieren zu müssen, suchen sich die Jugendlichen vermehrt zweckbefreite Rückzugsräume. In ihrem oft stundenlangen andauernden Rückzug »netflix & chill« zeigen sich depressive Züge und eine stille Revolte gegen die an sie gestellten Forderungen der Kultur. Heranwachsende in ihrer Entwicklung zu fördern, heißt also nicht, ihnen bedingungslos alles bereitzustellen, sondern fürsorglich zu sein, sich wahrhaft mit ihnen auseinanderzusetzen, sich liebevoll auf eine Eltern-Kind-Beziehung einzulassen, sich aber zugleich auch mutig als Eltern zu positionieren, einen eindeutigen Standpunkt zu beziehen und klare Spielregeln aufzustellen, um den Heranwachsenden dadurch auch Möglichkeit zur Rebellion zu geben. Subtile Erpressungen wie drohender Liebesentzug sind kontraproduktiv. Stattdessen sollte man klare Forderungen stellen, den Heranwachsenden einen ebenso klaren Platz zuweisen und ihnen altersgerechte Aufträge geben, die ihnen zeigen, dass sie Raum und eine angemessene Position in der Familie haben. Gerade in der heutigen leistungsorientierten Zeit sollten Eltern eine liebevolle Zuwendung an ihre Kinder nicht an Leistungen knüpfen.

Es gilt, sie fürsorglich und kritisch bei ihrer Entwicklung zu begleiten und nicht zur Projektionsfläche eigener Entwicklungswünsche zu machen.

Auch kalkulierbare Trennungen dürfen ruhig gewagt werden: Eltern wie Kinder dürfen auch einmal allein auf Reisen gehen, natürlich immer in einem adäquaten Rahmen. So merken die Kinder, dass die Familie auch ohne ihre Stabilisation funktioniert.

Eltern können nie alles richtig machen. Jede Elterngeneration macht notwendigerweise Fehler, aber Eltern sollten sich trauen, sich »schuldig« zu machen. Und nicht zuletzt damit klarkommen, dass sie auch mal blöd gefunden werden.

Und nicht nur die Eltern sind nicht unfehlbar: Auch die Kinder müssen Fehler machen dürfen und es bedarf einer Gesellschaft, die ihnen dies zugesteht. Sie brauchen mutige Vorbilder, die zeigen, dass das Ausprobieren einer Entwicklungsrichtung immer *mehr* bedeutet als das Verharren in einem kokonartigen »Davor«, das sich noch alle Möglichkeiten offenhält. Heranwachsende bringen heute ein großes Können mit. Sie können und wollen etwas entwickeln. Das muss man sie aber auch tun lassen. Trauen Sie ihnen etwas zu. Heranwachsende brauchen Gestaltungsfreiräume, in denen sie sich – ohne Angst davor haben zu müssen, das System dann zum Einsturz zu bringen – frei ausprobieren können, mit allem, was dazugehört: den Fehltritten wie auch den Erfolgen und beglückenden Gefühlen, selbst etwas entwickelt, geschafft und bewirkt zu haben. Dann vollzieht sich Persönlichkeitsentwicklung.

Diese prekären Lebenssituationen, die den Alltag vieler Menschen bestimmen und charakteristisch sind für unsere heutige Zeit, stellen uns alle vor eine besondere Herausforderung. Dem kann sich kaum jemand entziehen. Viele von uns spüren eine Überforderung. Und Depression hat verschiedene Gesichter. Sie kleidet sich in unterschiedliche Gewänder. Oft merken die Betroffenen – die überarbeitete berufstätige Mutter, der Businessman, der seine Rolle als Erfolgsmensch im Privatleben nicht aufrechterhalten kann … – gar nicht, dass das, was mit ihnen geschieht, bereits Symptome einer Depression sind. Wie es sich anfühlt, an einer solchen zu leiden, schildere ich im nächsten Kapitel.

2 Die Depression verstehen

William Shakespeare, Friedrich Schiller, Pablo Picasso, Robert Enke und Charles Darwin litten unter ihr. Gwyneth Paltrow, Dwayne Johnson, Angelina Jolie und Nicole Kidman erleiden sie auch. Nicht nur diese so erfolgreichen Menschen und bewunderten Hollywoodgrößen, sondern deutschlandweit jeder Vierte erkrankt mindestens einmal in seinem Leben an Depression. Sie kann jeden treffen. Über die häufigste Erkrankung der Deutschen wird heute mehr gesprochen als früher, kein Zweifel. In allen Medien finden wir Berichte über Personen – auch des öffentlichen Lebens –, die unter Depressionen leiden. Im besten Falle haben sie diese überwunden oder aber, im schlimmsten, sich aufgrund der Erkrankung gar das Leben genommen. Ist es heutzutage also leichter geworden, sich dazu zu bekennen, depressiv zu sein? Leider nein, weit gefehlt, das ist es nicht. Wir alle, Betroffene wie Außenstehende, haben immer noch große Schwierigkeiten, über die Erkrankung zu sprechen und damit umzugehen. Depressiv zu sein, wird nach wie vor als gewaltiger Makel empfunden, als Ausdruck einer Niederlage, der Kapitulation vor dem eigenen Leben. Denn selbst wenn Depression heute öffentlicher diskutiert wird als früher und als Krankheit anerkannt ist, bedeutet es nach wie vor für viele ein Tabu, sich selbst dazu zu bekennen.

> Depression ist oft noch mit Vorurteilen behaftet:
> ›Du hast dein Leben nicht im Griff. Du bist
> selbst schuld daran, dass du leidest.‹«

Menschen, die unter Depressionen leiden, wissen meist nicht genau, was mit ihnen los ist, sie können ihre Gefühlslage kaum einordnen. In Zeiten, in denen Glücksmaximierung nicht nur das höchste Gut, sondern auch permanent herstellbar zu sein scheint, fällt es schwer zu akzeptieren, dass man unter dieser seelischen Erkrankung leidet. Manchen Betroffenen wäre eine rein körperliche Krankheit lieber.

> Ich hab damals gedacht: ›Bitte, Herr Doktor, lass mich Krebs haben, damit ich weiß, was mit mir los ist.‹ Ich bin von Arzt zu Arzt gelaufen in der Hoffnung auf eine handfeste körperliche Diagnose.«

Depressiv Erkrankte leiden folglich nicht nur unter ihren belastenden Symptomen. Sie schämen sich zudem dafür, ohnmächtig und nicht mehr Herr über ihr Leben und ihre Gefühle zu sein. Die Depression ist also auch mit einem Gefühl der Scham verbunden und passt nicht in unsere derzeitige Machbarkeitskultur.

Offenbar wird zwar viel über Depression geredet, aber gleichwohl wenig gesagt. Es bleibt meist unausgesprochen, wie es sich anfühlt, depressiv zu sein. In unserer Gesellschaft existiert so etwas wie eine geheime Übereinkunft darüber, dass Depression zwar beim Namen genannt wird, dass die wahren Umstände und Befindlichkeiten der Betroffenen – die Tage, die unter der Glocke der Depression kein Tageslicht bekommen – und der Zusammenhang der depressiven Erkrankung mit unserer Kultur hingegen verschwiegen werden. Joanne K. Rowling beschreibt die Leere als das Schlimmste ihrer Depression, die wie die Dementoren in *Harry Potter* kalt und gefühllos und nur schwer in Worte zu fassen ist. Der Stempel »Depression« benennt nur, ohne etwas zu sagen. Ohne das Erleben der Betroffenen in den Fokus zu rücken.

> Heute sind ja auch viele Prominente depressiv, aber wie es denen wirklich geht, erfährt man eigentlich nie.«

Mit dem moderneren Phänomen Burn-out scheint der Umgang einfacher zu sein. Das Aufkommen dieses neuen Begriffs erschwert jedoch eine Differenzierung zwischen Burn-out und Depression. Versucht man, diese beiden Krankheitsbilder exakt voneinander abzugrenzen, bleibt es zumeist bei einem Versuch. Für die Betroffenen macht es hingegen sehr wohl einen Unterschied, ob sie über Depression oder Burn-out sprechen. Letzteres ist für sie mit weniger Scham verbunden und zeugt von einem als positiv angesehenen unaufhörlichen Aktionismus, denn wenn man ausbrennt, hat man schließlich einmal für eine Sache gebrannt. Nicht wie die Depression, in der man sich leer fühlt, wie gelähmt, und den eigenen Alltag nicht mehr bewältigen kann. In unserer Gesellschaft gehen wir oft noch einen Schritt weiter: Wir heften uns Burn-out mitunter gerne an wie eine Tapferkeitsmedaille, anstatt diesen verzweifelten Zustand so zu beschreiben, dass auch nicht Betroffene verstehen können, welches Leid diese Erkrankung bedeutet.

> Burn-out traut man sich in den Mund zu nehmen,
> das klingt gut. Mittlerweile ist es eine richtige
> Modeerscheinung, alle hatten einen!«

Wir sind heutzutage regelrecht stolz darauf, uns die Erschöpfung »erarbeitet« zu haben. Burn-out wirkt wie ein Euphemismus für Depression, maskiert und verschleiert den eigentlichen quälenden Zustand.

> Wenn Burn-out draufsteht, ist das für die Leute
> einfach nachzuvollziehen. Die sehen das Produkt und
> sagen: ›Ja, ich glaube, ich hab das.‹ Das ist ihnen auch
> nicht peinlich. Depression dagegen heißt. ›Du bist
> gescheitert, hast es nicht hingekriegt.‹ Burn-out zeigt,
> dass du dich über die Maßen angestrengt hast.«

Über Burn-out können die Betroffenen erst einmal leichter reden.

> Unter Depressionen leiden die Schwachen, die
> ihr Leben nicht im Griff haben. Heute sagt man
> lieber ›Burn-out‹. Wer Burn-out hat, kann stolz
> sein, das ist wie eine Auszeichnung für gute
> Leistung. Das ist schon etwas Besonderes.«

Aber in allen von uns geführten Gesprächen – auch zu anderen Themen – wird offenkundig, wie schwierig es ist, hier über ein bloßes Betiteln hinauszugehen.

Unerheblich, welchen Namen sie dem Kinde geben, bleibt es bei den meisten Betroffenen beim alleinigen Benennen der Depression oder des Burn-outs. Sie vermögen kaum über ihre Gefühle und ihren Zustand zu sprechen, zu beschreiben, wie es ihnen geht. Oft lassen sie selbst die engsten Bezugspersonen im Unklaren über ihr Befinden und gewähren ihnen keinen oder nur einen geringen Einblick in ihr Gefühlsleben. Das tun sie jedoch nicht absichtlich oder bewusst. Sie sind sich eben selbst nicht im Klaren über ihren Zustand und dieses Unwissen legt sie regelrecht lahm. Oft verstehen sie sich selbst nicht, finden »objektiv« weder einen plausiblen Grund noch eine Legitimation dafür, so traurig, verzweifelt und antriebslos zu sein.

Anders ist es für sie hingegen, wenn sie beispielsweise Trauerfälle oder schwere Schicksalsschläge als Grund für ihre depressive Verstimmung heranziehen können. Dann ist ihre Niedergeschlagenheit für sie wie auch für ihr Umfeld leichter zu akzeptieren.

So war es beispielsweise im Falle von Karola. Nicht nur für sie selbst, sondern auch für ihre Umgebung war es sehr nachvollziehbar, dass sie nach dem Tod ihrer Mutter in eine Depression fiel. Sie bekam große Unterstützung von Freunden und Verwandten, die von viel Verständnis und Empathie getragen war. Neu waren ihr diese traurigen und verzweifelten Gefühle jedoch nicht, sie kannte diese unglücklichen Zustände schon von früher. Da war es jedoch nicht nur für sie, sondern auch für ihre Angehörigen um ein Vielfaches schwieriger gewesen, ohne offensichtlich erkennbaren Grund ihre unerträglich schmerzlichen Empfindungen, ihre Antriebslosigkeit und Verzweiflung einzuordnen, zu verstehen und erst recht zu akzeptieren. Nicht selten bekam sie – wenn auch nicht offen ausgesprochen – die Rückmeldung, es sei doch eigentlich »alles gut«, sie müsse die Dinge nur mal wieder positiver sehen, gemäß dem Motto »Das wird schon wie-

der«. Als ihre Mutter starb, war es für alle so viel leichter nachzuvollziehen und anzunehmen, dass sie in eine Krise stürzte.

Ähnlich verhielt es sich mit Dirk. Er verlor seinen Job und wurde danach depressiv – eine aus solchen Begebenheiten resultie-
rende depressive Phase ist durchaus nachvollziehbar und ängstigt uns weniger als eine Depression, die nahezu aus heiterem
Himmel kommt, die uns anfällt wie ein wildes Tier. Wir spüren
dann, dass wir uns scheinbar nicht gegen sie wehren können. Das
macht Angst und davon können wir uns alle nicht frei machen.

Eine depressive Stimmung lässt sich einfacher erklären bei widri-
gen Lebensumständen oder einschneidenden, traumatischen Erlebnissen, die Menschen aus der Bahn werfen. Schwieriger ist es hingegen für Betroffene wie auch Angehörige, wenn eigentlich nichts
Schlimmes passiert ist und es die kleinen, fast unbedeutenden All-
tagsdinge sind, die diesen grauen Schleier über das Leben und Erleben legen. Wenn sie keinen expliziten Grund für ihren depressiven
Zustand nennen können, verstehen die Betroffenen ihn oft selbst
nicht und stoßen zudem in ihrem Umfeld auf wenig Empathie und
Verständnis für ihre leidvolle psychische Situation. Gut gemeinte
Kommentare und Ratschläge wie »Dir geht's doch eigentlich gut.
Was hast du denn?«, »Genieß doch dein Leben und lass dich nicht
so hängen« tragen weniger zu einer Aufhellung ihrer Stimmung
bei, als dass sie sich dadurch noch einsamer und unverstandener
fühlten, denn sie wissen ja meist selbst nicht, warum sie sich »in
diesem tiefen Loch« befinden.

> Ich dachte immer: ›Das kann keine Depression
> sein. Depressionen kriegen Leute, die mit ihrem
> Leben nicht klarkommen.‹ Ich hatte doch eigentlich
> alles, das waren doch nur Luxussorgen.«

Aber was bewirkt bei den Menschen diese immense Traurigkeit,
auch dann, wenn ihre Lebensumstände scheinbar ideal sind, sie

sich eigentlich nicht beklagen dürften und mitunter sogar von anderen um ihr Leben beneidet werden? Wir werden im weiteren Verlauf des Buchs sehen, dass es nicht ausschließlich an den Dingen liegt, die den Menschen widerfahren, sondern vor allem daran, wie diese erlebt, eingeordnet und verarbeitet werden, also auf welchen Boden sie fallen. Die Diskrepanz zwischen eigenem und fremdem Anspruch einerseits und den realen, schmerzlichen Gefühlen andererseits spüren auch die Betroffenen selbst. Sie können sich ihren als ausweglos erlebten Zustand nicht erklären. Die Dimensionen dieser verzweifelten Emotionen sind meist weder greifbar noch nachvollziehbar und von den Allermeisten nicht in Worte zu fassen.

> Wer will schon depressiv sein? Da hat man Angst vor.
> Das ist ein Tabuthema! Wer will schon nicht so ganz
> richtig sein, so antriebslos und lethargisch? ... Man muss
> vorsichtig sein, wenn man das dem Arzt oder Psychologen
> sagt, wenn man sich ganz öffnet. Wer weiß, was mit
> einem passiert? Die Ärzte nutzen ihre Macht aus und
> man wird zwangseingewiesen wie Gustl Mollath!«

Meist fällt es den Betroffenen leichter, über körperliche Beschwerden zu sprechen. Dementsprechend klagen sie auch in den ärztlichen Sprechstunden fast ausschließlich über ihre physischen Symptome und bringen ihre seelischen Probleme nicht zur Sprache. Aufgrund der zeitlichen Überlastung der Ärzte und der daraus resultierenden Kürze der Sprechzeiten kommen die Patienten oft auch gar nicht dazu, diese Beschwerden zu beschreiben. Im Nu sind die fünf Minuten mit dem Arzt vergangen, ohne dass ihnen auch nur ein Wort über ihren desolaten Gefühlszustand über die Lippen gekommen wäre. Schnell ist ein körperliches Symptom genannt, welches dann medikamentös behandelt wird. Für viele Ärzte ist es schwierig, in der Kürze der Zeit eine depressive Symptomatik hinter den körperlichen Beschwerden zu entdecken.

> Als Arzt braucht man 20 bis 30 Jahre Erfahrung, bis
> man spürt, dass ein Patient oft nicht nur die Kopf-

oder Rückenschmerzen hat, über die er klagt, sondern dass er auch unter depressiven Verstimmungen und Unruhe leidet. Früher habe ich das nicht so erkannt. Auch viele meiner Kollegen verschreiben dann erst mal schnell etwas gegen die körperlichen Symptome.«

Beschwerden wie innere Unruhe oder Schlaflosigkeit können die Betroffenen leichter schildern. In unserem Kulturkreis sind dies bereits akzeptierte Symptome, denn wenn ich mich innerlich getrieben fühle, mache ich damit zugleich deutlich, dass ich noch aktiv bin und mitten im Leben stehe. Dass depressive Menschen sich trotz allem Aktionismus innerlich leer fühlen, verschweigen sie meist. Dies wurde auch in den Gesprächen mit Betroffenen deutlich: Sie beginnen ihre Beschreibungen mit einer Flut von Symptomen wie Schlafstörungen, Gedankenkreisen, Erschöpfung, hohem Blutdruck, Konzentrationsschwierigkeiten, Kribbeln im Körper, innerem Getriebensein, Herzrasen, erhöhtem Puls, Schweißausbrüchen, Ohnmachtsgefühlen, Bauchschmerzen, Migräne, Rückenschmerzen, Durchfall, Luftnot, Engegefühl in der Brust … Die Liste ist schier unendlich. Erst nach und nach fangen sie an zu erzählen, wie es ihnen geht, wie sie ihren Alltag bestreiten, was ihnen Sorgen bereitet, wovor sie Angst haben und was sie traurig macht, aber auch, welche Hoffnungen sie haben und welche Ideale sie antreiben.

Wenn wir es nur bei einer Auflistung der Symptome belassen, ohne sie in einen Zusammenhang mit dem Erleben der Betroffenen und ihrem Alltag zu bringen, können sie selbst wie auch Angehörige die Depression nicht ausreichend nachvollziehen und verstehen. Dann erhalten wir auch keinen Aufschluss darüber, was die betroffenen Menschen brauchen, um zu genesen. Denn in ihren dezidierten Beschreibungen wurde ein roter Faden deutlich, der sich durch alle Gespräche hindurchzog. Um also die innere Logik der Depression aufdecken zu können, müssen wir ihnen genau zuhören und sie beschreiben lassen, wie sie sich fühlen, was für Gedanken und Bilder ihnen durch den Kopf gehen, wie sie ihren Alltag erleben. Wir müssen detektivisch ihr Erleben und Verhalten nachzeichnen, wie Kaugummi zerdehnen, Selbstverständlichkeiten infrage stellen und Peinlichkeiten aushalten.

Die sechs Phasen der Depression

> Es kann sich keiner vorstellen, wie das ist, depressiv zu sein. Ich sag immer, das ist wie Kinder kriegen. Die, die keine haben, können es sich nicht wirklich vorstellen.«

Über die Schilderungen des Erlebens der Betroffenen können wir dem seelischen Funktionieren der Depression auf die Schliche kommen. Denn die innere Struktur der Erkrankung ist immer gleich – egal welche Symptome oder Alltagszusammenhänge und Lebensumstände vorliegen.

Daher werde ich in diesem Kapitel aufzeigen, was den betroffenen Menschen Sorgen und Schwierigkeiten bereitet, welche Ideale und Sehnsüchte ihr Leben prägen und wie sie ihren Alltag (er-)leben. Denn um die innere Logik der Depression zu verstehen, sind gerade auch die scheinbar banalen Dinge von Bedeutung: Wie starten die Menschen in ihren Tag? Wie gelingt das Aufstehen? Welche Mühen sind damit verbunden, aus dem Bett zu kommen und sich anzuziehen? Wie erleben die Betroffenen zu erledigende Alltagsverrichtungen? Haben sich scheinbar schlichte Tätigkeiten in unüberwindbare Mammutaufgaben verwandelt? Wie stark nehmen die Menschen am gesellschaftlichen Leben teil? Laden sie noch Freunde ein oder ist es eine zu große Belastung geworden, überhaupt mit anderen ins Gespräch zu kommen, andere Menschen um sich zu haben? Welche Dinge bereiten ihnen Freude? Was wirft sie aus der Bahn?

Erst wenn wir uns den Alltag der Betroffenen mit seinen ganz konkreten Schwierigkeiten, Nöten, aber auch Hoffnungen vergegenwärtigen und ihn lebendig nachempfinden, kommen die alltäglichen Hürden ans Licht und es kann sich ein Verständnis über diese Erkrankung einstellen.

Bei uns im Institut bitten wir daher die Personen in unseren zweistündigen psychologischen Tiefeninterviews immer darum, alles auszusprechen, was ihnen durch den Kopf geht. Hierzu ist eine vertrauensvolle Atmosphäre notwendig, in denen wir die Befragten ermuntern, unter der Zusicherung von Anonymität und Wertneutralität, ihren Alltag bis ins Detail zu beschreiben, ohne etwas zurückzuhalten, weil es ihnen vielleicht peinlich ist. Alles darf und soll thematisiert werden, wird weder be- noch abgewertet. Es geht darum, das Erleben in der Depression genau nachzuzeichnen und es zu verstehen in seinem »psycho-logischen« Funktionieren und auch in seiner Abstrusität, Verrücktheit und Komplexität. Im Zuge eines »zerdehnten« Beschreibens kommen die Menschen über eine Auflistung ihrer körperlichen Symptome hinaus und schildern die Ängste, Sehnsüchte, Hoffnungen und Erwartungen, die sie in ihrem Leben umtreiben, auch jenseits aller Rationalisierungen. Diese Beschreibungen bearbeiten wir dann wiederum in einer mehrstündigen Analyse, um so zu verstehen, wie die Depression paradoxerweise versucht, sich als außerordentlich leidvolles Konstrukt selbst zu erhalten.

Die von uns geführten Interviews mit den Betroffenen unterschieden sich nur auf den ersten Blick. Dabei kamen ganz verschiedene Menschen mit individuellen Lebensgeschichten zu uns: Männer und Frauen – verheiratet, verwitwet, geschieden oder ledig, kinderreich oder kinderlos, jung oder alt, laut oder leise, selbstbewusst oder schüchtern. Das Auffällige war zu allererst, dass die Betroffenen nach einer Annäherungsphase und Vertrauensbildung ihr Leben und ihre Depression so erschöpfend darstellten, dass sie in einen überbordenden Fluss des Erzählens gerieten. Es schien, als sei ein Bann gebrochen, als schaffe sich die Depression mit ihrer Vehemenz endlich ihren Raum. Oft reichten den Gesprächspartnern die geplanten zwei Stunden für das Tiefeninterview nicht aus, sie wollten sich häufig immer weitermitteilen und vergaßen darüber die Zeit.

Die Betroffenen sprachen nicht nur über ihre depressive Symptomatik und ihre Ängste, sondern beschrieben vor allem ihr Leben mit seinen Idealen und Herausforderungen. Sie erzählten von ihrem Alltag, in dem sie alles schaffen wollten, davon, wie wichtig es ihnen sei, die Fäden zu Hause zusammenzuhalten und den Job zur Zufriedenheit aller zu erledigen. Sie fühlen sich verantwortlich dafür, dass die Kinder nicht nur sportliche, sondern auch schulische Bestleistungen bringen. Sie wissen oft nicht, wo sie anfangen, an welcher Ecke sie mit ihrem Tagewerk beginnen sollen, weil ihnen eigentlich alles zu viel ist. Sie sind abends häufig so erschöpft, als hätten sie über ihre Kräfte hinaus geschuftet, haben aber nicht das Gefühl, überhaupt irgendetwas bewirkt zu haben. Sie berichteten über ihre Sehnsüchte wie auch Kränkungen und Belastungen. Wenn sie über ihr Leben nachdachten, sprachen sie über die verpassten Chancen und die Träume und Ideale, die sie noch erreichen wollten, die für sie aber in weite Ferne gerückt schienen. Sie beschrieben, wie festgefahren und lahmgelegt sie sich fühlten, wie einsam in ihrer seelischen Isolation.

Obwohl man immer auch spürte, wie peinlich es den Betroffenen war, diese unangenehmen Seiten von sich zu zeigen, waren sie doch erleichtert, endlich einmal über ihr Befinden, ihr Erleben zu sprechen, ohne sich rechtfertigen zu müssen. Sie gerieten nicht – wie oft bei Angehörigen – unter Druck, schnell eine Veränderung herbeiführen zu müssen. Sie entkamen in den Gesprächen der sonst häufig erlebten Not, etwas umgestalten zu müssen, sobald es ausgesprochen war. Das empfanden sie als Entlastung.

Es fiel diesen Menschen jedoch schwer, ihre Erzählungen und Beschreibungen zu ordnen. Alles erschien ihnen durcheinander, sie verstanden sich selbst nicht mehr. Sie entblößten Situationen und Seiten von sich, die sie selbst nicht mehr durchschauten – mehr noch, die sie verurteilten. Sie waren sich fremd geworden und wollten sich in dieser unangenehmen Form in gewisser Weise auch fremd bleiben. Denn das, was in ihren Beschreibungen zum Vorschein kam, gefiel ihnen nicht. Die Betroffenen konnten nur zu gut ihre Partner, die Kinder, ihre Freunde verstehen, denen sie ebenfalls fremd geworden waren. Sie selbst wie auch ihre Angehörigen fragten sich, wo die Person geblieben war, die sie kannten. Vergeblich suchten sie die liebenswerten Eigenschaften, die sie ausmachten – jenseits ihrer Traurigkeit und des dichten Gefühlsnebels. All dies schien ihnen abhandengekommen zu sein und sie wussten nicht mehr, wo und wie sie danach suchen sollten. Viele hatten sich bereits selbst wie auch den Bezug zu anderen und zur Welt verloren.

> Ich weiß ja selbst nicht, warum ich dann immer so niedergeschlagen bin und mir keiner helfen kann. Ich kenn mich dann nicht mehr und frag mich, wo eigentlich mein früheres Ich geblieben ist.«

Meines Erachtens ist es nicht erstaunlich, dass die Betroffenen ihr Erleben in der Depression als ungeordnet und chaotisch empfinden, denn das Seelische folgt oft keiner rational nachvollziehbaren Logik, es ist paradox, komisch und seltsam. Ich sehe es daher als eine Aufgabe dieses Buchs an, das vermeintliche Chaos durch die psychologische Analyse zu ordnen. Dazu strukturiere ich die Erlebensbeschreibungen der Betroffenen und bringe sie in einen Zusammenhang. Das möchte ich Schritt für Schritt tun: Im Entstehen der Depression lassen sich sechs Phasen herausstellen. Sie erfolgen weniger in einem strengen Nacheinander, als dass sie als bewegliche Kennzeichen zu verstehen sind, die sich gegenseitig bedingen und in einem spannungsvollen Wechselbezug zueinander stehen. Wie kommen sie in Gang? In welche Richtung versuchen sie sich zu entwickeln, was steht diesen Aspekten entgegen, was steigert und begünstigt sie? Wie verhalten sie sich angesichts von Störungen, die sich ihnen in den Weg stellen? Keine der einzelnen Bedingungen ist losgelöst voneinander zu betrachten und so werde ich sie zwar nacheinander, doch im Zusammenhang beschreiben.

Indem ich diese Kennzeichen oder Phasen des Erlebens anhand von Fallbeispielen darstelle und psychologisch einordne, wird die dahinterliegende Ordnung und Struktur ersichtlich werden: die verborgene Logik der Depression. Vielleicht entdecken Sie einige der vorgestellten Merkmale und Zustände auch bei sich selbst und in Ihrem eigenen Erleben? Dann möchte ich Ihnen Mut machen: Was in die Depression hineinführt, vermag auch den Weg aus ihr herausweisen. Denn unser heutiger Alltag, der viele Formen aufweist, die in die Überforderung oder in die Enge führen können, bietet zugleich auch zahllose Möglichkeiten, genau dort wieder herauszugelangen und ein erfülltes Leben zu führen.

So werde ich im nächsten Kapitel – analog zu diesen sechs Phasen nach unten ins Dunkle – auch sechs Wege nach oben, zurück ins Licht des aktiven Lebens, aufzeigen. Es sind sechs Wege, die den Kennzeichen der Depression etwas anderes entgegensetzen, den Betroffenen einen anderen Umgang mit der Wirklichkeit nahelegen. Es sind Wege, die aus der Depression herausführen können. Um diese beschreiten zu können, muss man zunächst einmal die innere Struktur der Depression verstanden haben. Dazu erläutere ich nun also deren innere Logik – die sechs Phasen der Depression.

Allerhöchste Ansprüche

Stephan, 42 Jahre alt, ein großer, kräftiger Strahlemann in rosafarbenem Hemd, tritt im Gespräch sehr eloquent und aufgeräumt auf. Er wirkt überaus zuvorkommend und möchte ohne Aufforderung Wasser einschenken, als sei er selbst der Gastgeber. Seine Selbstdarstellung zielt auf seine Leistungen, sein unermüdliches Managen, Gestalten, Regeln und Alles-im-Griff-Haben. Wie ein Hans Dampf in allen Gassen rast er beim Erzählen in einem irren Tempo durch seinen Alltag. Ohne Umschweife geht er auch auf seine Depression ein, aber mit dem Tenor, dass er jetzt, im Vergleich zu früher, alles anders mache. Erfolge seien auf der ganzen Linie zu verzeichnen, auch die Depression habe er erfolgreich bewältigt. Dabei wird im Laufe des Gesprächs immer deutlicher, dass Stephan Erfolgsgeschichten erzählt, die für seine derzeitige Situation überhaupt nicht mehr zutreffend sind. So berichtet er beispielsweise von den Triumphen des Musikduos, dem er angehört und das CDs aufgenommen sowie Auftritte im Fernsehen und in Kinderkliniken gehabt hat, das aber seit einigen Jahren im Grunde genommen gar nicht mehr existiert. Des Weiteren äußert er zu Beginn, dass seine Ehe von der Situation nicht stark in Mitleidenschaft gezogen werde. Dies stellt sich im Verlauf des Gesprächs dann jedoch ebenfalls sehr anders dar. Seine Ehe ist stark belastet, Stephan weiß oft nicht mehr weiter. Auch vor sich selbst versucht er fast verzweifelt, das Bild des (beruflich und privat) erfolgreichen Mannes aufrechtzuerhalten.

Ähnlich ist es um Melanie, Mitte 30, bestellt. Sie hat zwei kleine Kinder und ist voll berufstätig. Eigentlich weiß sie, dass nicht alles immer perfekt klappen kann, macht es sich aber dennoch zur Lebensaufgabe, in sämtlichen Bereichen zu brillieren. Seit geraumer Zeit leidet sie unter Migräne und sagt sich bei jedem Schub, dass sie etwas ändern muss. Aber wenn er dann abgeklungen ist, macht sie doch so weiter wie bisher.
»Ich habe das Gefühl, mich selbst aufzugeben. Wenn ich mich aber nicht um alles kümmere, geht es hier den Bach runter.«

Wir alle haben Idealvorstellungen davon, wie wir unser Leben gestalten wollen. Sie motivieren uns Tag für Tag, spornen uns zu großen Anstrengungen an und sind uns der Leitfaden, der uns durch den Dschungel unseres Alltags führt. Das ist notwendig und hilfreich, wenn wir Ziele erreichen wollen und uns durch eine Sache durchbeißen müssen. Unser Alltag ist immens dicht. Er verlangt uns einiges ab. Wir alle kennen das: Wir können uns von den hoch – und manchmal zu hoch – gesteckten Ambitionen, die wir für unser Leben haben, nicht frei machen. Wenn wir aber den Blick dafür verlieren, was realistisch machbar ist, permanent über unsere Belastbarkeitsgrenzen gehen und unsere inneren Antreiber uns nicht mehr verschnaufen lassen, dann sind diese Ideale nicht mehr hilfreich, sondern machen uns krank.

Es ist unglaublich, was ich alles leisten muss, keiner weiß das eigentlich so richtig. Mein Mann kriegt gar nicht mit, wie hier der Bär tobt nachmittags, und auf der Arbeit wissen die gar nicht, was ich schon alles geleistet habe, wenn ich um neun ins Büro komme. Mittags sagen meine Kollegen ›Schönen Feierabend‹, aber dann geht's bei mir ja erst richtig los.«

Ich habe mir Unglaubliches abverlangt, ich wollte so erfolgreich sein wie eine Vollzeitkraft und so viel für die Kinder da sein wie eine Hausfrau, dabei wurde ich aber keiner Seite gerecht. Ich habe mich noch nicht mal getraut, einen Kuchen zu kaufen, dann hätten die im Kindergarten blöd geguckt, also habe ich den auch noch selbst gebacken.«

Wenn man meinem Alltag einen Filmtitel geben würde, wäre das ›Überall und nirgends‹.«

Jede Kultur, jeder gesellschaftliche Zusammenschluss von Menschen hat eigene Vorbilder, Mythen und Tabus. Ein grundlegendes Merkmal unserer gegenwärtigen Kultur ist es, dass sehr hohe und zugleich vielfältige Ansprüche uns aktivieren und motivieren. Wir wollen einen möglichst gut bezahlten Job, der uns ausfüllt und uns Ansehen verleiht, wir möchten die perfekten Eltern sein, die gut geratene Kinder vorweisen können und eine liebevolle und tragfähige Beziehung zu ihnen aufbauen, wir wollen uns nicht den Zeichen der Zeit einfach hingeben, sondern möglichst schlank, gut aussehend und agil sein, bis ins hohe Alter aktiv unser Leben gestalten und genießen können. Das sind attraktive Entwicklungsbilder, die uns motivieren. Sie engen uns aber auch ein, wenn sie alle auf perfekte Erfüllung drängen. Dann nehmen sie uns regelrecht in die Mangel: hinter uns die Ansprüche, die uns antreiben wie mit der Peitsche, und vor unserer Nase zugleich die Mohrrübe der Verheißung. Die digitale Entwicklung, die uns glauben machen will, dass via Fingerwisch das Leben kinderleicht zu steuern sei, nährt zusätzlich die Fantasien, eigentlich alles machen und schaffen zu können. Das ist heute das implizite und verlockende Machbarkeits-Versprechen unserer Kultur. Die Verheißung digitaler Perfektion auf Knopfdruck wirkt wie eine Provokation der Mittelmäßigkeit. Verfehlungen oder gar Fehler sind heute gewissermaßen nicht vorgesehen. Wir haben in unserer Zeit das Gefühl, alles können zu müssen, gestehen uns zugleich keine Lehrzeit zu, um es uns anzueignen, und trauen uns nicht mehr, Fehler zu machen. Und so haben wir zumeist das Gefühl, dass das, was wir leisten, nie genug ist; es hätte immer noch ein bisschen besser und ein bisschen mehr sein können.

Davon sind auch die Personen, die unter einer Depression leiden, nicht ausgenommen. Auch sie – vielleicht sogar vor allem sie – beschreiben ihren Alltag als belastet mit immensen Anforderungen und enormen Ambitionen.

Das beginnt bereits weit vor dem Aufstehen. Noch bevor sie morgens einen ersten Schritt aus dem Bett machen, ist ihr Kopf voll von den Dingen, die berücksichtigt und erledigt werden müssen. Ihre nur im Geiste verfassten oder tatsächlich niedergeschriebenen To-do-Listen sind so umfangreich, dass deren Abarbeitung zwangsläufig ein ausweglos Unterfangen sein muss. Diese Menschen treibt stets der Gedanke an, heute, an diesem Tag, endlich all das zu schaffen, was man von ihnen erwartet oder sie selbst von sich erwarten. Innere Bilder vom Gelingen ihrer Vorhaben, aber auch Versagensängste wirbeln in ihrem Kopf umher, säen innerliche Zwietracht und lassen sie nicht mehr schlafen. Sie werden früh wach und fühlen sich erschöpft, noch bevor sie mit einem Fuß aus dem Bett gestiegen sind. Und das ist nur der Anfang ihres übervollen Tages.

In den Beschreibungen des Alltags der Betroffenen und ihres Umgangs mit dessen Begebenheiten zeigt sich durchgängig dieses erste Kennzeichen, das uns etwas über die verborgene Logik der Depression verrät. Alle Betroffenen erzählen davon, dass ihr Leben geprägt ist durch allerhöchste Ansprüche und das Ringen darum, diesen immer gerecht zu werden. Dabei ist es nicht relevant, ob die Ansprüche objektiv an sie herangetragen werden, d. h., ob die Betroffenen sie realistisch einschätzen oder ob nur sie selbst meinen, diesen Anforderungen gerecht werden zu müssen. Realität ist hier das, was sie persönlich als solche erleben.

Es ist die Realität der Mutter, die sich für alles allein zuständig fühlt, selbst wenn der Partner ihr zur Seite steht. Sie hat Angst, dass es ohne ihre Mühen und Anstrengungen nicht läuft, dass alles zusammenbricht, wenn sie sich nicht vollends für die Familie aufopfert.

Es ist die Realität des jungen Mannes, der gerade erst sein Studium begonnen hat, Leistungssport betreibt und seinen 20. Geburtstag wie eine fordernde Zahl vor Augen hat, die mahnt, noch nicht genug geschafft zu haben. Dabei weiß er gar nicht, wie er alles bewerkstelligen soll.

Es ist die Realität des Vaters, der Angst hat, weder genug in seinem Job zu leisten noch ausreichend Zeit mit seinen Kindern zu verbringen, und der kein genaues Bild mehr davon hat, was und wie ein Mann heute sein sollte.

Es ist die Realität der 53-jährigen Frau, deren Kinder aus dem Haus gehen, die sich neu ausrichten muss für die zweite Lebenshälfte, mit den zurückgewonnenen Freiheiten aber noch nicht so viel anzufangen weiß, wie sie erhofft hatte.

Diese und noch unendlich viele andere sind die gefühlten Realitäten der Menschen, deren Ideale, Anforderungen und Ansprüche an ihnen nagen und auf Umsetzung drängen.

Die von Depression Betroffenen erscheinen in ihren Erzählungen durchweg als Personen mit sehr hohen Ambitionen, bezogen auf sich selbst und ihr Leben. Sie treten bei Weitem nicht als Menschen auf, denen alles egal ist, die sich die Bettdecke über den Kopf ziehen und am liebsten unter dieser verschwinden möchten. Nein, es ist vielmehr genau anders, sie möchten Großartiges leisten und auf so vielen Hochzeiten des Lebens tanzen, dass sie sich zerrissen fühlen und genau spüren, dass sie nicht alles zugleich bewerkstelligen können. Zugleich lassen sie aber nicht davon ab, nach Möglichkeiten zu suchen, dieses aussichtslose Unterfangen dennoch zu realisieren.

Es sind also keinesfalls Menschen, die sich einfach nur gehen lassen und keinen Antrieb mehr haben, nichts mehr wollen. Im Gegenteil, sie wollen eigentlich zu viel.

Ich funktioniere immer.«

Man misst sich immer an dem, was man leistet, als müsste man einen Plan erfüllen.«

Sie fühlen sich für alles allein verantwortlich: den beruflichen Erfolg, die Bedürfnisse der Familie, die Organisation des Familienalltags, die Pflege der Angehörigen, die schulischen Leistungen der Kinder, das Glück ihrer Liebsten. Sie haben ein Ideal, nach dem das Leben sich organisieren soll, um allen Anforderungen gerecht zu werden.

Ich habe immer einen genauen Plan, wie alles laufen soll.«

Alles zu schaffen, ihren Ansprüchen an sich selbst und an das Leben gerecht zu werden, scheint ihre oberste Prämisse zu sein. Diese allerhöchsten Ambitionen wirken wie ein unnachgiebiger Antreiber, der ihnen im Nacken sitzt, der be- und abwertet, applaudiert und adelt oder aber sanktioniert, jedoch niemals sagt: »Es reicht.« Sie kommen nicht mehr zur Ruhe. Das so oft beschriebene Abrackern im Hamsterrad ist für sie zum Dauerzustand geworden – ohne Ende, ohne Entlohnung.

Man hetzt von einem Termin zum nächsten, steht immer unter Druck. Ständige Erreichbarkeit wird erwartet. Im Hotel herrscht großer Konkurrenzkampf, jeder will aufsteigen. Ich möchte aber nicht die Erste sein, die morgens kommt, und die Letzte, die abends geht. Auch ich brauche ein Privatleben. Ich habe lange Zeit gedacht, ich kann das alles managen.«

Heute meint man ja, dass man alles können muss, und das bitte schön sofort und auch perfekt.«

Ich kann einfach nicht basteln, das ist nicht mein Ding. Aber als meine Tochter eingeschult wurde, war überhaupt nicht daran zu denken, eine Schultüte zu kaufen. Ich habe mir dann einen abgerungen und mich gequält, die Schultüte selbst zu basteln.«

Früher hat man sich erzählt, wie es mit den Kindern ist, hat über die nervige Schwiegermutter geredet, die über einem wohnt. Heute wird erzählt, was man alles Fantastisches am Wochenende gemacht hat, welche tollen Hobbys die Kinder haben; und das Gleiche müssen die Kinder im Morgenkreis nach dem Wochenende in der Schule erzählen.«

Auch in den psychologischen Interviews unserer Studie wird dieser hohe Anspruch an sich selbst spürbar: Die Menschen kommen zum Gespräch und sind darauf bedacht, »einen guten Eindruck zu machen« und sich »nicht hängen zu lassen«. Das ist umso erstaunlicher, als sie ja wissen, dass sie eingeladen sind, um über ihre depressive Stimmung zu sprechen. Aber selbst hier gilt es für sie, sich von ihrer besten Seite zu zeigen. Wie schwer muss es für die Betroffenen dann erst sein, sich Angehörigen oder aber Arbeitskollegen gegenüber zu öffnen?

Man muss immer so tun, als hätte man sein Leben im Griff.«

Sie beschreiben eindrücklich ihren Alltag, der ihnen viel – meist zu viel – abverlangt, und zugleich mischt sich ein gewisser Stolz hinein, wenn sie erzählen, wie sie unter höchster Anstrengung versuchen, ihn dennoch zu meistern.

Dabei wirken sie sehr energiegeladen und potent. Es wird spürbar, wie sehr sie unter Spannung stehen. »Ich kann nicht schlafen«, »Ich fühle mich schlapp«, »Ich bin morgens schon gerädert«, »Meine Gedanken kreisen« – das sind immer wiederkehrende Beschreibungen ihres Zustands. Sie fühlen sich massiv unter Druck gesetzt durch die an sie gestellten Anforderungen, beruflich wie auch privat. Sie leiden. Nicht nur darunter, dass scheinbar nur ihre Leistung zählt, sondern auch darunter, dass sie sich keinerlei Schwäche erlauben und zeigen dürfen.

Heute muss man immer so tun, als ob man alles hinbekäme. Zu sagen, das ist mir zu schwierig oder zu viel, geht nicht.«

Auch engen Freunden oder vertrauten Kollegen gegenüber offenbaren sie sich nicht. Sie verschweigen, wie stark sie unter den Anforderungen leiden, die sie bedienen möchten.

Meine Kollegen sollen nicht denken, dass ich labil und nicht belastbar bin. Die sollen nicht mitkriegen, wie schlecht es mir geht.«

Selbst Familienmitglieder und Partner wissen oft nicht über den wirklichen seelischen Zustand der betroffenen Menschen Bescheid, ahnen nicht, wie verzweifelt diese sind und unter welchen Anstrengungen sie versuchen, ihr Leben zu bewältigen. Vielen ist es peinlich, ein unperfektes oder gar derangiertes Bild von sich zu zeigen. Unter Aufbietung aller Kräfte versuchen sie, sich von ihrer glanzvollen Seite zu präsentieren.

Auf der Arbeit war ich eigentlich immer der Sonnyboy. Da wusste keiner, dass es mich unglaublich viel Kraft kostete, überhaupt jeden Morgen zur Arbeit zu gehen.«

Sie sind rastlos und betreiben durchgehend großen Aufwand, durch ein perfektes Bild von sich eine glanzvolle Fassade des Erfolgs zu präsentieren. Zu zeigen, dass ihnen nicht alles gelingt, sie nicht alles allein schaffen können und auch einmal um Hilfe bitten müssten, ist für die Betroffenen noch schwieriger, als dieses Trugbild ihrer selbst aufrechtzuerhalten.

Erst als es mir nach meiner ersten schlimmen depressiven Phase wieder besser ging, habe ich mit meiner Freundin darüber gesprochen. Aber währenddessen wollte ich das nicht. Das war mir zu peinlich.«

Bei dem Versuch, den Ansprüchen zu genügen, fühlen sie sich pausenlos getrieben.

Dieses fortwährende Getriebensein bestimmt durchweg auch den Einstieg der Erzählungen der Betroffenen. Sie schildern ihren dichten Alltag gepaart mit einer nagenden inneren Unruhe. Sie vermögen nicht zur Ruhe zu kommen, überlegen, ob und wie sie alles schaffen können, sind rastlos und gönnen sich keine Verschnaufpause. Von Selbstzweifeln geplagt, werden sie diese innere Unruhe, diese ungerichtete Aktivität, nicht los, sie klebt an ihnen wie Heißkleber und lässt sie weder fokussiert bei einer Sache bleiben noch ruhig schlafen. Barbara rennt in diesem Zustand in ihrer Wohnung hin und her, kann keine begonnene Tätigkeit zu Ende ausführen. Sie fühlt sich wie ein Tiger im Käfig. Im Zustand der Unruhe lässt sie sich permanent ablenken und in ihren Verrichtungen unterbrechen. Andere Personen bezeichnen sich in dieser Verfassung als ungeheuer reizbar. Karl-Heinz ist seiner Partnerin gegenüber unduldsam, Bettina streitet häufig mit ihrem Freund. Sie glauben, dass die an sie gestellten Anforderungen nicht zu schaffen sind, fühlen sich erdrückt durch ihre eigenen Ambitionen und haben »das Gefühl, verrückt zu werden«, halten aber dennoch an den hohen Ansprüchen fest.

Die Betroffenen jagen durch einen rastlosen Alltag, in dem sie nicht mehr innehalten können.

> Wenn ich heute darüber nachdenke, weiß ich, dass ich depressiv war. Aber damals war ich ja total aktiv, ich hab immer alles gemacht und getan, kam eigentlich gar nicht zur Ruhe. Ich konnte aber auch diese Ruhe, mal nichts zu machen, überhaupt nicht aushalten. Ich hatte Angst, man würde mich abstempeln, dann sagen, ich sei verrückt. Und solange ich noch alles erledigt habe, bin ich eben nicht depressiv.«

Depressive Menschen leiden darunter, nicht verschnaufen zu können, und zugleich mögen sie diese aktive Seite von sich und drehen immer weiter an diesem Machbarkeits-Schräubchen. Es ist ein immens starkes Idealbild, das sie lockt und erreicht werden will – ohne Rücksicht auf Verluste. Für dieses Wunschbild sind sie unbewusst bereit, einiges, mitunter sich selbst, ihre Liebsten und ihre Gesundheit, zu opfern.

> Ich hatte nur noch im Sinn, was ich alles erreichen will, habe überhaupt nicht mehr an mich, meine Gesundheit, geschweige denn an meine Familie gedacht.«

Sie fühlen sich machtlos den hohen Anforderungen ausgesetzt und versuchen, die fordernden Stimmen ihrer inneren Antreiber – vergeblich – durch ein ungnädiges und unaufhörliches Abarbeiten zum Schweigen zu bringen. Aber am Ende jedes Tages haben sie nicht das Gefühl, mit einem gewissen Werkstolz auf ihre erbrachten Leistungen blicken zu können, sondern sind unzufrieden mit ihrem Tagewerk. Der Blick auf ihr Leben und Schaffen ist vernebelt und verengt sich immer mehr auf das, was sie (noch) nicht geschafft haben.

Interessant ist in diesem Zusammenhang die Tatsache, dass pflanzliche Beruhigungsmittel, Yoga, Entspannungsübungen sowie der ganze Bereich Wellness sich heute einer immensen Beliebtheit erfreuen. Sie sollten – so meinen wir – zu einer Entspannung beitragen und auch einmal dazu ermuntern, einen Gang zurückzuschalten. Viele qualitative Untersuchungen am rheingold Institut zeigen jedoch, dass sie nicht etwa um der Entspannung willen einen so großen Erfolg verzeichnen, sondern deshalb, weil sie implizit versprechen, wieder leistungsfähig zu machen. Wenn die betroffenen Menschen jedoch nicht grundlegend etwas an ihrer überdrehten Struktur verändern, verhelfen die Entspannung versprechenden Rituale paradoxerweise nicht zum Innehalten, sondern werden zum Schmiermittel ihres Hamsterrads.

Gekränkte Allmachtsfantasien

Michael ist es gewohnt, immer sehr gute Arbeit zu leisten. Er wird stets in höchsten Tönen von seinen Kunden gelobt und weiterempfohlen. Eines Tages muss er bei einem Kunden die Ergebnisse einer Untersuchung vorstellen, hatte aber in der vorangegangenen Phase so viel zu tun, dass ihm nur wenig Zeit geblieben war, den Vortrag wirklich gut vorzubereiten. Dieser fällt dementsprechend nur mittelmäßig aus und stößt auf verhaltene Resonanz. Der Kunde gibt Michael sehr deutlich zu verstehen, dass er noch etwas nacharbeiten müsse. Das zieht ihm den Boden unter den Füßen weg. Er denkt, er könne gar nichts mehr, sei ein totaler Versager und ist drauf und dran zu kündigen. Doch dann reicht er dem Kunden noch etwas nach, und damit ist es gut, der Kunde ist zufrieden. Es dauert jedoch sehr lange, bis sich Michael von dem Gefühl, sich peinlich blamiert und das Gesicht verloren zu haben, komplett gescheitert zu sein, wieder erholt. Freunde, Kollegen und Familie können nicht verstehen, wie sehr ihn das mitgenommen hat.

Alle Betroffenen erleben, dass sich ihre Ansprüche nicht immer realisieren lassen. Sie leiden unter der Diskrepanz zwischen ihrem Wunsch- und Idealbild auf der einen und der machbaren Realität auf der anderen Seite.

Aber: Es ist nun einmal unmöglich, alle Ansprüche zu erfüllen – wir Menschen kommen alle unweigerlich an unsere Grenzen. Wir haben unsere Ideale, die uns anspornen, dennoch müssen wir immer auch durch unseren als mühevoll erlebten Alltag hindurch. Dies geschieht aber nur Schritt für Schritt. Das Leben mit seinen Begrenzungen und Einschränkungen verlangt uns einiges ab, und jeden Tag erleben wir aufs Neue, wie mühsam es ist, an einer Sache dranzubleiben, dass Entwicklung auch heißen kann, zwei Schritte vor und einen zurück zu gehen, oder wir auch einmal eine Weile auf der Stelle treten und nicht weiterkommen. Das ist nicht schön, aber normal.

Menschen, die zu depressiven Störungen neigen, nehmen diese Einschränkungen sehr persönlich und erleben sie als eine tiefe Kränkung. Es ist kennzeichnend für sie, dass diese Kränkung sie in eine essenzielle Krise stürzen lässt. Dass sie von den Lebens- und Alltagsbedingungen zwangsweise in ihren Handlungen eingeschränkt werden, wirft die Betroffenen nun vollkommen aus der Bahn. Kritik, ein Rückschlag, ein schmerzlicher Verlust lässt sie ins Bodenlose fallen. Einschränkungen werden von ihnen nicht auf die Situation oder ein Verhalten bezogen und dementsprechend bewertet, sondern als ein persönliches Scheitern auf ganzer Linie empfunden. Das Erlebnis, in einer Situation einmal etwas nicht zu schaffen, einen Fehler zu begehen, nicht die ganz große Anerkennung zu erhalten und ähnliche situativ erlebte Einschränkungen führen bei den Betroffenen zu dem Gefühl, komplett zu versagen. Der Blick bleibt hier immer auf das eigene Scheitern begrenzt, sie fühlen sich minderwertig und als ganze Person abgewertet.

Eigentlich bin ich nie zufrieden mit dem, was ich geschafft habe. Ich denke immer, es hätte noch ein bisschen mehr sein können oder ein bisschen besser.«

Ich hab dann immer so Idealvorstellungen von mir und meiner Familie. Wie wir morgens alle in Eintracht beim Frühstück sitzen und uns eben nicht streiten, dass ich nur noch gesund koche und alles frisch einkaufe. Mehr Zeit mit den Kindern verbringe und es zu Hause auch nicht immer so unordentlich aussieht. Aber arbeiten muss ich ja auch noch. Und dann sieht es ganz anders aus: Die Kinder streiten sich, überall ist Chaos, und ich bin total unglücklich und verzweifelt und hab das Gefühl, dass mir gar nichts gelingt.«

Die Betroffenen erleben die Wucht der erlebten Einschränkungen sehr unterschiedlich. Es lässt sich nicht objektiv beurteilen, wie schwerwiegend etwas sein muss, um einen Menschen aus der Bahn zu werfen. Was jemand als eine unaushaltbare persönliche Belastung empfindet, ist nicht rein sachlich zu ermessen, sondern nur individuell verstehbar, denn wir erleben und bewerten Belastungen sehr subjektiv. Das können erbarmungslose Schicksalsschläge sein, die auch Außenstehende traurig stimmen, so etwa die eigene Krebserkrankung, der Tod des Kindes, das Verlassen der Heimat und die daraus resultierenden Existenzängste oder Ähnliches. Extreme Lebensumstände können ebenfalls als eine scheinbar objektive Erklärung für die Beeinträchtigung der seelischen Verfassung herhalten: Wer wie Annegret einen morddrohenden Vater hat, darf Angst haben und depressiv werden. Auch Menschen wie Thomas, dem die Kündigung droht, oder Pia, der in kurzen Abständen die Angehörigen wegsterben, haben augenscheinlich einen guten Grund, eine Depression zu entwickeln. Hier ist das Verständnis auf allen Seiten: bei den Betroffenen wie auch bei den Angehörigen, Kollegen, Freunden und Nachbarn.

Gespräche mit den Betroffenen zeigen aber, dass alltägliche Kleinigkeiten und widrige Umstände die Betroffenen ebenso aus der Fassung und das Fass zum Überlaufen bringen können wie die für alle sehr nachvollziehbaren tragischen Schicksalsschläge.

In solchen Phasen können Kleinigkeiten der Auslöser für meine Zusammenbrüche sein. Ich weine und bin verzweifelt, wenn eine Glühbirne kaputtgegangen ist. Dann habe ich das Gefühl, dass mir nichts im Leben gelingt.«

Barbara arbeitet im Homeoffice und fühlt sich durch Handwerker in ihrer Wohnung oder ein klingelndes Telefon so sehr beeinträchtigt, dass sie in ein tiefes Loch fällt. Sie hat das Gefühl, ihr Arbeitspensum nicht schaffen zu können, und Angst, überhaupt nicht mehr belastbar zu sein. »Mir ist dann alles zu viel. Die Handwerker machen ja auch nur ihren Job, aber wenn ich nicht die Ruhe zu Hause habe, die ich brauche, und dann noch das Telefon klingelt, ist der Tag schon gelaufen.«

Anna kann ein verpasster Bus oder ein leerer Telefonakku aus der Bahn werfen. Sie hat dann das Gefühl, dass bei ihr alles immer schiefgeht und sich die Welt gegen sie verschworen hat. Sie kann an solch grauen Tagen nicht mehr aufhören zu weinen und verkriecht sich in ihrem Bett. Alltägliche Widrigkeiten wie das Reißen der Einkaufstasche, das Anstehenmüssen an der Kasse oder der kleine Tadel des Chefs können dann ausreichen, um sie ihr ganzes Leben als gescheitert erachten zu lassen. Selbst das schlechte Wetter wird als ein persönlicher Angriff und unzumutbare Belastung erlebt.

Es sind also nicht nur die großen Tragödien, die die Betroffenen in ein depressives Loch stürzen lassen, sondern auch vermeintliche Kleinigkeiten banaler Natur, deren kränkende Bedeutung für Außenstehende nur schwer nachvollziehbar ist. Es gibt folglich kein Schicksal als solches, nicht *die* Depression, sondern diese muss immer im Zusammenhang mit der jeweiligen Person gesehen werden.

> Wenn ich das einem Freund erzählen würde, der würde sagen: ›Du hast doch alles: einen guten Job, zwei Kinder, eine nette Frau. Jetzt reiß dich mal zusammen und hör auf mit den Spinnereien.‹«

Wenn Menschen unter einer Depression leiden, realisieren sie erst sehr spät, wie sehr sie an ihren überhöhten Idealen festhalten und diese die Regie übernommen haben. Sie verurteilen sich selbst, wenn sie nicht alles – wie in ihren Wunschvorstellungen – bewerkstelligt bekommen. Alles, was sich ihnen und ihren Zielen in den Weg stellt, wird als persönliche Kränkung erlebt und bewertet.

Sie spüren es mitunter daran, dass ihnen so vieles fehlt, was das Leben lebenswert machte und sie selbst auszeichnete. Allerdings ist ihr Blickfeld auch eingeschränkt auf ihr vermeintliches Scheitern an ihren überhöhten Idealen. Geraten sie an eine Grenze, fühlen sie sich ohnmächtig und haben das Gefühl, ihr Leben nicht mehr in der Hand zu haben. Die erlebte Ohnmacht raubt ihnen das Gefühl, überhaupt noch irgendetwas selbst ausrichten zu können. Sie sind entsetzt über diesen Zustand und können ihn doch nicht ändern. Die Betroffenen haben nicht nur das Gefühl, eine Aufgabe nicht zu ihrer Zufriedenheit gelöst, sondern komplett versagt zu haben.

Wenn eine kleine Sache nicht klappt, denke ich immer, ich krieg gar nichts hin. Ich weiß, dass es eigentlich Quatsch ist, aber ich kann das dann nicht anders denken.«

Wenn ich in den Spiegel schaue,
könnte ich mich ohrfeigen.«

Dadurch, dass die Betroffenen nicht immer ihren allerhöchsten Ansprüchen gerecht werden können und sich Einschränkungen ausgesetzt fühlen, ist der Alltag für sie komplett aus den Angeln gehoben, und sie wissen nicht mehr, wo sie ansetzen sollen, um etwas zu verändern.

Sven, 41 Jahre alt, ist Versicherungskaufmann. Er leidet unter einem inneren Getriebensein, kann kaum noch abschalten. Er mutet sich oft zu viel zu, möchte beruflich einiges erreichen und setzt sich selbst mit Leistungs- und Erfolgserwartungen unter Druck. Er hat eine jüngere Freundin, die recht anspruchsvoll ist. Durch seinen Nebenjob als DJ möchte Sven mehr Geld verdienen, aber vor allem jung und dynamisch wirken, gerade auch für seine Freundin. Er merkt, dass er sich damit eigentlich zu stark belastet, findet nachts kaum noch in den Schlaf, trinkt Whisky, um »runterzukommen«, und nimmt pflanzliche Beruhigungsmittel.

Franziska bricht als Familienmensch das Familienleben weg. Die 17-jährige Tochter und der 15-jährige Sohn möchten die Wochenenden nicht mehr mit ihr in der Art verbringen, wie sie es gewohnt ist und immer so sehr genossen hat. Die normale Entwicklung, dass Kinder sich abnabeln und selbstständig werden, lässt sie verzweifeln. Sie ist gekränkt und zutiefst enttäuscht. Anstatt sich mit dieser Veränderung und Entwicklung in ihrem Leben auseinanderzusetzen, sie als normalen Lauf der Dinge zu betrauern und zu akzeptieren, klagt sie das schlechte Wetter an, das ihrer Meinung nach daran schuld ist, dass sich die Familienwochenenden nicht mehr so gestalten lassen wie früher. »Wenn es wieder regnet, könnte ich nur noch heulen und hab das Gefühl, die ganze Welt hat sich gegen mich verschworen. Ich denke dann: ›Klar, dass die bei dem Wetter keinen Ausflug mit dir machen wollen.‹«

Durch die Gespräche mit den Betroffen wird deutlich, dass es sehr unterschiedliche Situationen und Begebenheiten sein können, die Menschen aus der Bahn werfen. Gemein ist allen aber, dass diese Begrenzungen ihrer Möglichkeiten als massive Kränkungen erlebt werden: Kränkungen ihrer Allmachtsfantasien, der Vorstellung, das ganze Leben immer bewältigen und allen Ansprüchen gerecht werden zu können.

Die Betroffenen befinden sich in einem psychologischen Zwiespalt: Da alles in ihrem Alltag darauf ausgerichtet ist, einem perfekten Bild gerecht zu werden, erleben sie jedwedes, was sich ihnen auch nur in Ansätzen entgegenstellt, als unüberwindbares und kränkendes Hindernis. Sie fühlen sich weder in der Lage, ihr Idealbild zu erreichen, noch Umwege zu gehen oder sich etwas anderes als Ziel und Aufgabe zu setzen. Sie fühlen sich ohnmächtig und als Versager. Die eigene Abwertungsspirale beginnt, verengt den Blick auf sich selbst in herzloser Weise und lässt keinen Raum mehr für Relativierungen.

> Wenn es mir richtig schlecht geht, kann ich nichts Positives mehr sehen. Jede Situation und alle Menschen sind gegen mich und ich bin zu nichts mehr in der Lage. Ich habe das Gefühl, ich bin nichts mehr wert. Dann steckt man wie in einer Zwangsjacke drin, wo man alles nur noch aus einem Blickwinkel betrachten kann.«

Gnadenlose Stilllegung

Das als erbarmungslose Kränkung empfundene vermeintliche Versagen führt bei den Betroffenen mitnichten dazu, ihre Ambitionen zu revidieren (»Man kann ja auch mal Fehler machen!«) oder zu betrauern (»Ich bin eben nicht derjenige, für den ich mich gehalten habe …«), auch begehren sie keineswegs wütend dagegen auf (»Ich muss mich auch mal gegen andere durchsetzen!«). Sie setzen sich nicht mit den Ansprüchen auseinander und betrachten ihre Ideale auch nicht vor dem Kontext ihrer tatsächlichen Lebenssituation, um realistisch abzuwägen, was machbar ist und was ihnen zu viel abverlangt. Sie machen in der Depression genau das Gegenteil: Anstatt die überhöhten Ansprüche infrage zu stellen, stellen sie sich selbst und ihr eigenes Misslingen an den Pranger.

Dabei wäre es angezeigt, die eigenen Ambitionen zu überdenken, gegebenenfalls zu korrigieren und sich zu fragen: Woran hat es gelegen, dass ich ein bestimmtes Ziel nicht erreicht habe? Was hätte ich anders machen können? Welche Idealbilder will ich weiterverfolgen? Wie hoch ist der Preis dafür? Was muss ich dafür tun und wie viel muss und will ich investieren? Ist es realistisch, dies zu schaffen? Muss ich mich vielleicht von einem geliebten, lang gehegten Wunsch und Idealbild verabschieden? Welche bisherigen Ziele taugen noch und welche neuen Ziele kann ich für mich finden?

In der Depression findet keine aktive und fruchtbare Auseinandersetzung mit der Situation statt. Im Gegenteil: Die Betroffenen erleben sich auf ganzer Linie als gescheitert und ihr Leben als sinnlos.

Eine Konfrontation mit den Idealen und Lebensentwürfen zöge eine Form der Trauer nach sich. Gerade das Trauern ist ein wichtiger seelischer Prozess, der es den Menschen ermöglicht, Abschied zu nehmen und sich von Liebgewonnenem unwiederbringlich zu trennen, um dann Neues zu entwickeln. Die Menschen müssten trauern, sich von überholten Idealen, einer bestimmten Lebensphase verabschieden wie von einem geliebten Menschen. Diese mitunter schmerzvollen Prozesse sind notwendig für Entwicklung, doch lernen wir heute kaum noch, sie auszuhalten und durchzustehen. Etwas aufzugeben und zu betrauern, ist etwas, was fast aus dem gesellschaftlichen Rahmen verbannt worden ist, und beschwört unbewusst die Angst, aus diesem herauszufallen. Denn der Perfektionsanspruch setzt sich auch hier fort: Es wird Unmenschliches geleistet, um einem perfekten Idealbild gerecht zu werden, an ihm festzuhalten, auch wenn es noch so unmöglich ist, es zu erreichen.

In der Depression kleben die Personen regelrecht an ihren unerreichbaren und ganz unterschiedlichen Idealen fest, verzweifeln und werden unbeweglich. Die Frustration kann sich dabei auf ganz unterschiedliche Dinge und Dimensionen beziehen: die gescheiterte Ehe, die verpasste berufliche Karriere, die verpatzte Feier oder die verpfuschte Klassenarbeit der Tochter.

Die Betroffenen richten sich nahezu in diesen Einschränkungen und Belastungen ein, nehmen sie als gegeben und unverrückbar hin. Das Gefühl von eigener Beschränktheit und Endlichkeit führt bei ihnen zu Stilllegung. Sie ziehen sich zurück, erst unmerklich, dann immer mehr. Sie nehmen immer weniger am aktiven Familienleben und sozialen Leben teil, sondern sich ab. Ihr Erleben wird dominiert von dem Gefühl der eigenen Isolation, Wertlosigkeit und zugleich des Erdrücktwerdens von den Anforderungen. Dies verhindert eine Offenheit und Durchlässigkeit für das Leben. Die betroffenen Menschen kapseln sich ab und leiden zugleich darunter, sich einsam zu fühlen.

Die erlebten Einschränkungen führen also nicht dazu, dass sie einen Gang herunterschalten. Vielmehr legen sie den Leerlauf ein und geben dennoch Vollgas. Der Motor dreht durch und läuft heiß. Diese Menschen stehen unter Volldampf und haben zugleich das Gefühl, sich im inneren Leerlauf zu befinden.

Manuela ist 38 Jahre alt, hat zwei Kinder von acht und zehn Jahren. Sie und ihr Mann sind beide selbstständig im Grafikdesignbereich tätig, wo die Auftragslage stark schwankt. Es gibt Zeiten, in denen Manuela in Arbeit versinkt und Kinder und Haushalt zu kurz kommen, und dann wieder Wochen oder auch Monate ohne große Aufträge, in denen man sich kaum über Wasser halten kann. Wenn das Geld fließt, leben sie und die Familie sehr ausschweifend, in Saus und Braus. Und dann wieder gibt es Zeiten, in denen kaum etwas geht. Dies ähnelt einem Künstlerdasein – ganz intensiv zu leben –, das geht aber mit ihrem Dasein als Mutter nicht konform. Manuela ringt damit, ihre Wünsche, Pflichten und Ansprüche an sich selbst zu erfüllen. Das überfordert sie, bringt sie in Sinnkrisen und kann zu einer völligen depressiven Lähmung führen. Ihre »Hänger«, wie sie sie nennt, können eine bis mehrere Wochen andauern. In diesen Zeiten ist Manuela zu nichts in der Lage. Sie fühlt sich kaum lebensfähig. Obwohl sie weiß, dass die Auftragslage in ihrer Branche immer schwankt, dass dies also etwas ganz Normales ist, erlebt sie eine Flaute jedes Mal als persönliches Scheitern. Sie verliert in diesen Zeiten den Glauben an sich und ihr Können und verkriecht sich. In Tiefphasen kümmert sie sich nur auf Minimallevel um die Kinder, alles andere bleibt liegen, das belastet sie sehr stark.

Die Stilllegung wird von den Betroffenen nicht willentlich vollzogen. Sie geschieht unbewusst und nicht mit böser Absicht. Depressive Menschen beschreiben sie als eine allmähliche Entwicklung, die von ihnen zu Anfang gar nicht bemerkt wurde, unter der sie dann aber sehr leiden. Schleichend erst stellen sie fest, dass vieles fehlt, was sie früher noch hatten und was das Leben für sie lebenswert machte: Freude, Antrieb, Motivation, Spaß, Mut, Lust, Energie.

Ich fühle mich wie gelähmt und kann nichts dagegen tun«

Ich habe mich immer mehr zurückgezogen und irgendwann war es mir schon zu anstrengend, mich selbst mit den engsten Freunden zu treffen.«

Das sind häufig beschriebene Gefühle, und sie verweisen darauf, dass die Depression ein prozesshaftes Geschehen ist, ein unbewusster Mechanismus, der allmählich die Steuerung übernimmt.

Ich habe so eine Grundtraurigkeit, habe an nichts mehr
Freude, kann nicht mehr lachen. Meine Freunde sagen,
ich bin nicht mehr der Alte. Das stimmt auch irgendwie.
Ich liege dann nur noch rum und tue gar nichts.«

Die Menschen legen sich still. Sie kapitulieren vor alltäglichen und
scheinbar banalen Anforderungen. Diese erscheinen ihnen wie
ein Marathonlauf für einen Untrainierten, wie das Besteigen eines
Achttausenders ohne Sauerstoffmaske. Alltägliches wird unüber-
windbar, die Betroffenen fühlen sich nicht mehr in der Lage, notwendige Verrichtungen zu erledigen.

Als ich depressiv war, musste ich mich regelrecht zur
Arbeit quälen. Das war früher nie so. In der Depression
dachte ich immer: ›Oh Gott, der Wecker klingelt ... schlimm
genug, schnell wieder ausmachen.‹ Irgendwann ist aber
die Blase voll. Ich hatte dann den Trick: Espressomaschine
auf den Herd stellen, ganz schnell wieder hinlegen. Wenn
sie röchelt, aufstehen, sonst explodiert das Ding, also
musste ich aus dem Bett. Aber es war ein Riesenangang.«

Peter ist 41 Jahre alt und gelernter Erzieher, aber zur Zeit arbeitslos. Er ist verheiratet, hat ein sechsjähriges leibliches Kind
und vier erwachsene Stiefkinder von 19, 21, 24 und 27 Jahren,
die ihm auf der Nase herumtanzen. Er lebt mit seiner Familie
in beengten Verhältnissen, es gibt ständig Streit, die erwachsenen Stiefsöhne lassen sich von ihm aushalten und hinterlassen nur
Müll in der Wohnung. Peter erlebt die Situation als extrem belastend, aber anstatt Bedingungen und Regeln aufzustellen, zieht
er sich immer weiter zurück. Er fühlt sich in der Klemme und
hat Angst, dass er seine Frau und die leibliche Tochter verlieren
könnte, wenn er sagen würde, was ihn stört. Die Stiefsöhne sind
schon einmal für fünf Monate ausgezogen, da haben sich auch Pe-
ters Symptome gebessert. Die Depression mit den körperlichen
Symptomen (alle auf einmal und quasi aus dem Nichts) sei nach
einem bestimmten Vorfall aufgetreten, so berichtet er. Der äl-

teste Sohn hatte in der Wohnung lautstark gefeiert, obwohl Peter am nächsten Tag früh aufstehen musste, um zur Arbeit zu gehen. Er hatte um Ruhe gebeten, sein Stiefsohn ließ die Party aber trotzdem bis in die Morgenstunden andauern. Anstatt klar Position zu beziehen und für Ruhe zu sorgen, hat Peter die Wut in sich hineingefressen und Symptome entwickelt. Er ist äußerlich immer stiller geworden, aber innerlich hat er gebrodelt. Er wollte nicht als spießiger Stiefvater dastehen und hatte für sich das Ideal, die Herausforderung »Patchwork-Familie« zu meistern. »Am liebsten würde ich die alle in eine Reihe stellen und … ihnen in die Fresse hauen. Das ist pure Wut, aber heute muss man ja alles tolerieren und auch immer in Harmonie mit den Stiefkindern leben. Ich will mir ja auch nicht sagen lassen, dass ich's vermasselt hab.«

Die Betroffenen geraten in einen Teufelskreis, in dem sie ihre Einschränkungen nicht situativ bewerten, sondern als persönliche Niederlage erleben und sich in ihrem Gefühl, zu gar nichts mehr in der Lage zu sein, abwerten und immer weiter zurückziehen, sich stilllegen. Sie können ihren Alltag nicht mehr aktiv gestalten, erleben sich wie ferngesteuert, lahmgelegt. Depressive Menschen sind mehr als traurig. Sie sind verzweifelt darüber, nicht nur ihren hohen Ansprüchen nicht mehr gerecht zu werden, sondern auch im banalen Alltag – bei den kleinsten Aufgaben – nicht mehr zu funktionieren, zu versagen. Einfachste alltägliche Pflichten, die selbstverständlichsten Dinge können sie nicht mehr ausführen.

Die ganze Routine, die nach dem Aufstehen kommt, ging nicht mehr: Ich kann mich erinnern, auf dem Badewannenrand gesessen und gedacht zu haben: Einen Strumpf anzuziehen, schaffe ich, aber zwei, das geht nicht.«

Kleinste Anstrengungen werden zu Kraftakten, die nicht zu stemmen sind.

Ich bräuchte einfach nur aufstehen, meine Jacke zu nehmen und mit meiner Tochter rauszugehen. Ich wusste, dann ginge es mir besser – ich tue es aber nicht.«

Ich bin arbeiten gegangen, logo, hab da funktioniert. Ich bin mit tierischer Anstrengung morgens zur Arbeit gefahren, und wenn ich nach Hause gekommen bin, hab ich mich in einen ganz alten wunderschönen Liegestuhl mit einer Decke gelegt und bin darin liegen geblieben für den Rest des Tages. Mein Sohn ist dann meist zu seinem besten Freund ausgewichen.«

Die in der Depression erlebte Apathie ist Ausdruck von Verletztheit und Ohnmacht. Sie bedeutet für die Betroffenen keine erholsame Ruhepause, die sie sich gönnen. Vielmehr leiden sie unter ihrem Rückzug, denn er ist gepaart mit einem Gefühl der Leere und Wertlosigkeit. Sich so antriebs- und teilnahmslos zu erleben, wird als peinlich erlebt und erfüllt sie mit Scham, wenn auch zuweilen erst im Nachhinein.

Das ist wie ein leerer, dunkler Raum, eine Dunkelheit und Trostlosigkeit wie im Winter, wenn man einen kahlen Baum sieht, wie in Sibirien oder Russland. Alles ist sinnlos, man schwebt im leeren Raum ... als ob die Energie im Körper drin wäre und nicht rauskommen könnte. Das ist ein Zustand, der kommt über einen, da gibt es keine Kausalität! ... Oft habe ich das *nach* einem guten Seminar, wo ich ganz wach und aktiv mit den Jugendlichen gearbeitet habe. Am nächsten Tag ist das wie von 100 auf 0 kommen, plötzlich geht gar nichts mehr. ... Aber, wie gesagt, das ist nicht immer so. Manchmal fühle ich mich nach einem guten Seminar auch einfach nur super zufrieden, ich kann das nicht vorhersehen und auch irgendwie nicht steuern!«

Zeigen die Betroffenen hingegen eine demonstrative, permanente Betriebsamkeit, wirken sie ehrgeizig, leistungsorientiert und interessiert am Weiterkommen und an Erfolg – kurzum: Sie liefern einen Macht- und Potenzbeweis. Infolgedessen sprechen sie viel leichter über ihre besinnungslose Betriebsamkeit im übervoll-hoch-ambitionierten Alltag als über ihre Antriebslosigkeit. Das erinnert an die schöne und fleißige Goldmarie im grimmschen Märchen »Frau Holle«. Sie schafft es, alles ihr Aufgetragene zur vollsten Zufriedenheit aller zu erledigen, und wird dafür reichlich mit Anerkennung und Lob belohnt. Die in der Depression erlebte Antriebslosigkeit ähnelt hingegen der hässlichen und faulen Pechmarie, die abgewertet und bestraft wird.

> Wenn ich nur am Rotieren bin, geht's mir zwar auch nicht gut, aber das ist nicht so schlimm wie dieses Lethargische. Das finde ich noch schlimmer. Dann mag ich mich gar nicht leiden. Ich versage doch komplett als Mutter, wenn ich mich noch nicht einmal aufraffen kann, meine Kinder zu versorgen.«

Die Personen ziehen sich in ihrer Depression immer weiter zurück und spüren, wie sich der Kreis, in dem sie ihren Alltag leben, stetig verengt. So kann es zu Beginn nur der Rückzug aus dem Freundeskreis sein, um sich abends lieber zu Hause einzurichten. Der Rückzug in der Depression ist also mitnichten zu vergleichen mit einer selbst gewählten, aktiv herbeigeführten, erholsamen Auszeit. Die Betroffenen erleben es eher so, als *würden* sie lahmgelegt. Sie haben das Gefühl, das nicht selbst zu tun. Es ist somit eine Art unfreiwilliges Sichzurückziehen, das keinerlei Erholung und Genuss für sie bedeutet.

> Es ist ein Gefühl der Leere. Die Zeit steht still, ich bin nur lethargisch, sogar fernsehen geht nicht mehr. Alles ist dann blöd. Ich hab drei Monate nur geheult. Mir war alles egal.«

> Eigentlich möchte man in diesen Phasen sogar das Essen ganz lassen. Bananen habe ich nur noch aus Vernunft gegessen, man muss nicht viel kauen und es ist gehaltvoll. Ich habe gegessen, weil ich vor Hunger nicht schlafen konnte, aber mir hat nichts mehr geschmeckt. Knäckebrot

und Banane ging noch, das ist wie Kinderpampe. Man fühlt sich ja auch so wie ein unglückliches, verlassenes einsames Kind. Es hat mit unbeschwertem Kindsein gar nichts zu tun, von daher ist es auch näher am Tod als am Kindsein. Man wäre ja auch lieber tot. Es ist wie ein Kind, das nur mit dem Allernötigsten versorgt wird. Das Kind wird wahrscheinlich zumindest seelisch sterben und zugrunde gehen.«

Die Betroffenen liegen also zuweilen den ganzen Tag im Bett oder auf dem Sofa, ohne sich auch nur ein bisschen erholen zu können. Die Reduktion findet aber noch auf anderer Ebene statt: Alles wird verengt auf das angestrebte Ideal und den Missstand, es nicht erreicht zu haben. Das wird zum alles bestimmenden Maß. Die Betroffenen spüren, dass immer mehr in ihnen auf Rückzug drängt und sie phasenweise keinen Menschen mehr um sich herum ertragen können, noch nicht einmal die ihnen Nahestehenden.

Ich ziehe mich dann zurück und möchte mit keiner Menschenseele mehr etwas zu tun haben. Ich stoße meine Familie vor den Kopf, aber eigentlich will ich gar nicht in meiner Höhle bleiben, sondern wieder am normalen Leben teilnehmen. Ich kann mich dann selbst nicht mehr leiden.«

Keiner der Befragten möchte aber bewusst in der Versenkung verschwinden und dortbleiben. Sie wollen ins Leben zurückgeholt werden, so wie Kinder, die von zu Hause ausgerissen sind, heimgeholt werden möchten. Oft finden sie aber allein nicht den Weg zurück.

Große Gleichgültigkeit

Depressive Menschen leiden unter dieser bedrückenden Unbeweglichkeit und der Schwere, die ihr komplettes Erleben bestimmen. In dieser Zeit sehen sie keine Aussicht auf Besserung oder Erleichterung. Es ist für sie in diesem Zustand nicht vorstellbar, dass sich die Dinge wieder zum Positiven wenden könnten. So erreichen auch gut gemeinte Ratschläge wie »es wird schon wieder« oder »Zeit heilt alle Wunden« etc. die Betroffenen nicht in ihrem Erleben. Sie hören zwar diese aufmunternd gemeinten Worte, können aber nicht wirklich daran glauben. Sie bleiben liegen wie unter einer bleiernen Decke und fühlen sich handlungsunfähig.

Bettina ist 28 Jahre alt und Texterin in einer Werbeagentur. Es geht ihr vor allem an ihren freien Tagen schlecht. Dann kommt sie nicht aus dem Bett, obwohl sie sich immer so viel vornimmt. Sie stellt den Wecker immer weiter vor und schafft es nicht aufzustehen. Der innere Druck steigt proportional zur gleichzeitigen Lähmung. Sie macht sich Vorwürfe und fühlt sich schuldig, weil ihr nicht gelingt, was sie sich vorgenommen hat. Sie hat zudem das Gefühl, von ihren Kollegen schief angesehen zu werden, weil sie sich »immer wieder diese Auszeiten gönnt«.

In ihrer schlimmsten Phase blieb Renate (61) nicht nur nachts, sondern auch tagsüber liegen. Sie schaffte es noch nicht einmal, aus dem Bett zur Toilette zu gehen, und ließ es »einfach laufen«. »Die Vorstellung, einen Fuß vor den anderen zu setzen, war schon zu viel. Ich blieb einfach im Bett und pinkelte mich ein. Für mich war es dann eine riesige Leistung, wenn ich es schaffte, morgens aus dem Bett zur Toilette zu gehen. Das war für mich dann das Zeichen, dass ich das Schlimmste überstanden hatte.«

Die Betroffenen dämmern vor sich hin, wobei Tag- und Nachtgrenzen mitunter bereits verschwimmen. Sie fühlen sich ihrer Gemütslage ohnmächtig ausgeliefert. Wie von einer unsichtbaren Kraft zurückgehalten, bleiben sie liegen und können nichts dagegen ausrichten. Das verlangt ihnen, aber auch ihren Familien, Angehörigen und Freunden ein hohes Maß an Geduld ab. Die Dimensionen der erlebten Dunkelheit und Ausweglosigkeit können sich Außenstehende nicht vorstellen. Hinzu kommt, dass diese Ausmaße auch das Erlebte der Betroffenen sprengen und selbst für sie nicht zu begreifen und nachzuvollziehen sind. Diese kennen und verstehen sich selbst nicht mehr. Dass ihnen die Verfügungsgewalt über sich, ihre Gefühle und ihr Handeln abhandengekommen ist, erleben sie als zutiefst verunsichernd und demütigend.

> Ich konnte gegen diese Stimmung und diese Lethargie
> nichts ausrichten, ich blieb einfach liegen wie
> ein totes Tier, das war extrem erniedrigend.«

In dieser Phase ist für depressiv Erkrankte alles gleich schlimm und gleich schwierig, sie fühlen sich wie vor einem riesigen Berg, der nicht zu erklimmen ist, als sei alle Lebensenergie aus ihnen herausgesogen worden.

In der Depression wird keine Priorisierung der Alltagstätigkeiten und Lebensthemen mehr vorgenommen. Man schafft es nicht, die Entscheidung zu treffen, was als Wichtigstes zuerst angegangen werden sollte. Die Depression macht die Betroffenen und ihren Alltag »gleich-gültig«:

> Ich will den ganzen Tag nur schlafen, bin
> lustlos, mir ist alles gleichgültig.«

> Ich kriege gar nichts mehr hin, da bleibe ich lieber liegen.«

> Ich denk dann immer: ›Das schaffst du ja
> sowieso nicht, wie du es dir vorgestellt hast.‹
> Und dann mache ich irgendwie gar nichts.«

In dieser Alltagsvergleichgültigung legt man sich unbewusst still, und kaum etwas kann einen in dieser Verfassung zu einem Tun animieren. Der tonnenschwere Seelenschmerz erlaubt es nicht, den Alltag wie gewohnt zu managen. Nicht nur alltägliche Aufgaben und Pflichten bleiben liegen, man selbst auch – alles bleibt liegen, alles ist egal.

> Wenn ich alles tun können muss, kann ich auch gleich alles sein lassen. Ich hab dann einfach gar nichts mehr gemacht.«

Wir alle kennen es, dass uns Dinge, auch banale Alltagsverrichtungen, zu viel werden können. In der Depression ist dies jedoch ein durchgängiges Gefühl. In diesen Zeiten wird der Wäscheberg zu einem unüberwindbaren Bergmassiv, der kleine Einkauf zu einer Risikoexpedition, die Steuererklärung zu einem Mammutwerk. Bisweilen schaffen es sonst fürsorgliche Mütter und Väter in der Depression nicht mehr, ihre geliebten Kinder zu versorgen.

> Ich bin dann antriebslos und sauer auf mich selbst, weil ich nicht aus dem Bett komme. Ich konnte dann noch nicht mal mehr meine Tochter versorgen. Das war doch das Einzige, was ich noch machen musste, den Rest hat sowieso schon mein Mann gemacht, aber ich schaffte es einfach nicht.«

Die Anforderungen haben sich zu einem gewaltigen, angsteinflößenden Monster gesteigert, dem man sich nicht mehr gewachsen fühlt. Man hat den Blick dafür verloren, dass jedes Tun eines ersten Schrittes bedarf. Schattierungen des als schwarz erlebten Alltags, Kompromisse oder Übergangslösungen scheinen unmöglich geworden.

»Mich bringt nichts mehr in Bewegung, alles ist mir gleichgültig. Das ist erschreckend zu sehen, aber ich kann dann nichts dagegen machen.« Die beschriebene Gleichgültigkeit gegenüber den Belangen des Alltags lässt sich psychologisch in zwei Richtungen denken: Zum einen wird hier der faszinierende Allmachtsanspruch deutlich, »eigentlich *alles* in der Hand haben zu können«, in den Anforderungen »Ich muss ALLES schaffen« und »*Alles muss perfekt gelingen*«.

Zum anderen zeigt sich auch die Kehrseite dieses Allmachtsanspruchs, die in die entgegengesetzte Richtung verweist und das leidvolle Erleben bestimmt: Da eben nicht *alles* schaffbar ist, geht letztlich *gar nichts* mehr. Man versucht *gar nichts* mehr. Zwischentöne wie »manches geht, anderes nicht« oder »eins nach dem anderen« existieren in der Depression nicht und sind ein typisches

Kennzeichen: Wenn keine Priorisierung der Dinge, die es zu erledigen gilt, getroffen wird, ist alles gleich wichtig und im Umkehrschluss auch alles gleich unwichtig.

Das klingt zwar absurd, aber paradiesisch war dann, wie der ganze Druck, dem ich früher ausgesetzt war, in der Depression nicht mehr da war, denn man kann ja gar nichts mehr machen.«

Die Betroffenen können sich nicht anders zur Wehr setzen, als in den inneren Rückzug zu gehen, um so den eigenen sie überfordernden Ansprüchen zu entkommen. Das bedeutet aber auch, dass sie so die Möglichkeit verpassen, in eine fruchtbare – wenn auch schmerzvolle – Auseinandersetzung mit den überhöhten Ansprüchen zu gelangen, was zwangsläufig ein Überdenken dieser nicht zu erreichenden Ambitionen nach sich ziehen würde.

Inneres Heißlaufen

Sechs Wochen, 24 Stunden Bett, dunkel, bloß nichts machen. Lesen und Fernsehen ist unvorstellbar, da geht gar nichts. Man schafft nur die kleinsten Schritte. Kurz aufstehen, um auf die Toilette zu gehen, und sich dann endlich wieder legen zu dürfen. Man ist stolz, was geschafft zu haben: ›Ich hab's geschafft, aufs Klo zu gehen, und dann kann ich mich damit belohnen, dass ich mich wieder ins Bett lege.‹ Man ist sich ja nie näher als in der Depression, man liegt fast im eigenen Driss wie bei einem Alkoholiker. Was sollte denn noch näher sein?«

Gut tut einem nichts. Es tut einem gut, dass nichts ist. Dass ich nichts tun muss. Wenn Leute später gefragt haben: ›Wie viele Bücher hast du in der Zeit gelesen?‹, konnte ich nur sagen, ›keine Zeile‹. Das ging gar nicht. Und Gott sei Dank hatte ich noch nicht mal Kraft genug, um aus dem Fenster zu springen, aber das Gedankenkarussel lief immer weiter.«

In der Stilllegung kommen die Betroffenen also nur äußerlich zur Ruhe. Für alle ist dies ein zutiefst anstrengender, enervierender wie auch leidvoller Prozess. Innerlich laufen sie heiß. Sie sind aufgewühlt, fühlen sich in ihrem Gedankenkarussell gefangen und können es nicht stoppen. Kennen Sie diesen Zustand? Man denkt immerfort dieselben Gedanken, rauf und runter, ohne auf etwas Neues, geschweige denn eine Lösung zu kommen. In dieser Phase der Depression dreht man sich um sich selbst und schmort im eigenen Saft. Die Betroffenen beklagen sich lautstark und immer wieder, dass sie sich auf der Schattenseite des Lebens befinden. Sie mutieren in ihren eigenen Augen zu »bedauernswerten Jammerlappen«. Sie selbst und auch andere können diese Klagen meist irgendwann nicht mehr hören.

Im eigenen Saft zu schmoren, heißt, nicht mehr ausreichend mit der Wirklichkeit, der Welt, dem Alltag und anderen Menschen in einen Austausch zu kommen. Menschen in der Depression ziehen sich zurück in eine leidvolle Selbstbeschau. Die Wahrnehmung bleibt dabei auf das eigene Selbst fokussiert, man dreht sich auf schmerzhafte Art permanent um sich selbst. Die Gleichgültigkeit der Depression blendet die Welt aus, die Betroffenen erleben in dieser Phase kaum mehr eine Korrektur durch reale Erfahrungen.

> Ich schimpfe dann auf Gott und die Welt. Da erzähle ich im stillen Kämmerlein allen, denen ich mich nicht traue, was zu sagen, was ich von ihnen halte. Dabei reagiere ich mich ab, aber ändern tut sich dadurch natürlich nichts.«

> Meine Gedanken kreisen immer um die gleichen Sachen. Dinge, die ich nicht hingekriegt habe, oder Situationen, in denen mich eine Person nicht so nett behandelt hat.«

> Ich konnte nicht aufhören, daran zu denken, wie ich mich vor dem Kunden blamiert habe. Dass ich keine Top-Leistung erbracht habe, hat mich wahnsinnig gemacht.«

Die Gedanken kreisen unaufhörlich und schonungslos. Man kommt nicht zur Ruhe, dreht innerlich nicht nur heiß, sondern regelrecht durch. Das geht so weit, dass man keinen klaren Gedanken mehr fassen kann. Es ist also ein Trugschluss zu denken, dass der Rückzug der Betroffenen gewollt bzw. bewusst gewählt sei. Es ist eher so, dass sie in den depressiven Momenten wirklich das Gefühl haben, nicht anders zu können, als sich zurückzuziehen bzw. liegen zu bleiben. Alle anderen Möglichkeiten, sich in den Tag zu begeben, werden von ihnen nicht als ernst zu nehmende Optionen wahrgenommen. Dabei tut ihnen das lange Schlafen oft nicht gut, sie bekommen davon Kopfschmerzen, fühlen sich auch nach dem Schlaf innerlich gestresst, angespannt und »wie durch die Mangel gedreht«.

> Auch wenn du dich hinlegst, die Augen zumachst und hundemüde bist, deine Gedanken hören einfach nicht auf zu kreisen und immer um das Gleiche. Man kommt da dann gar nicht mehr raus und denkt immer in denselben Schleifen.«

Schon längst befinden sich die Betroffenen in einer Spirale der Ab- und Entwertung, die sie verzweifeln und verbittern lässt.

Für Außenstehende wird dieses innere, nicht enden wollende Gedankenkarussell nicht offensichtlich, denn nach außen hin wirken die depressiven Menschen ja lethargisch und wie lahmgelegt. Das fordert vor allem von den Angehörigen ein Höchstmaß an Toleranz. Viele der Betroffenen avancieren in ihrer Depression zum »Mimöschen«, zu äußerst empfindsamen Seelen, und verlangen damit ihren Angehörigen Enormes ab. So werden sie von Freunden, Arbeitskollegen und Familie oft angegangen, sie müssten sich doch nur mal einen Ruck geben, sich zusammenreißen, und sollten sich nicht so gehen lassen. In einer Art innerer Gefangenschaft erleben sie somit neben der eigenen Entwertung, die ihnen suggeriert, »*ich schaffe nichts mehr*«, zusätzlich die Entwertung durch ihnen nahestehende Personen: »So kenne ich dich gar nicht, du kannst dich ja zu nichts mehr aufraffen; ich komme gar nicht mehr an dich ran.«

In der schmerzhaften Selbstbeschau kommt es zu einer Übersteigerung der eigenen Bedeutung – alles dreht sich um den Betroffenen und seine Probleme –, ohne dass jedoch eine Veränderung bewirkt würde. Das führt zu einem inneren Heißlaufen, ähnlich dem eines Motors, der im Leerlauf zu immer höheren Drehzahlen aufläuft, während das Vehikel nicht von der Stelle kommt. Diesen Zustand spüren die Betroffenen auch körperlich: Von Kopfschmerzen begleitet kreisen ihre Gedanken unentwegt und lassen sie nicht zur Ruhe kommen. Auch ein enervierendes Kribbeln in den Beinen kann auftreten. Vom kräftezehrenden Tauziehen der trüben Gedanken wird einem schwindelig. Man fühlt sich auch dann körperlich gehetzt und erschöpft, wenn man nur dasitzt und nichts tut.

> Der Kopf ist voll und überanstrengt, als wenn man den innerlichen Motor überhitzt hätte. Man fühlt sich körperlich platt, aber der Kopf schaltet nicht ab. Alles ist aufgewühlt, man kommt nicht zur Ruhe und fühlt sich seinen Sorgen und Gedanken ausgeliefert.«

> Das ist so eine innere Unruhe, als ob innen einer an der Tür rütteln würde und gleichzeitig ein anderer sie von innen festhielte. Die Unruhe kann nicht raus, es entsteht so ein Spannungsverhältnis, dann bin ich wie paralysiert. Ich bleibe bis mittags im Bett liegen, komme nicht hoch und verfalle in Grübeleien.«

Die Betroffenen können häufig weder ein- noch durchschlafen, fühlen sich nachts um ihren Schlaf gebracht und morgens wie gerädert. Sie sind froh, wenn die Nacht, die ihnen keine Erholung mehr schenkt, endlich vorbei ist, und zugleich fürchten sie sich vor dem Anbruch des Tages. Die Schlafstörungen führen bei ihnen neben der körperlichen Überbeanspruchung zu einer weiteren Scheitererfahrung und somit zu einer noch umfangreicheren Abwertung der eigenen Person. Sie haben das Gefühl, es noch nicht einmal mehr fertigzubringen zu schlafen.

> Dass ich es noch nicht einmal mehr schaffte zu schlafen, das war unglaublich schlimm für mich. Nicht nur, dass ich keinerlei Erholung mehr hatte, sondern ich fühlte mich, als hätte ich auf ganzer Linie versagt, weil ich das Einfachste, das, was Babys schon können, nicht hinkriege.«

So ist es den Betroffenen auch mithilfe der Nacht nicht möglich, den Rückzug – die Ruhe vor dem Alltag – in die ersehnte Gelassenheit in ebenjenem Alltag zu transformieren.

> Ich schöpfe nachts keinerlei Kraft mehr für den Tag, weil ich innerlich überhaupt nicht zur Ruhe komme und gar nicht mehr abschalten kann.«
> Ich liege dann zwar müde im Bett, kann aber nicht einschlafen. Ich komme nicht zur Ruhe, habe konfuse Gedanken, komme vom Hölzchen aufs Stöckchen … denke über meine eigenen Eltern nach, die bald pflegebedürftig sind … – wie das wohl werden wird.«

Situationen und Dinge, die Kopfzerbrechen bereiten können, sind vielgestaltig, und es wachsen wie Unkraut stets neue nach. Es gibt immer etwas, worüber man sich Sorgen machen kann. Dies ist überaus kräftezehrend. Negative Gefühle, Scheitererfahrungen und Kränkungen werden unbewusst immer wieder herangezogen als Ausgangspunkt für unaufhörliche Dramatisierungen im Kopf. Menschen, die an einer Depression leiden, malen sich die schlimmsten Situationen fortlaufend in den dunkelsten Farben aus. Es entsteht eine ungesunde Abwertungsspirale. So beschreibt Maria, dass sie sich – selbst wenn etwas bereits einen guten Ausgang genommen hat – noch einmal vor Augen führt, was alles hätte schiefgehen können und was gewesen wäre, wenn …

> Als meine Tochter ihre Eheschwierigkeiten hatte, waren mir die Hände gebunden. Ich hätte am liebsten meinen Schwiegersohn verprügeln lassen. Der hat alle so getäuscht. Ich hab mir dann immer vorgestellt, wie gemein dieser Mann zu meiner Tochter gewesen ist, auch wenn es schon Jahre her ist. Dann malte ich mir aus, wie schlimm es hätte werden und was noch alles hätte passieren können. Und ich habe meiner Tochter nicht helfen können.«

Das innere Heißlaufen kann auch in einem weniger offensichtlichen Rückzug stattfinden, der sich nicht im Verborgenen abspielt, zum Beispiel inmitten der Familie. Die Betroffenen verschließen in dem Fall nur innerlich eine Tür und kapseln sich so ab vor der Welt. Die Menschen sind in der Depression dann zwar körperlich anwesend, seelisch aber abwesend. Für Angehörige ist dies sehr schwierig, sie leiden darunter, nicht mehr an die geliebte Person heranzukommen. Das verunsichert und verletzt nicht nur sie, sondern auch den Betroffenen selbst. Dieser fühlt sich auf schmerzhafte Weise abgetrennt von der Welt, von den Nächsten, die ihm lieb sind, er fühlt sich isoliert, trotz körperlicher Nähe.

> Lydia zog sich zurück. Sie machte jedoch keine äußerlich sichtbare Tür zu, sondern verschloss sich von innen. Inmitten ihrer Familie, im vollen Trubel, machte sie sich stumpf und war zugleich innerlich aufgewühlt. Das, was um sie herum geschah, perlte an ihr ab wie Wasser. Kaum noch etwas drang zu ihr durch. Es war, als sei ihre Seele komplett in einen Regenmantel eingepackt. Nichts erreichte sie mehr. Sie fühlte sich unglaublich einsam inmitten ihrer Familie. Erst sehr viel später wurde ihr bewusst, wie schwierig diese Situation auch für ihre Kinder gewesen sein muss, denn diese kamen nicht mehr an ihre Mutter heran, obwohl sie körperlich anwesend war.

Unabhängig davon, ob sich Menschen in der Depression nach außen offensichtlich oder weniger deutlich zurückziehen, sie alle erleben sich als ohnmächtig und lahmgelegt. Sie fühlen sich kaum mehr verbunden mit der Welt, ihre Antennen sind nach innen gerichtet, und dort tobt ein Sturm, der sich sehr um sich selbst dreht, aber zu keiner Lösung zu kommen vermag. Der Blick ist nur noch auf sich selbst und das eigene Elend gerichtet. Die Welt mit ihren Problemen und Herausforderungen wird weitgehend ausgeblendet. Man schmort im eigenen Saft.

Resignierter Tunnelblick

> Meine ständigen Rücken- und Kopfschmerzen legten
> mich damals lahm. Es hat Jahre gedauert, bis ich kapiert
> habe, dass ich etwas an meinem Leben ändern muss. Ich
> habe aber immer nur Medikamente gegen die Schmerzen
> genommen, habe aber meine Seele nicht behandelt.
> Und ehrlich gesagt: Die war eigentlich krank.«

In ihrem Rückzug kapseln sich die Betroffenen immer weiter ab.
Es dauert oft Jahre, bevor sie etwas dagegen unternehmen. Schweigend und leidend nehmen sie hin, dass sie aus ihrer Depression, aus
der Enge, nicht herauskommen.

> Ich kann da sowieso nichts mehr dran ändern. Alles, was
> ich versuche, klappt nicht; es ist total festgefahren.«

Was dann folgt, ist eine »resignativ-verbitterte Symptombehandlung«. Die Betroffenen liefern sich nun in einer verbitterten Anklage gegen sich selbst und die Welt den Beweis, dass sie ungerechte
Einschränkungen erfahren und nicht aus dieser Situation herauskommen können. Sie fühlen eine kränkende Ungerechtigkeit und
sehen eine Möglichkeit der Verbesserung der eigenen Situation
häufig nur darin, dass die äußeren Umstände durch andere verändert würden: Wenn ich einen weniger stressigen Job hätte oder die
Arbeitssituation als Selbstständige/r sicherer wäre, wenn die Kollegen andere wären, die Kinder weniger forderten, die Freundin bzw.
der Freund mich nicht einengte oder die Mutter mich mehr wertschätzte, dann würde es mir besser gehen. Das Außen soll sich ändern, damit man an den eigenen Mustern festhalten kann und sich
nicht selbst verändern muss.

> Wenn die Situation anders wäre, ging's mir auch besser.«

> Das ist ja eine Veranlagung im Wesen. Ich war
> immer schon schwermütig. Wie soll mir da jemand
> helfen? Selbst ein Psychologe kann nicht mein
> Wesen verändern, so bin ich nun mal.«

Die Betroffenen investieren ihre Energie nicht in Veränderungen, sondern verlagern sie darauf, sich immer wieder den Beweis dafür zu liefern, dass die Umstände schlimm und aus eigener Kraft nicht zu ändern sind, dass es noch schlimmer werden kann und sich eigentlich sowieso nichts verändern wird.

> Mein Blick auf die Welt ist einfach komplett negativ, du kannst im Grunde keinem mehr trauen.«

Diese resignative Dynamik in der Depression reißt die Betroffenen mit der Zeit immer tiefer in einen Strudel, einen Teufelskreis, der ihnen stetig weniger Bewegungs- und Gestaltungsspielraum lässt. Sie ziehen sich weiter und weiter zurück und machen aus ihrer Befindlichkeit ein Geheimnis. In ihrem stummen Rückzug erleben sie sich der Wucht ihrer Gefühle gegenüber zunehmend als ohnmächtig. Viele von uns kennen das: Wenn wir nicht können, wie wir wollen, werden wir wütend und verspüren zuweilen eine wachsende Wut gegen uns und die Welt, gegen alle Verfehlungen und gegen alles, was sich uns in den Weg stellt. Diese Stimmung vergeht im Allgemeinen aber wieder. Menschen in einer Depression kommen jedoch aus dieser negativen Spirale nicht mehr heraus – sie bestimmt ihren Blick auf die Welt.

> Heute braucht mich nur eine Verkäuferin schief anzugucken und ich fühle mich gleich wie nicht zugehörig! Dann gehe ich auf der Stelle nach Hause. Das fühlt sich an wie damals, wenn mein Chef mich zusammengestaucht hat. Dabei ist das nur ein Blick! Früher hätte ich bei einer Verkäuferin nur darüber gelacht. Wenn ich dann zu Hause sitze und darüber grübele, kommt mir das Leben so ungerecht vor! Dann falle ich in ein Loch und es wird schlimm: Ich habe mir ja mein Leben anders vorgestellt.«

Meist werden die depressiven Menschen nicht laut, sondern erleben diese ungeheure Wut auf alles und jeden, in erster Linie auf sich selbst, in einer stummen Anklage. Der Auslöser kann dabei völlig unterschiedlich sein – bei dem einen die ungerechte Arbeitssituation, bei dem anderen die Handwerker, die für längere Zeit in der Wohnung sind und die eigene Bewegungsfreiheit einengen, beim Dritten die Rückschau auf bereits Erlebtes.

Elisabeth beklagt noch nach drei Jahrzehnten fortwährend den frühen Tod der Mutter, der hätte vermieden werden können, wenn es damals bereits die derzeitigen medizinischen Standards gegeben hätte. Heute hätte die Mutter ihre Krankheit überleben können. Das macht Elisabeth immer noch wütend und verhindert dadurch ein bereinigendes Trauern.

Diese oder ähnliche Gedankenschleifen nehmen die Betroffenen gefangen. Sie haben das Gefühl, mit geballten Fäusten in der Tasche durch die Welt zu laufen.

In letzter und bitterster Konsequenz kann diese gekränkte Sicht auf die Wirklichkeit in sporadische oder ständige Suizidgedanken hineinführen. Im äußersten Fall scheint für die Betroffenen die Preisgabe dessen, was sie wirklich bewegt, schlimmer zu sein als der selbst gewählte Tod. Der Suizid ist dabei zugleich eine Selbst- und eine Fremdbestrafung. Die ungerechte Welt, die einen so bitter eingeschränkt, enttäuscht und die Einlösung der eigenen Ansprüche verhindert hat, soll durch den eigenen Tod büßen.

Ich hab damals gedacht, wenn ich mich umbringen wurde, wüiden die schon sehen, wie schlecht sie mich behandelt haben.«

Der Hamburger Psychiater Michael Linden hat den Begriff der »posttraumatischen Verbitterungsstörung« etabliert, der bereits in sich diesen gekränkten Blick auf die Welt beinhaltet. Linden zufolge steht neben den physiologischen Symptomen auch eine verbitterte Haltung anderen Personen und der Welt gegenüber im Vordergrund des Beschwerdebildes. Die Betroffenen fühlen sich hilflos und können aggressive Fantasien gegen sich und andere entwickeln.

Saskia, 47 Jahre alt, geht nur noch gereizt durch den Tag. Sie ist von allen und allem genervt, von ihren ständig wechselnden Jobs, den unzuverlässigen Männern, ihrem volljährigen faulen Sohn. Mit diesem findet kein Austausch mehr statt, sie leben nebeneinanderher in der gemeinsamen Wohnung. Selbst die Mahlzeiten nehmen sie nicht mehr zusammen ein, jeder isst für sich allein. Im Job möchte Saskia auch keinen Menschen sehen, am liebsten arbeitet sie allein, möchte eigentlich gar nicht arbeiten gehen. Sie ist verzweifelt über ihre Gemütslage, leidet darunter und wird immer verbitterter. Saskia klagt die Welt an, die ihrer Ansicht nach an ihrem Leid schuld ist. Dabei zieht sie sich immer weiter zurück und steigert sich in Verschwörungstheorien hinein. Oft recherchiert sie stundenlang, wie verschiedene geschichtliche Ereignisse von Verschwörungstheoretikern eingeordnet und umgedeutet werden. In diversen digitalen Communities zu diesen Themen taucht sie ab und tankt auf, fühlt sich verstanden und anderen Personen nahe, die ihre Angst teilen, dass es mit Deutschland und der ganzen Welt den Bach heruntergeht. Saskia hat sich eingedeckt mit Lebensmitteln, damit sie eine Weile allein überleben kann. Die großen übergreifenden globalen Themen bewegen sie. Im Gespräch über ihre Depression wird ihr dann bewusst, dass das eigentlich Problematische jedoch viel näher liegt, sehr persönlich ist und durch ihre globalen Untergangsfantasien maskiert wird. Das vermeintlich Kleine, das Alltägliche, ist es, was ihr nicht gelingt: ihren Sohn stärker in die Verantwortung zu nehmen, ihn in die Selbstständigkeit zu entlassen und zugleich eine tragfähige Bindung zu ihm aufzubauen. Am Ende des Gesprächs bedankt sie sich und überlegt noch, ob sie am nächsten Tag zu einer Demonstration nach Berlin fahren soll. Die Kundgebung in der 500 Kilometer entfernten Stadt liegt für sie seelisch näher als die Auseinandersetzung mit ihrem Sohn, den Ängsten, Befürchtungen und Kränkungen in ihrem Leben.

Mit meinem Sohn ist es unerträglich: seine pure
Anwesenheit, einfach, dass er da ist. Es nervt mich,
dass er herumliegt und nichts macht. Jetzt will ich
ihn einfach nur loswerden. Wenn der mal seinen Weg
geht, dann komme ich auch wieder auf die Beine. Man
bekommt immer Steine in den Weg gelegt, vom Staat,
vom Arbeitsamt Ich will eigentlich gar nicht mehr
arbeiten. Ich kann gar nichts mehr, ich bin kaputt, ich
möchte, dass die vom Arbeitsamt mich in Ruhe lassen
und ich erst mal wieder Kraft schöpfen kann.«

Die depressiv Erkrankten befinden sich in einem Dilemma. Sie
leiden erheblich unter ihrer Befindlichkeit und ihren depressiven Symptomen und können diese zugleich nicht loslassen. Manche Betroffene möchten sich wie durch Zauberei ihrer seelischen
Schatten entledigen und das Leben endlich wieder positiv betrachten können. Sie hegen die kindliche Wunschvorstellung, dass ein
märchenhafter Retter die eigenen schwermütigen Plagegeister mit
einem Schlag verscheuchen möge, ohne dass sie selbst etwas dafür
tun müssten.

Es wäre toll, wenn eine Fee vorbeikäme, man eine
Drehung um 180 Grad machte, die Sonne in einem wieder
aufginge und man nicht alles so schwarzsähe.«

Das kann natürlich nur eine Wunschvorstellung bleiben. Alle Betroffenen spüren, dass es sich nicht so einfach bewerkstelligen lässt,
sondern dass eine Heil bringende Änderung nicht nur selbst her-
beigeführt werden, sondern auch grundlegenderer Natur sein
muss. Doch wird eine solche grundlegende Veränderung, die sie
aus dem Strudel herausbringen würde, kaum realisiert, und die depressiven Menschen haben das Gefühl, sich ihrer Krankheit nicht
entledigen, ihr nichts entgegensetzen zu können. Daher versuchen
sie zumindest, die Symptome in den Griff zu bekommen und he-
runterzudimmen. Sie behandeln sich selbst oder gehen in ärztli-
che Behandlung – weniger um die Krankheit loszuwerden, als um

mehr Kontrolle über ihre Symptome zu gewinnen. Insgeheim spüren sie, dass die ausschließliche Behandlung ihrer körperlichen Beschwerden zu einer stellvertretenden Schlacht auf einem Nebenkriegsschauplatz avanciert ist.

> Ich weiß schon, dass es eigentlich um etwas anderes geht, aber ich kann nicht. Das ist wie eine starke Kraft, die mich zurückhält, wenn ich mal etwas anders machen will. Aber es ist dann leichter, nur die Kopfschmerzen zu behandeln, anstatt mir Gedanken darüber zu machen, was mir eigentlich Kopfzerbrechen bereitet.«

Zumindest den körperlichen Symptomen noch den Kampf ansagen zu können, gibt ihnen das Gefühl, nicht gänzlich der eigenen Ohnmacht ausgeliefert zu sein.

Auffallend ist in diesem Zusammenhang, dass ein Großteil der Betroffenen Psychopharmaka meist meidet »wie der Teufel das Weihwasser«. Bei der Vorstellung, Antidepressiva zu verwenden, haben sie oft große Angst davor, »den absoluten Kontrollverlust zu erleiden« und dann »nicht mehr Herr ihrer Sinne« zu sein. Hier wird ein umfassenderes Problem auf die Psychopharmaka projiziert und findet in diesen Medikamenten Gestalt: Menschen, die unter Depressionen leiden, möchten nichts aus der Hand geben und wieder Kontrolle über sich und ihr Leben gewinnen. Die Furcht davor, mit Psychopharmaka nicht mehr Herr über sich selbst zu sein, ist für sie der Inbegriff ihrer persönlichen Kapitulation.

> Antidepressiva nehme ich nicht, sonst kenne ich mich ja selbst nicht mehr.«

> Dann bin ich ja nicht mehr ich, werde dumpf, spreche langsam und kann nicht mehr klar denken.«

Depressive Menschen leiden sehr unter ihren Symptomen, denn diese mindern in hohem Maße ihre Lebensqualität. Es ist unbestreitbar, dass eine Reduzierung der Beschwerden sie entlasten würde. Viel wichtiger scheint den Betroffenen hingegen der Mehrwert, der mit der Behandlung der Symptome verbunden ist: endlich wieder das Gefühl zu bekommen, diesen nicht mehr ohnmächtig ausgeliefert zu sein.

> Meine Kopfschmerzen nehmen von Jahr zu Jahr zu. Ich habe alles versucht, um sie loszuwerden Pflanzliche Produkte, starke Schmerzmittel, hab nicht mehr geraucht und kaum noch was getrunken, hab Sport gemacht. Die Schmerzen wurden zwar erst besser, kamen dann aber wieder. Und ehrlich gesagt wollte ich nicht sehen, dass die Kopfschmerzen mit meiner Überlastung zu tun hatten und ich eigentlich grundsätzlich etwas hätte ändern müssen.«

Zugleich berechtigen die körperlichen Beschwerden zu einer Sonderbehandlung. Die Betroffenen verspüren ein Anrecht darauf, ganz behutsam behandelt und mit Samthandschuhen angefasst zu werden.

> Die Krankheit hilft mir, dass ich mich und meinen Körper ernst nehme, dass ich auf mich achtgebe. Und meine Familie hat gelernt, mich zu schonen, wenn's nötig ist.«

> Wenn ich Migräne habe, kann ich mich zurückziehen ins dunkle Zimmer und liegen bleiben.«

Selbst wenn Ärzte aufgesucht werden, geht es beim Patientengespräch meist – gerade so, als handelte es sich um ein unausgesprochenes gegenseitiges Stillhalteabkommen – nicht über die Benennung der Symptome hinaus. Denn für beide Seiten – Mediziner wie Patienten – scheint es noch schwieriger zu sein, über die seelische Befindlichkeit, die innere Leere, die verunsichernden Ängste und enttäuschten Sehnsüchte sowie über den nicht zu meisternden Alltag zu sprechen. Beide Seiten begnügen sich dann häufig mit der Behandlung der körperlichen Malesten. »Depressive Patienten sind die anstrengendsten«, so ist es mitunter von Ärzten zu hören.

Die Reduktion der Symptome kann also lediglich ein wichtiger Anfang sein, um wieder etwas Oberhand über das eigene Befinden zu gewinnen, ist aber allein weder ausreichend noch nachhaltig. Heraus aus der Ohnmacht und zurück ins Geschehen kommen die Betroffenen nur dann, wenn sie sich auch einer Auseinandersetzung mit ihrem Leben, ihren Idealen und den damit zusammenhängenden Kränkungen stellen.

Durch die zu enge Fokussierung auf die Symptome werden die gleichzeitig drängenden Fragen wie beispielsweise »Wie gestalte ich mein Leben?« oder »Was muss ich ändern?« zur Seite geschoben. Sie bleiben unbearbeitet und unbeantwortet. So entsteht der Eindruck, als seien die Symptome das einzige zu lösende Problem. Eine Beschränkung auf ihre Behandlung stellt zwar in Aussicht, sie wieder in den Griff zu bekommen, holt den Betroffenen aber nicht aus der depressiven Erkrankung heraus. Sie impliziert vielmehr das vermeintliche Versprechen, eine grundlegende Verfügungsgewalt über das eigene Leben zurückzuerhalten.

> Wenn ich meine Symptome unter Kontrolle kriege,
> bekomme ich auch mein Leben wieder in den Griff.«

Wichtiger und heilsamer wäre es aber gerade, sich nun damit auseinanderzusetzen, dass man bestimmte Dinge eben nicht im Griff hat und sie sich der eigenen Kontrolle entziehen.

So haben die Betroffenen innerhalb der Konstruktion der depressiven Erkrankung Formen der Selbstbehandlung entwickelt, um mit den Stimmungsschwankungen umzugehen, doch diese lösen meist nicht das eigentliche Problem der Depression.

Wem ist das nicht bekannt? Wenn man beispielsweise versucht, sich mit Alkohol zu betäuben, wird man nur noch stumpfer und unempfänglicher gegenüber der eigenen Problematik. Kompensiert man seine Probleme mit gesteigerter Leistung, gibt es ebenfalls kein Entkommen aus der Spirale, sondern nur eine kurzfristige Ablenkung davon. Durch die Beschränkung auf die Behandlung der körperlichen Symptome wird die Depression als solche am Leben erhalten.

Halten die Betroffenen inne, spüren sie meist, ob ihre Selbstbehandlungen ihnen nutzen oder nur kurz von den strukturellen Problemen ablenken. Einige der zuvor bereits genannten Lösungsversuche wie Yoga, Meditation, Beruhigungs- und Schlaftees, Musik, Sport, das Treffen mit Freunden, das Hinausgehen in die Natur, das Schaffen von Ritualen, um sich selbst zu verwöhnen, oder die Rückkehr an den Arbeitsplatz lösen nicht zwangsläufig die depressive Problematik, können jedoch ein erster Anfang heraus aus der Stilllegung sein. Auch Naturmedizin vermag in dieser Hinsicht hilfreich zu sein: Sie setzt den Betroffenen nicht komplett außer Gefecht, vielmehr erlebt dieser hier meist einen fürsorglichen und unterstützenden Blick auf seine Bedürfnisse, ohne dass er sich stigmatisiert fühlen würde. Die alternativen Heilmethoden lassen den depressiven Menschen den Glauben an ihre Selbstheilungskräfte und geben ihnen das Gefühl, in gewisser Weise noch Kontrolle über das eigene Leben zu haben und lediglich eine Unterstützung zu erhalten.

In den Erlebensbeschreibungen der Betroffenen verweist vieles darauf, dass die Depression ein sich selbst erhaltendes Konstrukt ist, das von den an ihr Erkrankten unbewusst genährt und erhalten wird, sie aber gleichzeitig gefangen hält.

Obwohl sie erheblich unter ihren Symptomen leiden, ist ein Aufgeben der etablierten – mitunter auch krank machenden – Verhaltensweisen für sie noch schwieriger, als weiter damit zu leben. Folglich bedeutet Heilung für sie lediglich eine Abmilderung der Symptome. Eine Veränderung kommt nicht in Gang, die Betroffenen können nicht aus dem Strudel der Depression heraus. Dazu wäre eben eine – wenn vielleicht auch unbequeme – Konfrontation mit den ihren Alltag bestimmenden Wunschvorstellungen und Enttäuschungen zwingend vonnöten.

Die sechs Phasen der Depression im Überblick

1. Die Betroffenen sind durch *überhöhte Ansprüche* und Ideale getrieben, die sie nicht erfüllen können, und geraten dadurch unweigerlich an ihre Grenzen.

2. Diese *Einschränkungen* werden jedoch nicht situativ bewertet, sondern führen die Betroffenen in ein schwarzes Loch, in dem sie das Gefühl haben, auf ganzer Linie zu scheitern.

3. Die Einschränkungen und auch Ansprüche werden nun nicht infrage gestellt und gegebenenfalls aufgegeben, die Betroffenen werden vielmehr *still und inaktiv.*

4. Sie ziehen sich zurück und sind unfähig, ihren Alltag zu meistern. In diesem gibt es dann keine Vorstellung mehr davon, was wichtiger ist als anderes, alles erscheint gleich wichtig oder unwichtig. Daraus entsteht eine große *Gleichgültigkeit* und das Gefühl, den Alltag nicht mehr – mitunter nicht einmal in Ansätzen – bewältigen zu können.

5. Dieser Rückzug bedeutet für die Betroffenen jedoch keine geruhsame Auszeit, sondern ein inneres *Getriebensein und Heißlaufen*, sie schmoren im eigenen Saft, drehen sich um sich selbst, kommen aber nicht in notwendige Veränderungen hinein.

6. So entsteht *Resignation, Verbitterung und Schuldzuweisung.* Die Betroffenen klagen sich und die Welt an, fügen sich aber in ihr vermeintliches Schicksal. Schweigend und leidend finden sie sich damit ab, dass sie aus ihrer Depression, aus der Enge, nicht herauskommen. Sie kapseln sich ab und es dauert Jahre, bevor sie etwas gegen diesen Zustand unternehmen. Sie versuchen lediglich, die Symptome herabzudimmen, und legitimieren so eine Sonderbehandlung. Im Extrem führt diese resignative Verbitterung zu Suizidgedanken oder schlimmstenfalls zum Suizid als solchem im Sinne einer Selbst- und Fremdbestrafung.

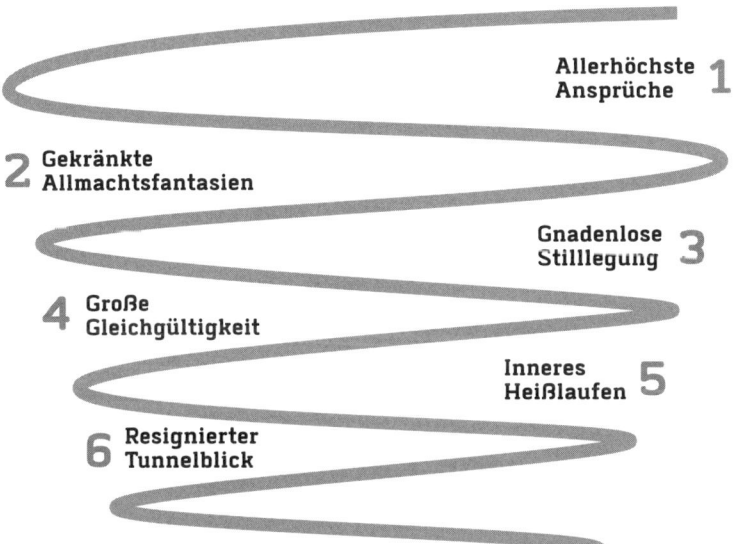

1 Allerhöchste Ansprüche

2 Gekränkte Allmachtsfantasien

3 Gnadenlose Stilllegung

4 Große Gleichgültigkeit

5 Inneres Heißlaufen

6 Resignierter Tunnelblick

Warum die Depression eine typische Erkrankung unserer Zeit ist

Sowohl die kleinen alltäglichen Widrigkeiten wie auch die einschneidenden schmerzhaften Ereignisse und Verluste sind Einschränkungen und Grenzen, die uns das Leben entgegenstellt. Diese Grenzen sind normal und dem Leben immanent, vertragen sich jedoch nicht mit den bereits beschriebenen Allmachtsfantasien, die uns alle als Kinder unserer Zeit befeuern und unsere hohen Ansprüche antreiben. Wir glauben nicht nur, dass das Erreichen dieser Ideale das höchste Gut ist, sondern auch, dass wir sie tatsächlich realisieren können. Wir wähnen uns im Besitz unendlicher Optionen zur Gestaltung unseres Lebens, einfach alles scheint möglich – wenn wir nur wollen. Wir sind wie verzaubert von diesem berauschenden Kaleidoskop an Möglichkeiten und gekränkt über alles, was sich unserem Größenwahn in den Weg stellt. Eine Festlegung in eine Richtung bedeutet in unserer Zeit für uns immer eine Beschneidung aller Möglichkeiten und stellt so zwangsläufig einen Verlust an Optionen dar. Wir wollen heute zehn Jahre mehr an Erfahrung aufweisen, aber zugleich zehn Jahre jünger aussehen. Die herbeifantasierten Ideale fordern perfekte Erfüllung und sind so mannigfaltig, dass ihr Erreichen eine Illusion bleiben *muss*. Niemand kann alles. Doch dieses Gesetz scheint ausgehebelt zu sein. Unbewusst glauben wir an dieses ungemein attraktive Versprechen von der Möglichkeit der paradiesischen Erfüllung dieses Allmachtsanspruchs. Aber auch wenn wir es uns anders wünschen, es ist die Natur des Menschen und des Lebens, dass wir immer wieder an Grenzen des Machbaren stoßen und uns Einschränkungen ausgesetzt fühlen. Das Gieren nach umfassender Selbstwirksamkeit führt dazu, dass jede Begrenzung als Kränkung erlebt wird. Dies ist typisch für unsere Kultur, führt aber unweigerlich in Überforderungen hinein.

Wann ist etwas nicht mehr gesund? Wann leiden wir unter den Ansprüchen, die uns überfordern und krank machen? Wann laufen wir den Idealen verzweifelt hinterher und haben nicht bemerkt, dass wir unsere Ziele neu definieren müssen?

Werden die inneren Antreiber allmächtig, helfen sie nicht, Träume zu verwirklichen, sondern verlieren ihren motivierenden Charakter, indem sie fordern, dass ihnen alles untergeordnet wird. Dann werden sie antriebshemmend und erschlagend, führen zu einer tiefen Kränkung und sind Teil der depressiven Struktur.

Und so scheint die aktuelle Häufung der Fälle von Depression darauf hinzuweisen, dass sie ein Phänomen unserer momentanen Kultur ist, das vom psychologischen Standpunkt aus betrachtet durchaus Sinn macht.

Es ist eine ernst zu nehmende Krankheit, die zwar benannt, deren psychologische Funktion aber meist verschwiegen wird und die sich zugleich als ein selbst hergestelltes System erweist, das sich – unbewusst – erhalten will. Ebenso unbewusst frieren die Menschen in der Depression ihre überhöhten Ansprüche an den perfekten Idealzustand eines »Alles ist möglich« ein. Sie lassen diese

Wunschvorstellung unverändert weiter wirken, kommen unabwendbar an ihre Grenzen und ziehen sich gekränkt zurück. Das Ideal, der Anspruch des »Alles ist machbar«, wird aufrechterhalten – um einen hohen Preis.

Am unbewussten Festhalten der Betroffenen an der depressiven Stimmung wird deutlich, was die Depression leisten kann: Indem depressive Menschen sich ihren Einschränkungen fügen und sich stilllegen, umgehen sie die so kränkende Beschneidung ihrer Möglichkeiten. So können die Begrenzungen des Alltags, denen jede Person ausgesetzt ist, als Grund dafür herangezogen werden, dass nicht alles machbar ist. Indem man sich selbst lahmlegt und gar nicht erst versucht, gegen äußere Widrigkeiten, andere Meinungen etc. anzugehen, kann man immer noch für sich das Bild aufrechterhalten, »wenn man mich nur ließe, würde ich auch …«.

In diesem tieferen Verständnis der Depression wird nun deutlich, dass die Depression eine Erkrankung ist, die sich – so paradox das auch klingen mag – wunderbar in die Anspruchskultur unserer Zeit einfügt. Deshalb betrifft sie eben auch nicht nur einige wenige, sondern ist zumindest in einigen ihrer Aspekte sehr vielen Menschen bekannt. Die Schilderungen der Betroffenen dürften nicht nur auf den engen Kreis der depressiven Personen, sondern auf viele andere Menschen zutreffen.

Der Weg in die Depression ist zu verstehen als ein verzweifelter Versuch, sich in unserer Machbarkeitskultur dem Konflikt zu entziehen, der sich zwangsläufig aus den überhöhten Ansprüchen auf der einen Seite und dem Scheitern angesichts der begrenzten Möglichkeiten auf der anderen Seite ergibt. Ein Konflikt, in dem sich nicht nur depressive Menschen, sondern in stärkerem oder geringerem Ausmaß wir alle befinden.

3 Wege aus der Depression

Im vorangegangenen Kapitel haben wir die innere Logik und Dynamik der Depression betrachtet. Aber warum gleiten manche Menschen ab in eine Depression und andere nicht?

Der ein oder andere mag vielleicht denken, dass es so schwerwiegende Umstände gibt, dass sie jeden Menschen in eine Depression drängen, etwa wenn das eigene Kind stirbt oder der Partner plötzlich ums Leben kommt, man den Job verliert ohne Aussicht darauf, einen neuen zu finden.

> Das sind doch Gründe genug, um depressiv zu werden, und dagegen lässt sich auch nicht so viel machen.«

Und doch lösen diese Widrigkeiten des Schicksals keinen Automatismus aus: Es gibt kein tragisches Ereignis an sich, das unweigerlich in eine Depression führt. Nicht jeder Mensch, der Traumatisches erlebt, wird depressiv. Und anhand der Beschreibungen der Betroffenen haben wir gesehen, dass es auch nicht immer ein schreckliches Ereignis sein muss, das Menschen in die Knie, in die Depression, zwingt. Ob eine Depression entsteht oder nicht, hängt immer vom jeweiligen Menschen ab.

Lassen Sie mich zwei Fallbeispiele beschreiben: die zweier Frauen. Beide verlieren ihren Partner, die eine durch Tod, die andere durch Trennung. Und doch sind große Unterschiede im Umgang mit diesen Ereignissen zu erkennen:

Susanne ist 43 Jahre alt, als ihr Mann Rainer plötzlich durch einen tragischen Unfall ums Leben kommt. Ihre Tochter ist zu der Zeit zwölf Jahre und ihr Sohn gerade einmal neun Jahre alt. Kurz bevor ihr Mann verstirbt, hat Susanne das Gefühl, dass das Leben vollkommen ist und sie es am liebsten so festhalten und einfrieren möchte. »Alles war perfekt. Die Kinder waren auf einem guten Weg, uns ging es richtig gut.« Der Tod ihres Mannes reißt ein riesiges Loch in Susannes Leben und das ihrer Kinder. Rainers Agentur lässt sich nach seinem Tod nicht halten und geht insolvent, Susanne stockt ihre Arbeitszeit so weit auf, dass sie finanziell besser über die Runden kommen, sie aber immer noch das Gefühl hat, ausreichend Zeit für ihre Kinder zu haben. Familie und Freunde stehen ihr bei. Sie erlebt, wie sich Beziehungen zu Menschen verändern, sich neu und anders entwickeln. Sie intensiviert alte Freundschaften und erweitert ihren Freundeskreis. Manche Freundschaften brechen ab, sind in diesem neuen Leben für sie in dieser Form nicht mehr fortführbar.

Susanne hat niemals gedacht, so viel Schmerz empfinden, aber auch aushalten zu können. Manchmal hat sie das Bedürfnis, gar nicht erst aufzustehen, erlebt jedoch das Versorgenmüssen der Kinder nicht nur als Ballast, sondern auch als eine Rettung aus ihrer tiefen Trauer. Sie sieht, wie ihre Kinder trotz des dramatischen Verlusts ihres Vaters auch lachen können, ihre Freunde treffen und fröhlich sind.

Susanne begeht den Todestag ihres Mannes im großen Freundes- und Familienkreis und führt auch danach Feierlichkeiten fort, denn sie hatte früher schon, damals gemeinsam mit ihrem Mann, gerne Freunde und Familie eingeladen. Er hatte es geliebt, Feiertage wie Weihnachten oder Geburtstage zu zelebrieren. »Rainer hat das immer so perfekt gemacht, ich hab mich da meistens rausgehalten und weiß jetzt eigentlich gar nicht so richtig, wie das geht. Ich hab da kein Händchen für.« Susanne führt auch nach dem Tod ihres Mannes bestimmte Traditionen fort, jedoch etwas anders, ein bisschen kleiner und leiser, so wie es ihre Art ist. »Für meine Kinder war es wichtig, einen Tannenbaum zu haben, aber er war dann nicht mehr so groß und prunkvoll wie damals. Die Hauptsache war jedoch, dass wir überhaupt einen hatten.« Nach zwei Jahren hat Susanne das Bedürfnis, ihr Haus umzubauen und für sich ein eigenes Reich zu schaffen. Dort richtet sie sich gemütlich ein und kann sich dorthin zurückziehen. Sie ist nicht nur froh, diesen doch auch kostspieligen Umbau gemacht zu haben, sondern auch ein wenig stolz darauf. Nach und nach bekommt sie Lust und Freude daran auszugehen und spürt auch wieder Sehnsucht danach, einen neuen Mann in ihr Leben zu lassen. Das ist nicht so leicht, denkt sie doch so oft an Rainer und vermisst ihn nach wie vor sehr schmerzlich. Zugleich kann sie aber das Gefühl auch annehmen, sich wieder auf jemanden einlassen zu wollen und sich umgarnen zu lassen. Das tut ihr gut. Im Moment weiß sie noch nicht, wie eng sie sich wieder binden möchte. Susanne vermisst ihren Mann sehr, trauert und erlebt immer wieder schwierige Zeiten, ist aber nicht depressiv geworden.

Nicole ist 49 Jahre alt, gelernte Industriekauffrau und verheiratet mit Simon, mit dem sie drei wunderbare Kinder hat. Als sie schwanger wurde, hat sie ihren Beruf aufgegeben und sich von da an ganz der Kindererziehung gewidmet. Ihr Mann ist als Unternehmensberater sehr erfolgreich und selten zu Hause. Die Kinder sind der ganze Stolz der beiden. Nicole bringt sich in der Schule der Kinder ein und engagiert sich als Lesemutter. Sie ist eine Meisterin des Planens und das reinste Organisationstalent. Als Tagesmutter nimmt Nicole zusätzlich noch ein Kind bei sich auf. Jeden Erfolg der Kinder in der Schule oder beim Sport verbucht sie als einen persönlichen Triumph und alles, was weniger gut läuft, als persönlichen Misserfolg. Sie fühlt sich immer wieder darin bestätigt, ihren Beruf aufgegeben zu haben, um bei den Belangen der Kinder möglichst viel mitwirken zu können. Die Familie zieht in ein großes Haus und findet in der Gegend sehr schnell einen neuen Freundeskreis. Nicole hat das Gefühl, ihre Familie und ihr Leben im Griff zu haben, alles scheint perfekt. Doch wie aus heiterem Himmel trennt sich Simon plötzlich von ihr und für sie bricht eine Welt zusammen. Nach der Trennung versucht Nicole, möglichst alles weiterlaufen zu lassen wie bisher. Ihre Kinder bringen nach wie vor die besten schulischen Leistungen nach Hause, sodass Nicole glaubt, sie litten nicht so sehr unter der Trennung. Sie engagiert sich noch stärker in den Schulen als bisher und versucht, für die Kinder Mutter und Vater in einem zu sein. Doch bei alldem fällt Nicole in ein tiefes Loch. Jeden Abend trifft sie sich mit ihren Freundinnen und spricht immer wieder über die Trennung. Sie beginnt, Alkohol zu trinken, um abends die Stille im Haus ertragen zu können. Ihre Gedanken kreisen immer um das Gleiche: Warum passiert mir das? Warum lässt er mich so im Stich? Es war doch alles perfekt. Nicole wird depressiv, nimmt Schlafmittel, um überhaupt einschlafen zu können. Sie hält an der Hoffnung fest, dass sich vielleicht doch wieder alles zum Guten wenden wird. Dabei erkennt sie nicht, wie sehr sie selbst und auch ihre Kinder unter dem Druck, »so abliefern zu müssen, wie sie es früher getan haben«, leiden. Alles wird daran gesetzt, zu funktionieren und sich nach außen hin keine Blöße zu geben. Nicole fühlt sich überlastet, da sie für alles allein zuständig ist. Noch schlimmer ist aber das Gefühl, verlassen, gedemütigt und ausgenutzt worden zu sein, hatte sie doch zuvor alles für ihren Mann aufgegeben. Auch Jahre später möchte sie keinen neuen Partner haben: »Wie soll ich denn dafür noch Zeit haben?«

In beiden Fällen könnten die traumatischen Ereignisse, die Susanne und Nicole erlitten haben, Grund genug für das Ausbilden einer Depression sein. Was unterscheidet sich nun bei den beiden?

Den Umbau des Hauses bei Susanne können wir bildlich sehen. Bei ihm findet zugleich auch ein seelischer Umbau statt, bei Nicole hingegen ein Zementieren des alten, perfekten Bildes, von dem sie nicht lassen kann.

Susanne betrauert sehr den Tod ihres Mannes, rückt aber ab von den einmal gemachten Vorstellungen ihres perfekten Lebens.

Ich wollte mit Rainer alt werden und wir haben uns schon Gedanken darüber gemacht, wie es denn wohl als Großeltern sein wird. Aber jetzt muss ich mich wohl daran gewöhnen, dass ich dies allein erleben werde.«

Susanne baut nicht nur ihr Haus um, sondern gestaltet auch ihr Leben um. Sie fühlt tiefe Trauer, erlebt Zeiten der Verzweiflung und doch gelangt sie in andere und neue Entwicklungen. Sie führt bestimmte Traditionen fort, findet allerdings eigene Formen, ändert lieb gewonnene Traditionen etwas ab, so wie sie es leisten kann. Susanne wagt, Geliebtes auch in einer anderen Art fortzuführen, in Gedenken an ihren Mann, aber nicht genau gleich.

Sie kapituliert nicht vor dem perfekten »Vor-Bild« der Zeit vor dem Unfalltod ihres Mannes. Stattdessen entwickelt sie Eigenes, Neues. Zugleich wird deutlich, dass Veränderung wirklich ein seelischer Kraftakt, ein regelrechter seelischer Umbau ist.

Bei Nicole findet – um in diesem Bild zu bleiben – kein Umbau statt. Sie verharrt und wartet darauf, dass es wieder so perfekt wird, wie es war. Sie gibt all ihre Kraft in das Organisieren der Familie und erntet viel Lob dafür, dass sie sich scheinbar nicht hängen lässt. Sie geht an und über ihre Grenze hinaus, etwas in ihr klebt aber an dem alten, perfekten Bild. Nicoles Geschichte verweist darauf, wie verzweifelt, unermüdlich und verbissen das Festhalten an einem früheren als vollkommen erlebten Zustand, an einem »Vor-Bild«, werden kann. Depression ist etwas anderes als Trauer. Es ist gerade ein Zeichen der Depression, dass Menschen *nicht* in einen Trauerprozess gelangen. Betrauern hieße loslassen.

An dieser Stelle möchte ich gerne die seelische Logik der Depression mithilfe eines Märchens verdeutlichen. Wir können uns anhand von Märchen die psychologische Mechanik und die damit einhergehende Dramatik eines Problems oder einer Person bildlich vor Augen führen. Die morphologische Psychologie versteht Märchen als Prototypen für die Ausbildung von seelischen Konstruktionen (vgl. Salber, *Märchenanalyse*, S. 18 ff.). Jedes Märchen fokussiert ein spezifisches seelisches Thema sowie die damit einhergehenden Probleme und Formen des Umgangs mit denselben. Das Märchen konkretisiert und illustriert, in welche Nöte und seelischen Grundproblematiken Menschen hineingeraten können und welche Lösungsformen sie wählen, um damit umzugehen. Dabei sind die Märchen zu verstehen als sinnbildliches Material und dürfen nicht eins zu eins auf einzelne Personen übertragen werden.

Betrachtet man nun die Mechanik der Depression, ähnelt sie der psychologischen Mechanik eines Märchens der Gebrüder Grimm. Die innere Struktur der depressiven Erkrankung lässt an das Märchen »Rumpelstilzchen« denken.

In diesem Märchen wird gezeigt, wie verlockend es ist, sich – wie durch Zauberhand – von einer Müllerstochter in eine Königin zu verwandeln und sich so dem gewöhnlichen wie auch mühsamen Alltag einer Müllerin zu entledigen. Daran geknüpft ist der Anspruch, Unmögliches möglich zu machen (Stroh zu Gold zu spinnen). Für dieses perfekte Entwicklungsbild ist man bereit, sich in einer dunklen Kammer zu verschanzen und sein Leben zu riskieren.

Das Märchen »Rumpelstilzchen« als Sinnbild der Depression

Ein Müller möchte seine Tochter an den König verheiraten. Dafür erzählt er diesem, dass das Mädchen Stroh zu Gold spinnen könne. Das kann der König nicht so recht glauben. Er möchte es mit seinen eigenen Augen sehen. Also sperrt er die Müllerstochter in eine Kammer voller Stroh ein. Sie solle daraus Gold spinnen, so bedeutet er ihr, sonst drohe ihr der Tod.

Das Mädchen ist verzweifelt. Wie soll sie es bloß schaffen, Stroh zu Gold zu spinnen? In ihrer Verzweiflung fängt sie an zu weinen. Doch plötzlich taucht ein kleines Männchen auf und bietet ihr seine Hilfe an.

Er stellt aber eine Bedingung. Er möchte für seine Hilfe entlohnt werden. Die Müllerstochter willigt ein, verspricht ihm ihre Halskette, und tatsächlich verwandelt das Männchen das Stroh in Gold. In der darauffolgenden Nacht wiederholt sich das Begebnis. Dieses Mal erhält das kleine Männchen den Ring des Mädchens als Gegenleistung. Der König ist begeistert von der Gabe der Müllerstochter. Am dritten Abend sagt er zu ihr, dass er sie zur Frau nehmen werde, wenn sie es auch ein drittes Mal schaffe, das Stroh zu Gold zu spinnen. Daraufhin wird sie in eine noch größere Kammer mit noch mehr Stroh gebracht. Und wieder kommt das geheimnisvolle Männchen, um ihr zu helfen. Allerdings verlangt es dieses Mal eine viel größere Belohnung: das erstgeborene Kind der Müllerstochter. Diese willigt ein, das Stroh wird wieder zu Gold, der König hält sein Wort und nimmt sie zur Frau. Einige Zeit später ist es dann so weit: Das erste Kind des Königspaares wird geboren. Das Männchen lässt nicht lange auf sich warten und kommt, um sich den versprochenen Lohn abzuholen. Doch als die Mutter anfängt zu weinen und sich von ihrem Kind nicht trennen kann, lässt sich das Männchen erweichen.

Es stellt ihr eine Aufgabe: Wenn sie es schaffe, in drei Tagen seinen Namen herauszufinden, dürfe sie ihr Kind behalten. Schaffe sie es aber nicht, müsse sie es wie vereinbart dem Männchen übergeben.

Daraufhin trägt die Königin dem Männchen am Abend des ersten und des zweiten Tages alle ihr bekannten Namen vor – vergebens. Im Verlauf des dritten Tages ereignet sich jedoch ein entscheidender Zufall. Ein Bote erzählt der Königin, dass er im Wald ein Männchen gesehen habe, welches um ein Feuer getanzt und dabei gesungen habe: »Ach wie gut, dass niemand weiß, dass ich Rumpelstilzchen heiß.«

Und so trägt die Königin dem Männchen am Abend dieses dritten Tages diesen Namen vor. Und es ist wahrhaftig der richtige! Rumpelstilzchen wird daraufhin so wütend, dass er sich selbst zerreißt.

Sie mögen sich nun vielleicht fragen, was dieses Märchen mit der Depression zu tun hat. Nun, wenn wir versuchen, die gesamte Thematik als Ganzes zu verstehen, das heißt, wenn das Märchen symbolisch für die Depression steht, dann sind alle Handlungsstränge,

Charaktere, Orte und Geschehnisse im Märchen als Teil der Depression zu sehen. So zeigen sich Parallelen und auch Seiten der Depression, die sonst meist weniger offensichtlich sind.

In diesem Märchen geht es vor allem um die glanzvolle Vorstellung, plötzlich von einer Müllerstochter zur Königin aufzusteigen. Dies spiegelt die überhöhten Ansprüche in der Depression und illustriert anschaulich, wie attraktiv die Vorstellung eines fulminanten Aufstiegs, aber auch das Aufrechterhalten eines perfekten Bildes sein kann. Die Verheißung, von allen gewöhnlichen und mühevollen Arbeiten (im Märchen die der Müllerin) enthoben zu sein, scheint wunderbar. Emporzusteigen in königliche Bereiche, die vorher unerreichbar schienen, fasziniert und lockt zugleich.

Die Vorstellung, »vor-bildliche« Zustände einfach so zu erreichen, verzaubert. Dieser Überanspruch beschreibt einen strukturellen Zug in der Depression und verweist zugleich auf die momentane, allgemeine kulturelle Tendenz zu glauben, dass für uns alles erreichbar ist. Wir haben nicht nur die eine Option, Müllerstochter zu sein – nein, mitnichten, uns steht auch die Möglichkeit offen, königlich, von allen geliebt und bewundert zu werden, ein Leben ohne Mühsal und Entwicklungsschmerz führen zu können. Ist das nicht märchenhaft?

In »Rumpelstilzchen« wird alles darangesetzt, dass dieser Traum Realität wird. Noch ahnt die Müllerstochter nicht, dass dieses hoch ambitionierte Unterfangen sich später als Albtraum entlarven wird. Das Streben danach, dieses Ideal zu erreichen, macht blind: dafür, richtig einzuschätzen, was realistisch machbar und was unmöglich ist, und insbesondere auch dafür, welchen Preis man zahlen muss. So ist uns Menschen oftmals der Preis für das Erreichen unserer Ambitionen nicht bewusst. Immer weiter wird er in die Höhe getrieben, erst wird die Kette verlangt, dann der Ring und zuletzt das eigene Kind. In diesem Bild des Märchens ist spürbar, wie viel Menschen dem Erreichen des Ideals zu opfern bereit sind. Aber: Wir wollen manchmal eben auch Unmögliches. Das ist erst einmal nichts Verwerfliches, dagegen muss niemand den moralischen Zeigefinger heben.

Es ist gut, wenn wir Träume haben, die uns anspornen und uns in wunderbaren Bildern vor Augen führen, was wir werden und wie wir uns entwickeln können. Es ist gut, wenn heute nicht jeder Schuster bei seinen Leisten bleiben muss. Wesentlich ist jedoch ebenso, sich den Preis für die Erfüllung so manchen Traums zu vergegenwärtigen. Was kostet mich das Erzielen des Ideals? Was das Festhalten an einem Wunschbild, das nicht mehr realistisch ist?

In der Person der Müllerstochter wird veranschaulicht, wie aussichtslos dieses Unterfangen manchmal sein kann und dass man trotz allem nicht davon ablässt. Wenn wir uns einmal fragen, an welchen Stellen in unserem Leben wir eigentlich wissen, dass etwas nicht machbar ist, wir aber trotzdem daran festhalten, bekommen wir ein Gespür dafür, wo wir uns selbst in die Enge treiben. Die Müllerstochter hätte eigentlich sagen sollen: »Ich kann das nicht, weil kein Mensch Stroh zu Gold zu spinnen vermag.« So könnte sich vielleicht auch jemand, der sich in seiner Depression nicht von seinen überhöhten Ansprüchen lösen kann, fragen: »Ist dieses Unterfangen realistisch zu schaffen oder erwarte ich an dieser Stelle Unmögliches von mir?«

Die Müllerstochter erfährt sehr deutlich ihre Einschränkungen, sie kommt an die Grenzen dessen, was für sie machbar ist, unter Androhung des Todes. Sie kann kein Stroh zu Gold spinnen. Das kann niemand. Aber der Satz »Ich kann das nicht« kommt nicht über ihre Lippen, es ist für sie nicht möglich auszusprechen, dass sie dies nicht bewerkstelligen kann. Wie in der Depression verstummt sie. Aber etwas in ihr lässt nicht davon ab, Königin werden zu wollen, zumindest aber den Ansprüchen ihres Vaters zu genügen. Darüber verzweifelt sie. Da kommt ihr Rumpelstilzchen gerade wie gerufen und der Traum rückt in greifbare Nähe.

Doch nun stellt sich ihr die Gier in den Weg: Der König verlangt immer mehr Gold. Die Ansprüche geben also keine Ruhe. Immer besser, immer mehr soll es sein, muss es sein. Es dreht sich alles um die wundersame Verwandlung von Stroh zu Gold. Dafür ist die Müllerstochter willens, sehr viel zu geben. Zum Schluss verspricht sie sogar, das eigene Kind herzugeben, um das Ideal zu erreichen.

Dies illustriert weniger, dass sie ihr ungeborenes Kind nicht liebt, sondern vielmehr die Vehemenz und Kompromisslosigkeit des Wunsches danach, den überhöhten Ansprüchen gerecht zu werden.

In der Opfergabe des eigenen Kindes liegt die Opferung der eigenen Lebendigkeit. Wiederum verweist dies auf die strukturelle Ähnlichkeit in der Depression: Dort werden Menschen unlebendig, es kreist alles nur noch um die verpassten Chancen, die überhöhten Ansprüche, die nicht erreicht werden konnten, sowie um das perfekte »Vor-Bild«, das nicht erfüllt werden kann. Wie die Menschen in der Depression zieht sich die Müllerstochter zurück in die dunkle Kammer und das komplette Leben wird verengt auf eine einzige Sache. Alles spitzt sich nur noch darauf zu, Unmögliches zu erreichen, Stroh zu Gold zu spinnen. Und dafür ist das Mädchen bereit, alles zu opfern, selbst das, was ihm am nächsten und am liebsten ist. Sie geht auf den Deal ein.

Selbst hier findet weder eine Auseinandersetzung mit den Ansprüchen noch mit dem zu zahlenden Preis statt. Der Anspruch der Ideale bleibt verlockend und wird nicht revidiert. Erst die unnachgiebige Forderung, das als Einsatz versprochene Kind tatsächlich herzugeben, setzt ein Umdenken in Gang. Hier beginnt die Lösung, der Weg hinaus aus dem Dilemma. In der Depression geschieht dieses Umdenken, wenn die Betroffenen sich wieder herauswagen aus dem Rückzug und nach Lösungswegen suchen, die sich jenseits des engen Kreises befinden. Wenn sie sich nicht länger nur um die eigenen Symptome drehen, ihren Blick wieder weiten und sich in die Welt hinauswagen.

Die Lösung scheint in der gedanklichen Vorstellung so einfach und ist zugleich in ihrer alltäglichen Umsetzung so schwierig: Man muss sich verabschieden von dem magischen Versprechen, Unschaffbares, ja Unmenschliches, zu leisten, sowie von so manch einer Idealvorstellung seines Lebens. Auf die reale Wirklichkeit übertragen ist das Kundschaften im Märchen der Königsweg aus der Depression: Hinausgehen in die Welt, genau hinschauen und genau hinhören. Dies kündigt ein Umdenken und ein seelisches Umbauen an.

In der Depression lebt die von unserer Kultur genährte Sehnsucht nach einem perfekten Bild. Es ist nur allzu menschlich, sich wegzuwünschen von dem mühsamen Alltag und stattdessen Vollkommenes erschaffen und leisten zu wollen. Das Märchen wie auch die Depression bewegen sich immer zwischen einem Alles und Nichts, zwischen Königin und Müllerin. Das gleicht dem Erleben der Betroffenen in der Depression: Sie haben das Gefühl, *alles* schaffen zu müssen, aber *nichts* leisten zu können. Etwas dazwischen scheint für sie nicht zu existieren.

Sie setzen sich mit den übermäßigen Ansprüchen nicht ausreichend auseinander und lösen sich nicht von den Idealen, die nicht erreichbar oder nicht mehr zu halten sind.

Wege aus der Depression zu finden, bedeutet, sich davon zu verabschieden, diese unerreichbaren Ideale aufrechtzuerhalten. Das Märchen »Rumpelstilzchen« versinnbildlicht zudem, wie schwierig und mitunter schmerzhaft es ist, von diesem glanzvollen Wunschbild abzulassen. Es scheint uns schier zu zerreißen. Dies ist ein ganz entscheidender Punkt, denn die Frage danach, was aus der Depression herausführen kann, vermag erst beantwortet zu werden, wenn man den Blick darauf richtet, was die Depression bietet. Was macht es so schwierig für das Seelische, aus der depressiven Struktur herauszukommen? Was lässt Menschen unbewusst an dem leidvollen Zustand festhalten? Was macht diese Erkrankung so »reizvoll«?

Die Depression hat den Reiz, königlich zu sein. Das mag zunächst einmal verrückt klingen bei dem qualvollen Leid, das sie mit sich bringt und das Menschen sogar in den Suizid treiben kann. Was soll daran bitte königlich sein?

Nun, in der Depression sind die Menschen – unabhängig davon, wie sehr sie leiden – der trivialen Alltagsmühen mehr oder weniger stark enthoben.

Dirk ist depressiv. Er wird krankgeschrieben. Nach und nach zieht er sich aus allem raus. Mittlerweile liegt er nur noch im

Bett. Seine Frau geht arbeiten, versorgt die Kinder allein und muss nach drei Monaten ihre Arbeitszeit aufstocken. Ihre Eltern kommen zu Hilfe, später unterstützen auch seine Eltern die Familie. Nach und nach helfen Freunde, Bekannte, Erzieher. Die Kinder werden »wegorganisiert«.

Erst in der Rückschau wird für Dirk deutlich, dass ihm während der Zeit gar nicht bewusst war, wie sehr alle mitgeholfen und ihn unterstützt haben. »Ein ganzer Hofstaat hat sich um mich versammelt und mir alles abgenommen.« In der Zeit der Depression ist ihm das alles egal, es gibt auch kein Dankeschön für die anderen, die wie selbstverständlich helfen.

Dirk wollte Arzt werden, war ein sehr guter Schüler mit herausragenden Noten. Aufgrund des überdurchschnittlichen Schulabschlusses war es keine Frage für ihn, dass er Medizin studieren würde. »Ich fragte mich gar nicht, warum ich das machen will und ob das überhaupt ein Beruf ist, der zu mir passt. Ich wollte das nur aufgrund meiner guten Noten.« Beim Einstieg in den Job fingen bei Dirk die Depressionen an. Er fühlte sich nicht wohl in seinem Beruf, hatte das Gefühl, einem Bild hinterherzulaufen, das nicht seines war. Seine Eltern waren sehr stolz auf ihn: Es bedeutete großes Ansehen für sie in ihrem Dorf, dass der Sohn Arzt geworden war. Dieses Bild gefiel auch Dirk, nicht aber die Tätigkeit. Nach langer Krankheit und Auseinandersetzung mit diesem Bild beschloss er, seinen Beruf zu wechseln. Heute ist er Schreiner, hat eine eigene Werkstatt, ist zufrieden mit seinem Beruf und gesund.

Dass man von seinem banalen Alltag befreit ist und dabei an dem perfekten Idealbild der eigenen Wirklichkeit festhalten kann, hat neben allem Leid auch seinen Reiz. Im depressiven Rückzug findet weder eine Auseinandersetzung mit alltäglichen Dingen noch mit schmerzvollen Erlebnissen statt. In der Depression werden diese lediglich konserviert und kommen nicht in eine notwendige Entwicklung.

Es hatte auch was Trotziges, das Ausharren im eigenen Unrat, die kindliche Lust am Dreckigen und Stinkigen. Ich hab mich ja wochenlang nicht mehr gewaschen. Das habe ich gemacht, weil ich die Bestimmerin über mich war.«

Nur wenn wir auch diesen Reiz des Rückzugs in den Blick rücken, können wir verstehen, was die Betroffenen in der Depression hält. Vielleicht lässt sich so verstehen, dass sie trotz der großen Qual unbewusst an der Erkrankung festhalten.

Damals war die Depression bei mir die eleganteste und schickste Art zu zeigen: ›Ich brauche niemanden, ich ziehe mich zurück, wann und wie ICH das will, denn ICH hab es beschlossen. Ich bestimme auch, was ich noch schaffe.‹ Bis wirklich gar nichts mehr ging. Auch wenn es mich umhaut, es ist immer noch MEINE Depression.«

Von der All-Macht zum All-Tag

In Anlehnung an die Grundkonstruktion des Märchens »Rumpelstilzchen« lassen sich nun verschiedene Wege aus der Depression aufzeigen.

Heraus aus der Depression heißt: heraus aus dem schwarzen Loch, der dunklen Kammer, und zurück in den Alltag. Wege hinein in das alltägliche Tun wagen. Das sind notwendige Entwicklungsschritte in eine Veränderung hinein. Wenn wir Menschen, die ihre Depression überwunden haben, fragen, was ihnen dabei geholfen hat, so erfahren wir, dass es oft die kleinen, vermeintlich banalen Dinge sind, die ihnen Halt und Orientierung gegeben haben, die Tatsache, wieder am Alltag teilzuhaben. Denn dieser ist nur vordergründig trivial. Er bietet viele Entwicklungsmöglichkeiten, die aus der Depression herausführen können. Zwar fordert und verlangt er uns vieles ab, er gibt uns aber zugleich auch Stütze und Struktur.

Im alltäglichen Tun können wir erleben, dass wir etwas bewirken können. Begeben wir uns in den Alltag, löst sich vieles von sich aus. Er fordert uns und gibt uns Einheit, Richtung und Zusammenhang in unserem Leben. Im Alltag behandelt das Seelische sich selbst – es braucht den Alltag, um sich zu entwickeln. Alltag ist somit die mächtigste Waffe, die wir haben, um wieder ins Leben zurückzukommen. Von der All-Macht zum All-Tag zu kommen, ist dann eben nicht banal, sondern ganz wesentlich und *der* Weg zu einer Heilung, denn auch im Alltag geht's ums Ganze.

Vera erinnert sich: Sie ist immer eine Frau gewesen, die alles allein geschafft hat: Beruf, Kindeserziehung, das Unterhalten vieler sozialer Kontakte und politisches Engagement obendrauf. Sie ist früh Mutter geworden, hat ihr Kind allein großgezogen, währenddessen studiert und später ihren Beruf ausgeübt. Sie hatte weder Unterstützung von ihrer Familie noch seitens des Vaters ihres Kindes, der sie früh verlassen hat. »Ich hab's allen gezeigt, ich hab mich durchgekämpft und wollte immer die Beste sein.« Vera war nicht nur diejenige, die alles überlebt hat, nicht klein und kaputt zu kriegen war, sondern sie war auch immer eine Frau, die auf jeder Party bis zuletzt blieb. »Ich hab auf den Tischen getanzt. An mich konnte sich jeder Partygast erinnern. Ich stand immer im Mittelpunkt.« Jahre später – in ihrer Depression – »ging nichts mehr«. Vera lag wochenlang im Bett und machte nur das Allernötigste. »Ich hab nichts mehr auf die Reihe gekriegt.« Im Nachhinein sei das auch »ein erhabenes Gefühl gewesen«, so schildert sie, »weil immer noch ich entschieden habe, dass ich nicht aufstehe. Ich hab darauf gepfiffen. Obwohl das natürlich auch schrecklich gewesen ist.« Wege aus der Depression sind dann eher die kleinen Dinge gewesen. »Eine Freundin hat mir gesagt: ›So, du kommst heute mit zu dem Geburtstag, da darfst du nicht fehlen. Ich hole dich in einer halben Stunde ab. Du darfst gerne auch schnell wieder gehen, aber du kommst erst einmal mit.‹ Da hatte ich nicht viel Zeit zu grübeln, ich hab überlegt: ›Was kostet dich mehr Kraft, dich zu verweigern oder mitzugehen?‹ Ich hab mich einigermaßen zurechtgemacht und bin mitgegangen. Später bin ich erstaunlich lange dortgeblieben.«

Für Vera war es ein schwieriger und sehr großer Schritt, sich wieder unter Leute zu wagen. Das beharrliche Insistieren der Freundin hat ihr geholfen und einen »kleinen Urlaub von diesem schrecklichen Zustand« bescherte es.« Vera erlebt zum ersten Mal in ihrem Leben, wie angenehm es ist, dass sie auf dem Geburtstag der Freundin »ein Gast unter vielen« war und sich nicht alles um sie drehte. »Ich hab mal nicht auf dem Tisch getanzt, sondern war ein ganz normaler Gast, und alle waren mir zugewandt. Das war neu für mich, hat mir gefallen und mich entlastet.«

Für Vera war es wohltuend und heilsam, dass die Freundinnen an ihr »drangeblieben sind«. Sie wissen um ihren Zustand, machen ihr Angebote, um wieder in den Alltag zu kommen, und respektieren auch, wenn es mal nicht geht. Sie hatten Geduld mit ihr und gaben ihr das Gefühl, wahrgenommen, wertgeschätzt und beschützt zu werden. »In den Momenten, in denen ich nicht mehr leben wollte, dachte ich daran, dass es Menschen auf dieser Welt gibt, die mich behalten wollen.«

In der Depression stellen Menschen allmählich alles in den Dienst der allerhöchsten Ansprüche und behindern sich so unbewusst darin, sich zu entwickeln. Nach und nach ziehen sie sich immer mehr zurück. Im Extremfall treten sie weder in Beziehung zu anderen Personen, nicht einmal zu den ihnen nahestehenden, noch zu der Wirklichkeit, dem Alltag. Sie ziehen sich so weit zurück, dass sie selbstbezüglich im eigenen Saft schmoren, ohne Hoffnung darauf, aus diesem Zustand jemals wieder herauszukommen. Alles wird unter die Knechtschaft des Ideals gestellt. Wie im Falle der Müllerstochter wird Königliches angestrebt um den Preis der inneren Gefangenschaft in der dunklen Kammer.

Übertragen auf die Depression heißt dies: Gucken Sie genau hin in die dunkle Kammer: Wie eng ist es geworden und wie hoch ist der Preis, den Sie für das Erreichen der überhöhten Ideale zahlen?

Es lohnt sich, genau hinzuschauen und sich zu fragen: Was wird eigentlich angestrebt, was soll erreicht werden? Welche – vielleicht auch nicht ganz so offensichtlichen – Ideale verfolge ich? Wie realistisch ist die Erreichung dieser Idealvorstellungen meines Lebens? Sind diese Forderungen an mich selbst gegebenenfalls auch so unrealistisch wie der Anspruch, Stroh zu Gold zu spinnen? Für was bin ich bereit gewesen, einen immer höheren Preis zu zahlen und in der dunklen Kammer zu verschwinden?

In der Depression wird das ganze Leben verengt auf das Erreichen dieses Ideals. Es engt die Welt unglaublich ein, wenn man mit dem Anspruch durch die Welt geht, stets der Beste, Schönste, Humorvollste, Sportlichste zu sein, wenn Zwischentöne nicht mehr zu existieren scheinen und wertlos werden.

Denn in der Depression steht alles im Dienste der All-Macht statt im Dienste des All-Tags. Mit aller Macht drängen die allerhöchsten Ansprüche auf Erfüllung. Diesem Ziel wird alles untergeordnet. Heilung beginnt nun mit der Auseinandersetzung und dem – im Märchen geschilderten – Kundschaften. Heraus aus der Kammer bedeutet: heraus aus der Verengung und weg vom Festhalten an den überhöhten Ansprüchen und den Symptomen. Wenn die Energie von der ausschließlichen Symptombehandlung wieder auf die Wirklichkeit ausgeweitet wird, eröffnen sich Wege aus der Depression. Das Kundschaften bedeutet einen Perspektivwechsel, durch den die Kennzeichen der Depression ein anderes Vorzeichen erhalten.

Schritt für Schritt wird nun durch den Perspektivwechsel eine Heilung eingeleitet: Das Kundschaften ist der entscheidende Dreh, wieder in Entwicklung zu kommen. Es wertet alle Merkmale um, die in die Depression geführt haben.

Daher entsprechen den sechs Phasen, die in die Depression hineinführen und die im vorangegangenen Kapitel erläutert wurden, auch sechs Wege aus ihr heraus. Diese werden wir nun im Einzelnen betrachten.

Allerhöchste Ansprüche?
Die Entthronung der Ideale!

Ideale sind uns Motor und Antrieb. Sie geben uns Orientierung und bestärken uns darin, mutige Schritte zu wagen. Sie sind sehr mächtig, und oft fällt es Menschen schwer, sich von ihnen zu verabschieden, selbst wenn sie überfordern und vielleicht sogar nicht mehr zur Lebensgestaltung passen.

Die Auseinandersetzung mit den eigenen Idealen ist jedoch die Voraussetzung für eine Genesung. Dazu muss man sich ihrer überhaupt erst einmal bewusst sein. Folgende Fragen können hier hilfreich sein: Was sind meine Ideale? Wo und wie zeigen sie sich? Was bedeuten diese Ideale für mich persönlich? Was sind die perfekten Bilder, an denen ich festhalte? Was will ich partout nicht loslassen? Welche Automatismen haben sich eingestellt? Was hat sich in meiner Lebenssituation aber so verändert, dass es unbeweglicher und enger geworden ist und es eigentlich an der Zeit wäre umzudenken? Wo geht Lebendigkeit verloren? Wovor scheue ich aber noch zurück und wie äußert sich das konkret? Welches Versprechen ist mit dieser Neuorientierung verbunden, aber auch welches Leid?

Um zu genesen, müssen alte Muster überdacht und womöglich auch losgelassen werden.

Bettina wusste, dass sie als berufstätige Mutter nicht immer alles perfekt machen konnte. Sie ging ihrem Job nach und auch die Kinder waren gut versorgt. In ihrer Depression haderte sie jedoch permanent mit sich: Nichts war gut genug, sie hatte das Gefühl, dass es nie reichte. Bettina fühlte sich ausgelaugt und wusste an manchen Tagen nicht weiter. Vom Kopf her realisierte sie zwar, dass niemand perfekt sein kann, doch in der Auseinandersetzung mit ihren Wünschen und den konkreten Gegebenheiten ihres Alltags wurde ihr bewusst, dass sie jenes Ideal einer Mutter zu erfüllen versuchte, das sie bei ihrer eigenen Mutter erlebt hatte. Diese war jedoch nicht berufstätig gewesen und hatte sich voll und ganz dem Haushalt und der Kindererziehung widmen können. Das war Bettina nicht möglich, der Tag hatte schließlich nur 24 Stunden, und sechs davon war sie bereits durch ihre Arbeit gebunden. Sie versuchte also Unmögliches, wollte nicht nur eine gute, sondern die beste Mutter sein, wollte sich kümmern wie eine Vollzeit-Mami. Sie sehnte sich nach Anerkennung – nicht nur seltens ihrer Kinder und ihres Mannes, sondern alle sollten mit Bewunderung auf sie schauen, sollten sehen, dass sie das alles schaffte: die Nachbarn, die Lehrer der Kinder, die eigene Mutter und die Freundinnen. Bettina merkte manchmal selbst, dass die Episoden, die sie einer Freundin erzählte, sich wiederholten und triumphalen Heldengeschichten glichen. Gelegentlich verspürte sie ein Unbehagen, wenn sie wieder einmal ausschweifend von einer Begebenheit erzählte, die illustrierte, wie kunstvoll sie ihren voll getakteten Alltag meisterte. Sie fühlte sich bestätigt, wenn die Freundin – selbst ebenfalls Mutter, aber nicht berufstätig – dann staunend äußerte: »Wie du das alles schaffst!« Zugleich machte sich in Bettina ein mulmiges Gefühl breit, weil sie schließlich doch spürte, welch großen Aufwand sie betrieb, um dieses glanzvolle Bild nach außen zu tragen. Auch beruflich ging sie in Konkurrenz zu den Kollegen, die in Vollzeit arbeiteten. Sie wollte in allen Bereichen bewundert werden und litt zugleich unter diesen überhöhten Ansprüchen. Durch therapeutische Hilfe gelang es Bettina dann jedoch, ihr Leben aus einem anderen Blickwinkel zu betrachten, und sie schaffte sich vermehrt Möglichkeiten, auch einmal innezuhalten. Sie galoppierte nun nicht mehr wie ein Rennpferd durch den Alltag, sondern gewöhnte sich ein langsameres Tempo an. Es wurde ihr bewusst, wie sehr sie in allen Bereichen hatte brillieren und dafür Applaus ernten wollen. Die überhöhten Ansprüche, die sie immer weiter in die Enge getrieben hatten, waren schier unerfüllbar gewesen. Nun probierte sie im Kleinen aus, Dinge auch mal anders zu machen, etwa, manchmal einfach Essen zu bestellen, anstatt immer frisch zu kochen. Dann erzählte Bettina der Freundin eines Abends erst zaghaft, dann immer ehrlicher, wie sehr sie sich eigentlich unter Druck gesetzt fühlte, und war erstaunt darüber, wie innig dieser Abend mit der Freundin sich gestaltete. Bettina meldete sich auch nicht mehr immer als Erste in der Schule, um Aufgaben der Eltern zu übernehmen. Sie erntete mitunter weniger bewundernde Blicke, ihr Leben wurde aber um einige menschliche Begegnungen reicher. Nach wie vor liebt Bettina es, Freunde zu sich einzuladen und zu beköstigen, doch kocht sie das eine Mal von allen hochgelobte Speisen, und ein anderes Mal stellt sie einfach nur etwas Käse hin. Auf der Arbeit versucht sie, weniger in Konkurrenz zu den Vollzeitkräften zu gehen, und schaltet zu Hause manchmal das Diensthandy aus. Sie probiert sich aus darin, nicht immer alles perfekt zu machen.

Um überhaupt die Muße zu haben, sich intensiv mit diesen Fragestellungen zu beschäftigen, sollte man prophylaktisch »Dehnungsfugen« in den Alltag einbauen. Ausgedehnte Pausen, unverplante Tage, Momente des Müßiggangs können den nötigen Raum und die Zeit geben, sich mit seinen Idealen und damit auch seinen Wünschen, Ängsten und Sehnsüchten auseinanderzusetzen. Um genesen zu können, braucht man auch den Mut, sich die Seiten seiner selbst einzugestehen, die nach Königlichem streben: dass man manchmal unersättlich ist, mehr haben möchte, als man derzeit hat, dass man die Größte oder der Beste sein will. Und man muss sich den Preis für das Erreichen dieses Idealbilds vergegenwärtigen.

Die Gefahr in der Depression liegt oft darin, dass man sich nur als eine Person sieht, der immer wieder Unrecht widerfährt. Wenn es jedoch gelingt, sich auch jene Seiten von sich bewusst zu machen, die mitunter schwieriger zu akzeptieren sind, kann eine Besserung in Gang gesetzt werden. Stellen Sie sich folgende Fragen: Von was möchte ich partout nicht lassen? Was möchte ich um jeden Preis durchsetzen? Sind die Bilder und Ideale, die mich antreiben, noch adäquat? Können sie mir überhaupt noch eine Orientierung bieten? Eine ehrliche, offene Auseinandersetzung mit sich selbst fungiert also als eine Art Standortbestimmung, als Lageplan, von dem aus man den Weg hinaus aus der Depression antritt. Entlarven Sie die Ideale, die nicht mehr in Ihr Leben passen und Sie in die Enge treiben. Stürzen Sie sie von ihrem Thron.

Gekränkte Allmachtsfantasien? Wertschätzung kleiner Erfolge!

Wir alle kennen das: Nicht immer lassen sich all unsere Vorsätze und Ideale erfüllen. Nicht immer haben wir alles im Leben in der Hand. Nicht immer glückt uns jedes Unterfangen. Vielleicht gelingt uns vieles im Leben, aber das ein oder andere Mal misslingt auch etwas und wir können nicht die glanzvollen Leistungen abliefern, wie wir es erhofft hatten. Manchmal ereilen uns auch Schicksalsschläge, die uns zwingen, uns nicht nur von geliebten Menschen zu verabschieden, sondern auch von Idealbildern, die unser Leben bestimmt haben. Wenn das Leben anders verläuft, als wir es uns wünschen, dann sind wir traurig, mitunter auch verzweifelt, vielleicht wütend oder schämen uns gar. Das ist noch keine Depression.

Erst dann, wenn wir die Begrenzung der Machbarkeit als eine tief greifende persönliche Kränkung und uns selbst dadurch auf ganzer Linie als gescheitert erleben, hat dies depressive Züge. Wenn Menschen in der Depression spüren, dass das Idealbild nicht zu erreichen oder zu halten ist, führt es oft dazu, dass sie gar nichts mehr machen. Wenn das große Ganze nicht zu haben ist, dann wollen sie auch nichts anderes. Depressive Menschen verlieren im Alles-oder-nichts-Prinzip den liebevollen Blick für die kleinen Dinge, die sie schaffen. Noch schlimmer, sie verlieren den liebevollen Blick auf sich selbst. Sie ziehen sich zurück, haben das Gefühl, komplett versagt zu haben, und geraten in die eigene Abwertungsspirale. Der permanente Fokus auf das große Ganze verhindert dann eine Wertschätzung der Dinge, die mitunter nicht perfekt sind, aber ganz gut laufen. Um diesem Dilemma zu entkommen, muss also ein Blickwechsel erfolgen. Es gilt, den Blick auf die Realität zu richten und zu sehen, dass zwar nicht *alles,* aber *einiges* möglich ist und vorangetrieben werden kann. Eine Wertschätzung auch der kleinen Erfolge führt dann wieder zu einer Wertschätzung der eigenen Person und ist der erste Schritt heraus aus der Abwertungsspirale.

Das schließt auch ein, dass man sich traut zu äußern, dass etwas zu schwierig oder momentan nicht machbar ist, aber vielleicht später. Oder dass man für eine Aufgabe Unterstützung benötigt. Und dies sollte auch offen kommuniziert werden und nicht wie im Märchen nur im Geheimen geschehen, wo das Rumpelstilzchen nach außen hin gar nicht in Erscheinung tritt. Hilfe zur Selbsthilfe bedeutet dann, auf sich achtzugeben, aber nicht nur bei den Symptomen anzusetzen, sondern einen anderen und angemesseneren Umgang mit den erfahrenen Einschränkungen im Alltag zu entwickeln. Diese akzeptieren zu lernen, heißt nicht, sich ihnen schnell und bedingungslos zu fügen und sie lediglich abzunicken. Es handelt sich dabei vielmehr um einen Prozess, der manchmal auch langwierig, mühevoll, mitunter auch schmerzvoll sein kann. Ein Beispiel: Wenn sich Ehepartner trennen, ist damit immer auch die Verabschiedung und das Betrauern eines Ideals verbunden. In diesem Fall des Ideals der ewigen Liebe und Zuneigung füreinander, die Vorstellung von einem gemeinsam zu beschreitenden Lebensweg und oft auch von der Gründung einer Familie. Festzuhalten an diesem Ideal, verhindert neue Entwicklungen und das Finden eines neuen Vorbildes, das richtungsweisend für das Leben und auch den Alltag nach der Trennung sein kann. Betroffene brauchen eine Unterstützung dabei, einen offeneren und offensiveren Umgang mit Verlusten, traurigen Ereignissen oder Ärgernissen zu finden: dabei, sich aktiv zu wehren, wenn ihnen Ungerechtigkeiten widerfahren, und nicht nur den inneren Rückzug anzutreten. Verluste oder Niederlagen nicht einfach hinzunehmen, sondern zu betrauern. Wenn Sie selbst unter einer Depression leiden, können Sie lernen, Einschränkungen nicht nur als umfassende Kränkung zu sehen, sondern als Anstoß, die vielen Nuancen, die es zwischen glanzvollem Erfolg und bodenlosem Absturz gibt, wahrzunehmen und neue, realistischere Ziele und Bilder anzuvisieren, in die es sich zu investieren lohnt. Es ist der Weg der kleinen Schritte.

Sabine brach an Heiligabend vor einem Jahr zusammen. Sie konnte nicht mehr. Alles kulminierte zu diesem Termin: Das Essen war fertig vorbereitet und die Geschenke für alle vier Kinder, ihren Mann und ihre Familie waren bereits verpackt. Bald sollten – wie jedes Jahr – die Eltern ihres Mannes und ihre Schwester samt Familie vorbeikommen, um gemeinsam mit ihnen in die Christmette zu gehen. Alles schien perfekt, nun ging aber nichts mehr: Sabine wollte auch nicht mehr, obwohl sie es eigentlich liebte, die Gastgeberin zu sein. So sagten sie das Fest im eigenen Haus kurzfristig ab. Sabine schämte sich dafür. Das ist über ein Jahr her. Dieses Jahr ist es anders. Gemeinsam mit ihrem Mann hat sie mit ihren Kindern besprochen, dass es weniger Geschenke geben wird. Mit den Verwandten wurde vereinbart, dass man sich mit der Einladung abwechseln, dass also jedes Jahr jemand anderes das Fest ausrichten wird. Dieses Jahr feiert Sabine jedoch allein mit ihrem Mann und ihren Kindern. Sie werden kein Weihnachtsessen im klassischen Sinne vorbereiten, sondern zusammen alles vorbereiten und sich die Weihnachtsgans dieses Jahr liefern lassen. Sabine probiert ein neues Rezept für den Nachtisch aus, während ihr Mann mit den Kindern für die Vorspeise zuständig ist. Nach dem Essen spielen sie noch Karten und lassen den Abend gemütlich ausklingen. Im Vorfeld fehlte Sabine noch der Weihnachtstrubel der letzten Jahre, aber je näher der Heilige Abend rückte, desto mehr konnte sie es genießen, nicht für das Gelingen des Fests verantwortlich zu sein. Sie war froh darüber, aus der »Alles-ist-machbar-Mühle« herausgetreten zu sein. Wer weiß, wie sie es nächstes Jahr machen wird …

Fragen, wie im vorangegangenen Unterkapitel zur eigenen Standortbestimmung, helfen dabei, eine Wertschätzung auch bei kleinen Erfolgen zu etablieren und Fehler nicht als Versagen auf der ganzen Linie zu interpretieren, sondern sie angemessen zu beurteilen und situativ zu bewerten.

So lernt man wieder, einen Lebensgewinn im Kleinen zu sehen und nicht nur den großen unerreichbaren Zielen hinterherzujagen. Diese müssen jedoch nicht zwingend aus dem Leben verbannt werden – indem realistisch gesehen wird, was möglich ist, können auch wieder Zwischenschritte und kleine Erfolge als Etappenziele wertgeschätzt werden.

Durch den veränderten Blick auf das, was realistisch betrachtet machbar ist und insbesondere auch auf die Größe, die oft im Kleinen liegt, kann ein seelischer Umbau in Gang gesetzt werden. Schauen Sie auf das, was Sie geschafft haben. Vielleicht machen Sie sich auch mal statt einer To-do-Liste eine Liste der Dinge, die Sie bereits erledigt haben, also eine ›Geschafft-Liste‹. Wertschätzen Sie auch Ihre kleinen Erfolge!

Gnadenlose Stilllegung? Den Mantel des Schweigens ablegen!

Nicht nur für die Betroffenen ist es schmerzlich, dass sie sich von anderen abwenden, sondern auch ihre Angehörigen erleben es oft als belastend, dass depressive Personen sich zurückziehen und ständig um sich selbst kreisen. Hilfreich ist es für alle Beteiligten, wenn sich nahestehende Personen mit den Betroffenen mitbewegen und empathisch ihren Drehungen folgen, ihnen zugleich aber auch behutsam helfen, den Blick für anderes zu öffnen. Das erfordert auch bei den Betroffenen den Mut, den Mantel des Schweigens abzulegen und andere an ihrem wahren Befinden teilhaben zu lassen.

Indem wir über unsere Gefühle sprechen und sie beschreiben, gewähren wir anderen Einblick in unser Seelenleben. Wir legen dadurch zwar unseren Schutzpanzer ab, gelangen so aber wieder in einen fruchtbaren Austausch. So erfahren wir Relativierungen unseres Erlebens und Handelns und verschließen uns nicht mehr vor der restlichen Welt. Dadurch, dass man sich traut, Depression nicht nur zu benennen, sondern auch andere daran teilhaben zu lassen, wie sich das wirklich anfühlt, kann man Empathie erfahren. Dann machen wir die Tür auf zwischen uns und der ausgesperrten Welt und ermöglichen wieder Begegnungen, die heilsam sein können.

Vera, deren Geschichte wir schon betrachtet haben, hat erlebt, dass ihr nicht die Freundschaft aufgekündigt wird, wenn sie über ihre Gefühle spricht. Sie hat erfahren, dass sie wichtig bleibt für die sie umgebenden Menschen und dass sie Unterstützung erfährt, um aus ihrer dunklen Kammer herauszukommen. Sie macht eine neue Erfahrung, sie kann auf Feste gehen, ohne »auf den Tischen zu tanzen«. Denn Vera hat einen Perspektivwechsel vorgenommen: Sie hat erkannt, dass sie auch wahrgenommen wird, wenn sie nicht permanent auf sich aufmerksam macht. Das ist für sie eine neue wie auch heilsame Erfahrung. Ohne eigene glanzvolle Performance hat sie eine Geburtstagsfeier, zu der sie eingeladen war, nicht nur überstanden, sondern auch als angenehm erleben können. Sie hat gespürt, dass Menschen ihr wohlgesonnen sind, auch wenn sie nicht fortwährend der schrille und verrückte Partygast ist. Es war für sie wohltuend, gesehen zu werden und zugleich eine von vielen sein zu dürfen.

Über sein Befinden zu sprechen, ist der erste Schritt auf dem Weg dazu, wieder tätig zu werden und aus der Stilllegung herauszukommen. Schnelle Erfolge sind angesichts der seelischen Stilllegung hier allerdings nicht zu erwarten. Der Anspruch auf Schnelligkeit belastet eher die Genesung und produziert häufig neue Einschränkungserlebnisse. Es ist wichtig, sich selbst die nötige Zeit zuzubilligen, um ganz allmählich – Schritt für Schritt – wieder ins Leben zurückzukehren. Gewähren Sie den Ihnen Nahestehenden Einblick in Ihr Seelenleben, lassen Sie wieder zu, berührt zu werden – von anderen Menschen und vom Leben. Legen Sie den Mantel des Schweigens ab!

Große Gleichgültigkeit? Prioritäten- und Sinnfindung im Alltag!

In der Depression führt das Alles-oder-nichts-Prinzip dazu, dass der Alltag, das ganze Leben, einem gleichgültig wird. Menschen in der Depression denken: »Wenn nicht alles zu schaffen ist, dann kann ich es auch ganz sein lassen.« Sie verlieren oft den wertschätzenden Blick für die Dinge, die sie sehr wohl schaffen. Wie wir schon beim zweiten Abschnitt dieses Kapitels gesehen haben, ist es für den Weg aus der Depression fundamental, Abstand zu nehmen von dem selbstzerstörerischen Alles-oder-nichts-Prinzip. Man muss sich wieder trauen, Prioritäten zu setzen und dabei zu sehen: »Ich schaffe zwar nicht alles, aber ich schaffe etwas. Und das ist mehr als nichts.« Es geht wie gesagt darum zu lernen, Dinge, Menschen und sich selbst wertzuschätzen, zu spüren, dass es eben nicht egal ist, was ich alles auf- und weggebe. Die nahestehenden Menschen müssen wieder an Wichtigkeit gewinnen, ebenso die Tätigkeiten, die man früher gerne gemacht hat. Es geht darum, aus der Gleichgültigkeit, der Egalisierung sämtlicher Aktivitäten und Werte herauszukommen. Es muss wieder eine Option werden, statt *alles* zu wollen und *nichts* zu machen, einfach *etwas* zu machen. Und dieses *etwas* tun bedeutet, Menschen, Dingen und Tätigkeiten wieder einen Sinn zu geben. Indem wir einen ersten Schritt machen, aktiv werden, geben wir Dingen und Menschen wieder einen Sinn und schätzen sie wert.

Im Alltag geht es darum, Entscheidungen darüber zu treffen, was Wichtigkeit hat und was nicht, was als Erstes angegangen werden sollte und was liegen bleiben kann. Dies beinhaltet allerdings nicht nur ein Abgeben, Delegieren von Alltagsverrichtungen. Man sollte sich vielmehr grundsätzlich fragen: Was ist mir wichtig? Und was davon ist mir so wichtig, dass ich es an die erste Stelle setze?

> Erst in der Therapie habe ich gelernt, anders zu gewichten: Ich bin keine Mutti nur für zu Hause, das wird mir schnell zu langweilig. Aber ich kann auch nicht im Job powern und dann noch alle sozialen Kontakte pflegen wie ohne Kind. Das habe ich mir bewusst gemacht und auch den Freundeskreis reduziert. Ich habe lieber weniger Treffen, aber dafür intensivere.«

Durch das Priorisieren spürt man wieder, dass einem etwas am Herzen liegt. Etwas abzugeben, bedeutet neben einer wohltuenden Erleichterung auch das bisweilen schmerzliche Aufgeben des Anspruchs, alles allein zu schaffen oder alles zugleich anzugehen. Der Abschied von diesem Gefühl der Allmacht schmerzt zwar, führt aber letzten Endes dazu, aus der Enge der Überforderung herauszukommen. Häufig ist es für die Betroffenen leichter, dies umzusetzen, wenn Schicksalsschläge sie wachgerüttelt haben und ihnen gewissermaßen die Erlaubnis geben, einen Gang zurückzuschalten.

Sophie musste lernen, Verantwortung abzugeben, als sie nach ihren fünf Fehlgeburten erneut schwanger war. Sie spürte dadurch, dass sie nicht weniger wert war, wenn sie nicht alles schaffte, und erlebte sich auch als viel ausgeglichener. »Ohne die vorherigen Fehlgeburten hätte ich das nicht geschafft, die haben mir gezeigt, um was es wirklich geht.«

Susanne hätte nach dem Tod ihres Mannes ihre ganze Kraft hineinlegen können, alle Rituale genau so perfekt weiterzuführen, wie ihr Mann sie gelebt hatte. Daran wäre sie aber gescheitert. Nichts wäre genauso schön gewesen. Sie hat es aber geschafft, wenn auch mit vielen Tränen, sich davon zu lösen und mit ihren Kindern zusammen neue Rituale zu entwickeln, so wie sie nun in ihr Leben hineinpassen. Das ist nicht immer leicht und kostet sie häufig viel Kraft. Einige Tage vor den Feierlichkeiten, den Geburtstagen ihrer Kinder, Weihnachten, dem Tag der Zeugnisse etc., holt die Traurigkeit sie vehement ein, und sie vermisst die perfekten Inszenierungen ihres Mannes. Dennoch hat sie nach und nach einen veränderten Blick auf die Zeit mit ihrem Mann gewinnen können. In einem liebevollen Rückblick auf die gemeinsamen Jahre hat sie auch gesehen, »dass Rainer es manchmal auch ganz schön übertrieben hat«. Susanne ist nicht in der Idealisierung stecken geblieben, sondern hat neue Wege für sich gefunden und ist tätig geworden. Sie hat sich nicht komplett von ihrem Ideal verabschiedet, hat es aber an die neuen Bedingungen angepasst und für sich verändert.

Ich möchte Ihnen Mut machen, es auch ohne solche Schicksalsschläge zu wagen, zu priorisieren und sich für eine Sache zu entscheiden. Es lohnt sich, *etwas* zu tun, statt davor zu kapitulieren, nicht *alles* zu schaffen. Das selbstzerstörerische Alles-oder-nichts-Prinzip kann nur aufgelöst werden, wenn ein Reflexionsprozess darüber einsetzt, was wirklich wichtig ist und von welchen Ansprüchen oder Aufgaben man sich kurz- und langfristig verabschieden kann und will. Dies ist jedoch nicht in Stein gemeißelt, sondern ein beweglicher Prozess, der verändert und auch revidiert werden kann. Durch das Setzen von Prioritäten enthebt man die Personen, die Dinge und Tätigkeiten des Alltags der in der Depression erlebten Gleichgültigkeit und gibt ihnen wieder Wert und Sinn. Darüber kann sich wieder eine Liebe zu anderem – jenseits der Depression – und auch zu sich selbst entwickeln.

Lassen Sie es zu, dass Dinge, Tätigkeiten, Menschen und nicht zuletzt Sie selbst wieder eine Wichtigkeit bekommen und Ihnen nicht gleichgültig sind.

Inneres Heißlaufen?
Der Weg zurück ins aktive Leben!

Wieder Lust und Drang zu verspüren, tätig zu werden, bedeutet einen wichtigen Schritt auf dem Weg aus der lähmenden Stilllegung. Das beginnt bei ganz kleinen Dingen, schon beim Aufstehen. Einfach machen – loslegen! Es ist wichtig, zu Anfang erst einmal kleine Schritte zu wagen und eine realistische Perspektive für sich zu entwickeln, die auch nach Abklingen der Symptome weiterverfolgt wird. Dabei sind schon diese kleinen richtungsweisenden Schritte heraus aus der Verengung Übergänge in etwas anderes und damit heilsam: Das kann, um bei unseren im Buch genannten Beispielen zu bleiben, die Espressokanne auf dem Herd sein, die mich aus dem Bett holt, weil sie zu explodieren droht, oder der Besuch der Geburtstagsfeier, bei der ich mal nicht auf dem Tisch tanze. Das ist aber auch das unfassbar mühevolle Anziehen meines zweiten Strumpfes oder auch der Gang zur Toilette.

Es ist mir ein Anliegen, mit diesem Buch Verständnis dafür zu generieren, wie unglaublich schwierig die einfachsten Alltagsverrichtungen in der Depression werden können, und darauf hinzuweisen, dass diese aber zugleich die effektivste Möglichkeit darstellen, wieder aus der Erkrankung herauszukommen.

Vera, die wir bereits kennengelernt haben, hat durch den Besuch auf dem Geburtstag erfahren, dass es nicht immer der große Auftritt sein muss. Sie hat sich wohlgefühlt, einfach inmitten der anderen Gäste zu sein, ohne die Aufmerksamkeit auf sich zu ziehen. Dies soll keine Laudatio für Bescheidenheit und gegen die großen Auftritte sein. Auf dem Tisch zu tanzen, kann ganz wunderbar sein. Schwierig wird es nur dann, wenn es den Menschen unter Druck setzt, wenn sich ein Zwang dahingehend entwickelt, dass es immer die große Selbstinszenierung sein muss, es nicht anders denkbar und lebbar ist. Dies sind erste Schritte raus aus dem enervierenden Kreisen um sich selbst.

Martin befindet sich seit zwei Monaten in einem seelischen Tief. Nichts macht ihm mehr Freude, er hat keinen Spaß mehr an den Dingen, die ihm früher noch wichtig waren. Seine Frau möchte gerne wieder mit ihm tanzen gehen. Monate zuvor haben sie einen Tanzkurs besucht, an dem sie große Freude hatten. Zum Schluss hatte Martin allerdings das Gefühl, sich wie der letzte Trottel anzustellen und zu blamieren. Im Moment ist für ihn an Tanzen nicht mehr zu denken. Seine Frau hat das Thema nun aber wieder auf den Tisch gebracht, sie würde gerne mehr Zweisamkeit mit ihm leben und einem gemeinsamen Hobby nachgehen. So konfrontiert sie Martin mit ihrem Wunsch und schlägt ihm Folgendes vor: »Wir machen einfach die Stufe unseres letzten Kurses noch einmal und wiederholen das Gelernte. Heute beginnt ein neuer Kurs; ich möchte, dass wir hingehen. Erst einmal nur heute. Wenn es uns nicht gefällt, war es das, und wenn es schön ist, machen wir weiter.«

Martin muss hart gegen seinen Widerwillen ankämpfen, erinnert sich aber auch an schöne Tanzabende und lässt sich auf den Vorschlag seiner Frau ein. Er tanzt mit ihr, und die Tanzschritte sind nicht so weit in Vergessenheit geraten, wie er befürchtet hatte. Während er auf dem Parkett zu kreisen beginnt, hören seine negativen Gedanken auf zu kreisen. Es macht ihm Spaß. Seine Frau und er genießen die gemeinsame unbeschwerte Zeit auf der Tanzfläche. Und Martin freut sich auf den nächsten Tanztermin.

Martins Schritte auf dem Parkett sind mehr als Tanzschritte, sie sind wichtige Entwicklungsschritte in seinem Leben. Er entwickelt wieder eine Liebe zu sich selbst, die anders ist als das selbstbezügliche Kreisen um das eigene Befinden. Darin kommt es nämlich zu keiner Entwicklung, es geht keinen Schritt weiter. Durch einen beherzten ersten mutigen Schritt heraus aus dem Rückzug kann jedoch wieder eine Liebe zu anderen, zum Alltag, dem alltäglichen Tun und letzten Endes eben auch zu sich selbst entwickelt werden. Menschen in der Depression müssen aufs Neue lernen, dass jeder Weg mit einem ersten Schritt beginnt.

Rituale vermögen dabei zu helfen, aus dem engen Kreis herauszukommen. Sie können in zwei Richtungen entwickelt werden:

- Nach innen: Was tut mir gut? Was bringt Ruhe und Erholung in das Überdrehte?
- Nach außen: Was hilft gegen die Abschottung und das Kreisen um mich selbst?

Es gilt, Rituale zu finden und zu etablieren, die den Austausch zwischen mir und anderen Menschen sowie dem Alltag fördern, Rituale, die das Hinausgehen in den Alltag, zurück in die Welt, erleichtern. Das können erst einmal auch ganz kleine Dinge sein, wie die gemeinsame Tasse Kaffee auf dem Balkon, ein kleiner Spaziergang mit dem Hund oder der Einkauf von leckeren Dingen, auf die man Appetit hat.

Lassen Sie wieder Alltägliches in Ihr Leben und machen Sie einen ersten Schritt ins aktive Leben.

Resignierter Tunnelblick? Hinwendung und Öffnung zur Welt!

Die resignativ-verbitterte Symptombehandlung in der Depression verengt den Blick, sodass nur noch das gesehen wird, was nicht machbar ist. Alles dreht sich ausschließlich um die Erfahrungen, gescheitert zu sein, und um eine Behandlung der Symptome. Im Zuge des (Selbst-)Behandlungsprozesses wird es wichtig, den Blick jenseits der Symptome schweifen zu lassen, also auf Erkundung auszugehen. Durch das Kundschaften erfährt die depressive Verengung wieder eine Öffnung zur Welt. Dadurch gerät allmählich wieder anderes in den Blick. Indem man erneut Verantwortung für sein Tun übernimmt und nicht ausschließlich andere Umstände, Menschen oder seine Symptome für die eigene Situation verantwortlich macht, ändert sich der Blick auf sich selbst und die Welt. Folgende Fragen können dabei helfen: Was bietet der Alltag jenseits der Symptombehandlung? Was kann ich trotz oder gerade durch meine Symptome (noch) machen? Was möchte ich auf den Weg bringen? Was will ich entwickeln? Wie könnte ich es gegebenenfalls auf einem anderen Weg erreichen? Von was muss ich mich verabschieden? Was wäre der erste kleine Schritt?

Dies lenkt die Energie wieder nach außen und weg aus dem Schmoren im eigenen Saft. Aber auch dies ist wiederum ein Prozess. Menschen in der Depression sollten schrittweise ganz gezielt wieder Verantwortung übernehmen. Wenn Sie sich selbst gefühlt in einer solchen Enge befinden, trauen Sie sich, wieder konkrete Aufgaben und Dienste zu übernehmen. Aber auch hier gilt: eher die kleinen Schritte als die großen Sprünge.

Nicole singt gerne. Als Kind hat sie mit großer Freude in einem Chor gesungen. Drei Jahre nachdem sich ihr Mann von ihr getrennt hat, lässt sie sich von ihrer Schwester überreden, mit ihr gemeinsam zu einer Probe ihres Chors zu gehen. Während des Singens spürt Nicole, wie schön es ist, wenn sie aufhört zu denken, sich nicht alles um ihre gescheiterte Ehe dreht und das Singen die Führung übernimmt. Zuerst fällt es ihr sehr schwer, zu den Proben zu fahren, aber es gelingt ihr zunehmend leichter. Jedes Mal, wenn sie singt und sich in der Gemeinschaft aufgehoben fühlt, ist sie froh, sich überwunden und aufgerafft zu haben. Im Chor spürt sie eine Verantwortung anderen gegenüber, die nichts mit dem glanzvollen Bild der intakten Familie zu tun hat, das sie unbedingt hatte aufrechterhalten wollen. Nicole trägt eine Verantwortung für andere, denn ohne sie fehlt eine wichtige Stimme. Sie möchte die übrigen Chormitglieder nicht im Stich lassen, geht nun regelmäßig zu den Proben und merkt nebenbei, dass sie auch wieder Verantwortung für sich selbst übernommen hat.

Manfred liebt seinen Garten. Er hatte den schönsten und kultiviertesten Garten in der ganzen Nachbarschaft, nahezu perfekt. In der schlimmsten Phase seiner Depression ließ er ihn verwahrlosen. Sein Garten war ihm gleichgültig geworden. Als seine Frau ihn bittet, den Garten wieder etwas zu pflegen, kann er sich nicht dazu motivieren. Seine Frau hat Gurkensamen besorgt, die in die Erde müssen. Sie bittet Manfred noch einmal, dies zu erledigen, weil sie starke Rückenschmerzen hat und sich nur schwer bewegen kann. Manfred rafft sich schweren Herzens auf und sagt sich: »Na ja, die Samen in die Erde bringen, das kann ich ja wohl noch.« Nun möchte er sie säen und bemerkt, wie karg der Boden geworden ist. Er harkt die Erde auf und gibt Dünger hinein. Nachdem er die Samen in den Boden eingebracht hat, gießt er die Erde und geht wieder ins Haus. An den nächsten Tagen wundert er sich, dass es ihn immer wieder aus seinem Sessel hervorlockt und er in den Garten geht, um zu schauen, ob die Samen angegangen sind und die Gurkenpflänzchen wachsen. Er wässert sie und erfreut sich an ihrem Gedeihen. Manche von ihnen – die unter der großen Eiche – sind eingegangen, doch andere haben eine beträchtliche Größe erreicht.

Über diese scheinbar banale Gartenarbeit erlebt Manfred etwas ganz Grundlegendes: Er merkt, dass man auf den richtigen Zeitpunkt warten muss (hier das Frühjahr), man nichts überstürzen darf, aber auch nicht zu lange zögern sollte und dann auch handeln muss. Er spürt, wie etwas, dem er seine Zuwendung und Fürsorge gibt, wächst und sich entwickelt. Er erfährt sich als selbstwirksam. Manfred erlebt zugleich auch Begrenzungen: An manchen Stellen wachsen die Gurken und an anderen nicht. Dagegen, dass die große Eiche den Gurken sowohl Sonne als auch Wasser nimmt, kann er nichts ausrichten. Dagegen ist er machtlos, aber es macht ihn nicht ohnmächtig: Er kann die Gurken nächstes Jahr an eine geeignetere Stelle pflanzen.

Wie die Pflanzen wachsen, so wächst auch die Möglichkeit für Manfred, sich wieder der Welt zuzuwenden und sich anderem als seinem Seelenleid zu öffnen. Indem Menschen wieder hinaus ins Leben gehen, nimmt allerdings auch die Gefahr zu, Fehler zu machen und das Gefühl zu bekommen, zu versagen. Hier brauchen die Betroffenen die (Selbst-)Erlaubnis, auch einmal zu scheitern, sich »schuldig« oder »unbeliebt« zu machen. Der Wille zur Perfektion führt die Menschen nicht in eine positive Entwicklung, sondern treibt sie in die Erschopfung. Auch in unserer heutigen Zeit ist persönliche Entwicklung ohne persönliche Schuld und Begrenzung nicht möglich.

Heilung braucht eine Selbstfürsorge, die anders ist als das selbstbezügliche Drehen um sich selbst, das Schmoren im eigenen Saft, nämlich eine, die sich in der Zuwendung zur Welt vollzieht. Wenn sich Menschen aus ihrer depressiven Zurückgezogenheit dieser wieder öffnen und in den Alltag gehen, geben sie ihren Anspruch von Perfektion auf. Denn wenn wir etwas tun, können wir damit Erfolg haben oder auch einmal scheitern. Indem wir uns von der versprochenen All-Macht abwenden, können wir uns wieder dem All-Tag zuwenden und ihn schätzen lernen. Dadurch wird eine

Umgewichtung der Werte eingeleitet: Wenn es zuvor in der Depression nur zwei Optionen gab – All-Macht oder Ohn-Macht –, öffnet die Hinwendung zum All-Tag wieder den Weg hinein in das Leben mit all seinen Zwischentönen jenseits des Alles-oder-nichts-Prinzips. Wenn dies möglich wird, ist ein entscheidender Schritt aus der Depression geschafft. Dann wird dem anfänglich allmächtigen Drängen des Idealbildes nicht nur die Ohnmacht gegenübergestellt, sondern auch wieder eine Liebe zum Alltag entwickelt. Und im Alltag erleben sich die Menschen zwar nicht *all*mächtig, aber wieder als *wirk*mächtig. Schauen Sie links und rechts der Symptome, was noch möglich und machbar ist, weiten Sie Ihren Blick. Durch diesen veränderten Blick gewinnt jedes Merkmal der Depression eine ganz andere Bedeutung:

Allerhöchste Ansprüche – innere Antreiber und die Faszination der Ideale	→ Die Entthronung der Ideale
Gekränkte Allmachtsfantasien – kompromissloses Alles-oder-nichts-Prinzip	→ Wertschätzung kleiner Erfolge
Gnadenlose Stilllegung – unfreiwilliger Rückzug und von Erholung keine Spur	→ Den Mantel des Schweigens ablegen
Große Gleichgültigkeit – zwischen Vollgas und Leerlauf	→ Prioritäten- und Sinnfindung im Alltag
Inneres Heißlaufen – Schmoren im eigenen Saft	→ Der Weg zurück ins aktive Leben
Resignierter Tunnelblick – verbitterte Sicht auf sich und die Welt	→ Hinwendung und Öffnung zur Welt

Angehörige geben häufig gut gemeinte Ratschläge und möchten den Betroffenen auf diese Weise helfen, aus ihrem Leid der Depression herauszukommen. Diese Ratschläge wirken paradoxerweise zugleich banal und sind für die Betroffenen oft dennoch nur schwer umsetzbar: »Geh doch mal raus eine Runde spazieren«, »Triff dich mal wieder mit Freunden, geh mal wieder unter Menschen.« Solche vermeintlich normalen Tätigkeiten sind für nicht depressive Menschen ein Leichtes, stellen für Betroffene hingegen einen seelischen Kraftakt dar. Wenn wir ernst nehmen, welche Dramen und grundsätzlichen seelischen Entwicklungen sich in unserem Alltag abspielen, ist dies nur zu verständlich. Der Alltag ist das, was Menschen oft das Selbstverständlichste zu sein scheint. Doch genau die alltäglichen Verrichtungen werden in der Depression zumeist als schier unmöglich umzusetzen erlebt. Und zugleich vermag erst die Hinwendung zum Alltag den Weg heraus aus dem schwarzen Loch, eine Heilung, zu initiieren. Von daher sind die Ratschläge vieler Angehöriger weder falsch noch leicht umsetzbar. Sie sind beides, sie weisen den Weg aus der Depression und erfordern zugleich einen seelischen Umbau, eine Umwertung der eng gewordenen Werte.

Eine solche Umwertung gelingt aber nicht über Nacht, weder in der dunklen Kammer noch von Zauberhand, denn wir haben in unserem Leben kein Rumpelstilzchen zur Verfügung, das uns die Mühen abnähme. Es bedarf unserer eigenen beschwerlichen Arbeit und Ausdauer. Man braucht Geduld, denn der Weg aus der Depression ist nicht geradlinig, sondern oft steinig, und die vermeintliche Abkürzung, das Idealbild zu erreichen, lockt permanent mit großer Intensität und führt in die Irre. Eine Auseinandersetzung mit diesem idealen Vorbild bedeutet eine seelische Herkulesarbeit, mutet mitunter gar wie eine Sisyphosarbeit an, ist aber der einzige Weg aus der Stilllegung der Depression hinein in eine Heilung und das Leben. Lassen Sie es deshalb langsam angehen! Jeder noch so kleine Schritt zählt und ist wichtig. Vielleicht wird es Ihnen ergehen wie Beppo, dem Straßenkehrer in Michael Endes Buch *Momo*: Wenn man sich immer nur auf den nächsten Besenstrich – jeden kleinen Schritt, den man geht –, konzentriert und sich nicht von der Länge der Strecke einschüchtern lässt, wird man am Ende erstaunt und mit Freuden feststellen, welch große Strecke des Weges man bereits zurückgelegt hat – fast ohne es zu merken.

4 Selbstbehandlungsformen des Seelischen

Es mag Sie als Leser vielleicht verwundern, warum ich in einem Buch sowohl über die Depression als auch – sozusagen in einem Atemzug – über so scheinbar banale Dinge wie Ernährung, den Umgang mit dem Internet, die Gestaltung unseres Heims und den Versuch, unseren Körper fit zu halten, schreibe. Mit Psychologie wird zumeist der Bereich der Klinischen Psychologie gleichgesetzt. Die morphologische Psychologie ist hingegen weniger bekannt. Sie bildet jedoch die Grundlage meiner Arbeit und meiner Untersuchungen, und dort wird davon ausgegangen, dass sich das Seelische sowohl in psychischen Krankheitsbildern, also beispielsweise der Depression, zeigt, als auch – und das macht den weitaus größeren Teil aus – jeden Tag in alltäglichen Handlungen. Im Alltag wird der gesamte seelische Apparat bewegt, im Rasieren wie im Putzen, im Kochen und eben auch in den hier dargestellten Alltagsformen. »Der Alltag ist das Seelische, was wir täglich leben, erleben, tun und leiden.« (Salber 1989, 11)

Im Alltag geht es also immer um das Triviale und gleichzeitig um etwas Hochkomplexes. Die Psyche, das Seelenleben des Menschen, gibt es nicht an sich, es benötigt immer auch die Wirklichkeit, in der wir leben, um zu einem Ausdruck zu kommen, um sichtbar und überhaupt spürbar zu werden. Wir brauchen all diese Alltagsverrichtungen, damit unser Seelenleben überhaupt einen Ausdruck erhält. Es ist ja nicht so, dass unsere Seele in uns verborgen und unsichtbar wäre. Jede Handlung von uns Menschen ist eine Art Selbstbehandlung des Seelischen, also ein Versuch des Seelischen, einen Umgang mit der Wirklichkeit und ihren Herausforderungen zu finden. Alle Alltagsformen – auch die Depression – dienen dem Seelischen dazu, sich auszudrücken und selbst zu behandeln. Diesem Buch lege ich infolgedessen eine entschieden psychologische Haltung zugrunde und bemühe aus diesem Grund auch keine weiteren Wissenschaften, wie etwa die der Medizin.

Depression ist, wie wir soeben gesehen haben, eine Art und Weise des Seelischen, mit den Überforderungen/Ansprüchen unserer übersteigerten Kultur umzugehen – eine unter mehreren. Hier möchte ich nun auf andere, weniger leidvolle Möglichkeiten eingehen, die denselben Zweck verfolgen, und aufzeigen, dass Kultur uns nicht nur krank macht, sondern auch hilft, Formen für den Alltag und das eigene Leben zu finden. Der Alltag gibt uns alles, was wir dazu brauchen. Ich möchte in diesem Kapitel verdeutlichen, wie viel in unserem scheinbar banalen Alltag steckt, welche psychologischen Dramen, Achterbahnfahrten und wundervollen Möglichkeiten er bereithält.

Dies wirft dann auch ein anderes Licht auf die Depression und offenbart ihre verborgene Sinnhaftigkeit. Sie reiht sich – trotz allen Leids, das sie hervorruft – ein in eine Reihe von Lösungsmöglichkeiten des Seelischen angesichts unserer derzeitigen kulturellen Herausforderungen. Wenn Sie unter depressiven Symptomen leiden, hat dies auch etwas mit unserem momentanen gesellschaftlichen Klima zu tun, und Sie sind damit nicht allein, denn wir alle sind Kinder unserer Zeit und müssen einen Umgang mit den Anforderungen der Kultur finden. Die Depression als ein aktuelles typisches Phänomen zu beschreiben, ist Hauptanliegen dieses Buchs, sie in einen Zusammenhang mit anderen Ausdrucksformen zu stellen, lässt uns sie – wie auch unsere Zeit – besser verstehen. Auf der Basis tiefenpsychologischer Studien über verschiedene Alltagsformen werden somit die kulturellen Zusammenhänge, die der Untergrund der depressiven Erkrankung sind, durchleuchtet und erhellt.

Denn in jeder Kultur bilden sich spezifische Trends heraus, die typisch sind für eine bestimmte Zeit oder eine Gesellschaft. Ich möchte in diesem Kapitel eingehen auf die Trends rund um Ernährung, den Umgang mit dem eigenen Körper, die Gestaltung des Zuhauses und die Orientierung im World Wide Web. Warum gerade auf diese? Nun, weil diese Alltagsformen so grundlegend sind und jeden Menschen betreffen. Sie sind nachvollziehbar – jeder weiß, wie es sich anfühlt, sich um seine Ernährung zu kümmern, seinen Körper in Form zu halten, das Heim zu verschönern und zu werkeln und im Netz nach Antworten auf offene Fragen zu suchen. Diese Formen des alltäglichen Lebens erscheinen so banal. Und doch können sie komplex und dramatisch werden, ja, wahre Besessenheiten auslösen. Doch wohnen ihnen gleichermaßen auch wunderbare Möglichkeiten inne. Es wird also deutlich werden, wie wenig banal der Alltag mit seinen furiosen Inszenierungen in Wahrheit ist und dass er Möglichkeiten bereithält, aus der depressiven Stilllegung zu kommen.

Diese Trends sind Angebote unserer Alltagskultur, mithilfe derer Menschen eine Orientierung finden können, in der Diskrepanz zwischen unseren übermenschlichen Erwartungen und unseren enttäuschten Allmachtserfahrungen. Aber auch hier gilt es eben, ein gesundes Maß zu finden, denn jede Alltagsform kann bei zu rigider Befolgung in Enge und Zwang, ja Zwanghaftigkeit, führen. Nutzen wir diese Angebote also im Sinne einer gesunden Balance!

Besser essen – zwischen Idealisierung und Trivialisierung

Unsere derzeitige Gesellschaft gibt uns nur wenig Orientierung und Richtwerte vor, um unser Leben zu gestalten. Der Alltag ist großenteils entrhythmisiert und fragmentiert: In den meisten Bereichen ist man nicht an Ort und Zeit gebunden. Es gibt oft weder feste Arbeitszeiten noch -plätze, die den Tagesverlauf und die Woche klar regeln würden. Die Digitalisierung ermöglicht uns ein Arbeiten auch jenseits unserer Arbeitsstelle, Grenzen zwischen Arbeit und Freizeit verschmelzen. Wir arbeiten teilweise bis spät in die Nacht hinein und beginnen gegebenenfalls erst mittags unseren Arbeitstag. Das Einkaufen wird kaum noch durch die Ladenschlusszeiten limitiert. Das Internet und die beliebten Streaming-dienste Netflix und Co. leisten ihren Beitrag zur Verflüssigung fester Alltagsabläufe und -routinen: Wir können uns rund um die Uhr, wo wir uns auch gerade befinden mögen, medial bedienen und in Filme oder Serien abtauchen, sooft und solange wir wollen, ohne Beschränkung durch Ort und Zeit.

Diese Fluidität spüren wir auch bei der Ernährung. Sie ist mehr als nur Nahrungszufuhr und soll uns nicht nur physisch sättigen. Sie wird heute zum Sinnbild der Multioptionalität und Beliebigkeit und wird scheinbar durch nichts mehr beschränkt. Gemeinsame Essenszeiten sind kaum mehr einzuhalten, Mahlzeiten, an denen sich die Familie um den Tisch versammelt, haben folglich Selten-heitswert. Mütter berichten, dass sie mitunter vier verschiedene Ge-richte zubereiten, um der Individualität der einzelnen Familienmit-glieder gerecht zu werden.

Schauen wir darauf, was auf den Tisch kommt, so fällt auf, dass wir uns auch hier wie im Schlaraffenland an allem bedienen können – unser Nahrungsangebot erfährt keine Beschränkungen mehr: Wir können heute jenseits von Regionalität und Saisonali-tät auf alles zugreifen, was unser Herz bzw. Bauch begehrt – Spar-gel im Winter, Orangen im Sommer, Joghurt aus Kuh-, Mandel-, Hafer- oder Sojamilch … Anders als noch vor Jahren steht Fleisch nicht nur sonntags auf dem Speiseplan, sondern sooft wir wollen, Fisch genießen wir über den Freitag hinaus und der samstägliche Eintopf kann jederzeit und allerorts genossen werden.

In unserer Gesellschaft, die prinzipiell durch eine entfesselte Be-liebigkeit gekennzeichnet ist, stehen uns also auch im Bereich Er-nährung alle Türen offen. Wir können mühelos an noch so selte-ne Nahrungsmittel gelangen und so grenzenlos genießen wie noch keine Generation vor uns. Und zugleich treten so viele Nahrungs-mittelunverträglichkeiten bei den Menschen auf wie nie zuvor. Je-der dritte Deutsche leidet unter einem von diversen Symptomen, die man nach dem Verzehr eines Lebensmittels ausbilden kann. Psychologisch lässt sich ja auch dies verstehen als eine Form des Umgangs mit Komplexität durch Reduktion.

Problematisch ist dementsprechend heutzutage nicht die Beschaffung der Nahrungsmittel, sondern eher die Entscheidung für das eine und gegen das andere. Denn es wird schwierig, bei einem 50 Meter langen Kühlregal mit Hunderten von Joghurts – fettarm, vollfett, mit oder ohne Milch, laktosefrei, mit und ohne Geschmack – den Überblick zu behalten und sich für ein Produkt zu entscheiden. Angesichts dieses Überangebots scheint die getroffene Entscheidung immer die falsche zu sein. Zudem gibt es keine übergreifend wirksamen Ernährungsrichtlinien mehr, die hier helfend und begrenzend eingreifen könnten und eine klare Struktur vorgäben.

Uns Menschen ist auch in unserer Ernährung ein Maß verloren gegangen. Und doch bietet sich das Thema Essen gerade dazu an, um wieder zur »Be-Sinnung« zu kommen und das rechte Maß zurückzugewinnen.

Wie gehen wir Menschen nun mit diesem Überangebot, dem überladenen Füllhorn der Lebensmittelofferte und der daraus resultierenden Verunsicherung um? Da gibt es unterschiedliche Formen:

- Ernährung wird zur Religion erhoben.
- Ernährung wird zur Nebensache.
- Ernährung wird funktionalisiert.
- Ernährung wird entglobalisiert.

Diese Strategien wollen wir nun genauer betrachten.

Ernährung wird zur Religion erhoben

In Zeiten, in denen es nicht mehr darum geht, überhaupt etwas Essbares auf den Tisch zu bekommen und satt zu werden, sondern darum, wieder ein gesundes Maß in ein schlaraffenlandähnliches Übermaß zu bringen, haben wir die Qual der Wahl.

Zudem haben die Lebensmittelskandale der vergangenen Jahre zu einer Verunsicherung der Menschen beigetragen und zu einem Vertrauensverlust geführt. Auf was ist überhaupt noch Verlass? Was ist gesund? Ist in den Lebensmitteln auch das drin, was draufsteht? Stammt das Produkt, auf dem Bio draufsteht, auch wirklich aus biologischer Herstellung? Und ist Bio überhaupt besser? Wie viel Zucker darf sein? Was ist mit den Kohlenhydraten?

Essen ist beileibe kompliziert geworden. Menschen vertrauen immer weniger auf ihr Bauchgefühl, das ihnen anzeigt, was ihnen guttut und schmeckt, auf was sie Appetit haben, sondern eher darauf, was angesagt und erlaubt bzw. verboten ist. Nahrung erfährt heute eine ungeheure Aufladung über eine Ideologisierung des Essens, denn »gewisse Bisse verursachen Gewissensbisse« (Stephan Grünewald).

Im Zusammenhang mit unserer Nahrungsbeschaffung und -aufnahme sind neue Regelwerke und damit auch neue Tabus entstanden, die sehr klar vorschreiben, was geht und was nicht. War es früher noch Ausdruck von Wohlstand, sich den Wanst vollzuschlagen, steht dies heute als Sinnbild für Ungebildetheit und ungezähmte Zügellosigkeit. Es ist peinlich, sich und die Familie falsch zu ernähren, Essen gierig, maßlos und unbedacht in sich hineinzuschaufeln. Und schon lange bevor etwas auf dem Teller landet, wird das, was auf dem Kassenband liegt, mit Argusaugen – nicht nur von uns selbst – bewertet. Der Lebensmitteleinkauf wird zum Schaulaufen und sagt mehr über Personen aus, als ihnen lieb ist: Süßigkeiten und salzige Snacks zeugen heute nicht mehr davon, sich einen gemütlichen Abend mit Knabbereien zu machen und Fünfe mal grade sein zu lassen, sondern davon, dass man sich und seine Liebsten nicht liebevoll ernährt, sondern verwahrlosen lässt. Das Warentransportband an der Kasse transportiert nicht nur die Produkte, sondern auch das Image der Kunden. Es wird begutachtet: Befindet sich mehr Fleisch oder mehr Gemüse auf dem Band? Liegt der Mutter, die die Tiefkühlpizza im Einkaufswagen liegen hat, die Gesundheit ihrer Kinder etwa nicht am Herzen? Ach, man kann so vieles falsch machen.

Ich habe neulich für eine Party eingekauft und wollte Chili con Carne machen. Dafür braucht man nichts Frisches, sondern nur Fleisch und Dosen. Als ich das dann an der Kasse so vor mir sah, war mir das ein bisschen peinlich, und ich war froh, dass ich niemanden gesehen habe, den ich kannte.«

Wenn ich in den Bioladen gehe, dann atme ich irgendwie auf, denn dann weiß ich, hier kann ich eigentlich nichts falsch machen und alles mit gutem Gewissen kaufen.«

Wir Menschen sind also auch in Sachen Ernährung wieder auf der Suche nach Orientierung. Um aus der Qual der Wahl herauszukommen, sind viele bereit, einschneidende Entbehrungen auf sich zu nehmen. Wissenschaftlich fundierte Richtlinien oder selbst ernannte Ernährungs-Gurus geben dann rigide vor, was auf dem Teller landen darf und was nicht. Das erleichtert die Wahl, denn hiernach kann man sich richten. Man bewertet auf dieser Basis »gute« und »böse« Lebensmittel, die es dementsprechend auf den Teller schaffen oder nicht. Im Vergleich zu früher wird das Essen dann nicht mehr nach Jahreszeiten oder dem Geldbeutel ausgewählt, sondern das überfordernde Lebensmittelangebot wird durch die Unterteilung in »gut« und »böse« zergliedert in kleine verdaubare Häppchen. Und so werden auch die eingeteilt, die die Nahrungsmittel verzehren: Die Sünder auf der einen und die Büßer auf der anderen Seite (Fast Food versus Fasten-Food).

Wenn ich die dicken Leute sehe, die ein Stück Kuchen mit Sahne essen, dann kann ich das nicht verstehen. Die sind doch selbst schuld, dass die so dick sind.«

Eine Strategie besteht demnach in Komplexitätsreduktion durch eine eingrenzende Ausrichtung der Ernährung nach strikten Vorgaben einer Ernährungstheorie, die Struktur und ein festes Regelwerk etabliert. So versucht man, wieder einen Überblick über die opulente Vielfalt zu bekommen.

Doch ganz so einfach ist es nicht. Wollen wir uns gesund und ausgewogen ernähren, verunsichert der Blick in das Regal mit den unzähligen Ernährungs-Ratgebern zuerst einmal mehr, als dass er uns ein Kompass für unsere Marschrichtung quer durch unseren Ernährungsparcours wäre. Denn das, was wir vorfinden, ist alles andere als eindeutig, es ist mitunter widersprüchlich: Wir können uns wie die Steinzeitmenschen ernähren (Paleo), nur rohes Fleisch verzehren, vegetarisch essen, überhaupt keine tierischen Produkte zu uns nehmen (vegan) oder unseren Hunger lediglich mit rohem Gemüse und Obst nach der »Paradies-Diät« stillen. Weight Watchers hilft uns mit Punkten, ein eindeutig zählbares Maß in unsere Maßlosigkeit zu bekommen, FdH halbiert alles, die 5-Elemente-Küche bewirkt eine Komplexreduktion – zumindest schon mal durch die Begrenzung auf fünf Geschmacksgruppen –, und das Intervallfasten verspricht uns durch zeitweiligen Verzicht, wieder eine schlanke Linie zu erhalten. Dies ist nur ein kleiner Ausschnitt dessen, was uns in Form von Trends und Ratgebern zur Verfügung steht, wenn es um unsere richtige Ernährung geht.

> Ich war neulich in einer Buchhandlung und wollte nur ein Kochbuch kaufen. Das war gar nicht so leicht möglich. Einfache Kochbücher gab's da eigentlich nicht mehr, sondern fast schon Lebensratgeber. Glücklich durch Low Carb, herzhafte Glücksmomente usw. ...«

Häufig findet heute eine Moralisierung und Radikalisierung der Ernährung statt. Sie wird dann nahezu religiös aufgeladen und das Essen eingeteilt in »gute« und »böse«, »heilige« und »sündige« Lebensmittel. Es werden Ge- und Verbote darüber aufgestellt, was sein darf und was nicht. Häufig wird das Ganze darüber hinaus mit einem ideologischen Überbau der jeweiligen Ernährungstheorie versehen. Man isst nicht mehr nur, um satt zu werden oder zu genießen, sondern um wieder eine Orientierung in das eigene Leben zu integrieren. Waren früher doch eher die Zehn Gebote die Richtlinie für das Leben, so können das heute »die Zehn Gebote der gesunden Ernährung« sein, wobei die Inhalte hier je nach Ernährungsausrichtung variieren.

Menschen, die sich radikal einer Ernährungsdoktrin unterwerfen, wollen der Beliebigkeit des Schlaraffenlandes den bewussten Verzicht entgegensetzen. Hierdurch haben sie das Gefühl, sich über die Zügellosen zu erheben, und wähnen sich im Leben auf der Seite derer, die es verstanden haben und richtig machen. Sie fühlen sich gestärkt und nicht mehr der eigenen Lust und dem darauffolgenden Frust ausgeliefert. Es kommt zu Verbrüderungen und Vergemeinschaftungen, man fühlt sich anderen Gleichgesinnten nahe und kann sich abgrenzen gegen die »Bösen«, die »Schlechten«, die »Unwissenden«. Man fühlt sich wohl und zugehörig inmitten einer Community. Hier findet aufbauender und bestätigender Austausch mit ähnlich Denkenden statt. Eine permanente Selbstbeschränkung führt dann zu einem Gewinn auf anderer Ebene: Ich erhöhe mich gegenüber der einfachen Masse.

Diesen psychologischen Mehrwert eines freiwilligen Verzichts finden wir beispielsweise bei den Veganern. Viele von ihnen berichten, wie viel leichter ihr Leben geworden ist, seitdem sie vegan leben: Sie fühlen sich unbeschwerter, haben das Gefühl, Ballast und alte Gewohnheiten abgeworfen zu haben, und erleben den Verzicht auf tierische Produkte als eine angenehme Begrenzung. Das Leben wird vereinfacht und entschleunigt, die überfordernde Vielfalt an Produkten übersichtlich. Die Entscheidung für ein veganes Leben, das hier nur als Beispiel genannt wird, kann dazu verhelfen, wieder vermehrt Kontrolle nicht nur über die Nahrungszufuhr, sondern über das Leben generell zu bekommen. Oft schildern Veganer, dass sie vor ihrer Entscheidung für diese Lebens- und Ernährungsform einen sehr ausschweifenden Lebensstil gepflegt haben.

Bevor ich Veganer wurde, war ich ständig unterwegs und habe nächtelang gefeiert, viel zu viel Alkohol getrunken und Fast Food gegessen.«

Die Entscheidung, einer bestimmten Ernährungsideologie zu folgen, wird häufig beschrieben wie ein Weg der Erleuchtung. Das kann nahezu rauschhafte Züge annehmen.

Seitdem ich vegan lebe, spüre ich mich viel mehr und habe
das Gefühl, meine Mitte gefunden zu haben. Ich kann
mir gar nicht mehr vorstellen, es anders zu machen.«

Durch den ideologischen Überbau werden Ernährung im Besonderen und das Leben im Allgemeinen wieder mit Sinn aufgeladen.
Die neu gefundene Ernährungsausrichtung nimmt viel Zeit des Tages in Anspruch. Man informiert sich, recherchiert, was und wo
man einkaufen kann, vernetzt sich mit Gleichgesinnten und plant
seinen Tagesablauf um seine Ernährung herum.

Du musst natürlich viel mehr Zeit für das Einkaufen und
die Essenszubereitung einplanen. Das geht nicht mehr
so schnell nebenbei, das will schon gut geplant sein.«

Genährt mit Fantasien von einer besseren Welt haben die Menschen dann das Gefühl, zurück zum Ursprünglichen und zu sich
selbst zu kommen.

Hinter der Entscheidung, vegan zu leben, steckt ein weiterer
psychologischer Kniff. Tierisches steht psychologisch betrachtet
für Unkontrollierbares, Impulsives, für das Unbewusste, Triebhafte
und Lustvolle. Es zu kultivieren und einen angemessenen Umgang
damit zu finden, es in Schach zu halten, ist eine Herausforderung
für uns Menschen. Durch das vegane Leben wird diesen animali-
schen Impulsen Entsagung, Verzicht, Reduzierung und Beschränkung entgegengestellt.

Indem man nun die üblen und brutalen Seiten des Fleisch-
konsums – die Massentierhaltung, die Schlachtung der Tiere und
letzten Endes den Verzehr von Tieren – verurteilt und bekämpft,
versucht man auch, seine eigenen ungeliebten und schwer zu kon-
trollierenden Seiten in den Griff zu bekommen.

Fragt man Veganer jedoch, ob sie sich eine Welt ersehnen, in der
es nur noch vegan lebende Menschen gibt, wird deutlich, dass dies
nicht der Fall ist. Zwar wünschen sie sich eine Gemeinschaft von
Gleichgesinnten, in der sie sich wohl und verstanden fühlen, zu-

gleich aber auch etwas, wovon sie sich abheben können: die gemeine Masse der Menschen, die »Fleischfresser«. Erst in dieser Abgrenzung ist es ihnen möglich, aus der Masse hervorzuragen und sich über die niederen Instinkte zu erheben. Dies gilt selbstredend nur für jene, die das vegane Leben für sich zum Dogma erhoben haben.

Indem sich Menschen radikal einem solchen unterwerfen, schaffen sie eine Befreiung durch Selbstbeschränkung und somit eine Möglichkeit des Umgangs mit dem paradiesähnlichen Schlaraffenland, das zwar alles bereitstellt, aber auch überfordert.

Sie erleben eine Lust an der Beschränkung der Vielfalt, da ihnen dies ein Mehr an Kontrolle und Überlegenheit durch Expertise verschafft. Auf diese Weise erleben Ernährungsextremisten einen Lustgewinn und eine Selbsterhöhung.

> Ich muss gar nicht mehr nachdenken, ob ich das eine oder andere noch essen will oder was ich einkaufen und kochen soll. Früher konnte ich mich gar nicht entscheiden, auch in Restaurants war das schwierig. Heute habe ich klare Anweisungen und die Auswahl ist ganz gering, das ist einfacher geworden.«

Im Umgang mit Essen können Menschen zwanghafte Züge ausbilden. Ein verbissener Umgang mit dem Thema Ernährung findet sich in einer bedingungslosen Radikalität, nämlich dann, wenn Menschen wie besessen einer rigiden Ernährungsdoktrin folgen, die ihnen in einer absoluten Art die Richtung weist und nur einen schmalen Grat lässt für das, was auf den Tisch kommen und in den Mund hineindarf. Entweder werden ausnahmslos alle sündigen Lebensmittel vom Speiseplan gestrichen oder es wird nach einem Sündenfall das Büßerprogramm abgespult.

> Manchmal esse ich einfach ein Eis, aber den Tag danach achte ich noch mal mehr darauf, was ich esse.«

Wie weit eine Verunsicherung in diesem Bereich gehen kann, zeigt sich beispielsweise auch bei der verhältnismäßig neuen Erkrankung *Orthorexia Nervosa*. Bei dem Phänomen des krankhaften Gesundessens zeigt sich eine zwanghafte Einengung des Speiseplans auf »erlaubte« Nahrungsmittel. Aus pathologischer Angst um ihr Wohlbefinden sind die Personen krankhaft darauf bedacht, sich ausschließlich gesund zu ernähren. Von morgens bis abends dreht sich alles um die Ernährung: Habe ich genügend Vitamine und Mineralstoffe gegessen? Ist alles biozertifiziert? Habe ich zu viel Fett/Zucker/Kohlenhydrate zu mir genommen? Die betroffenen Personen ziehen sich immer mehr zurück, Essen in Restaurants oder mit anderen Menschen ist kaum noch möglich, das Privatleben ist extrem beeinträchtigt.

Viele Menschen suchen sich dennoch Schlupflöcher, in denen sie ihren heimlichen Genüssen im Verborgenen immer mal wieder nachgehen.

> Ich hab mich dann gar nicht mehr getraut, die Schokolade im Büro offen hinzulegen. Das sah dann so aus: Auf dem Schreibtisch lagen das Obst und die Nüsse und in der Schublade die Schokolade und die Gummibärchen. Die hab ich dann nur gegessen, wenn die Kollegen nicht im Büro waren.«

Im krassen Gegensatz zu der nahezu besessenen Beschäftigung mit dem »richtigen« Essen steht eine Strategie, die Ernährung zu bagatellisieren und ihr wenig Bedeutung beizumessen. Diesen Weg werden wir nun näher betrachten.

Ernährung wird zur Nebensache

Die Ernährung ins Nebenbei zu verdammen, ist demnach eine weitere Form, die unser Alltag uns bietet, um mit dem oralen Übermaß und der daraus resultierenden Verunsicherung umzugehen.

Sahen wir noch vor 20 Jahren den *coffee to go* eher in amerikanischen Spielfilmen und bei Celebrities, gehört er mittlerweile auch bei uns zum Stadtbild dazu. Doch nicht nur der Kaffee zum

Mitnehmen, sondern auch beinahe jedwede andere Mahlzeit kann heute im Gehen oder im Stehen, beim Arbeiten, beim Spielen oder beim Medienkonsum so ganz nebenbei verzehrt werden. Überall und zu jeder Zeit vermögen wir unseren Hunger und Durst dauerzustillen: Das Brötchen vom Bäcker, das Stück Pizza auf die Hand, ein paar Sushi-Rollen, das Schnitzelbrötchen, der Burger oder die Wok-Nudeln vom Asiaimbiss lassen sich mal schnell zwischendurch einverleiben.

Auch wenn Ernährungswissenschaftler sich einig sind, dass dieses nachlässige Essverhalten nicht gesund ist und das Wissen darum auch längst schon Verbreitung gefunden hat, ist das Essen und Trinken im Nebenbei nach wie vor beliebt, denn es bedeutet einen zeitlichen, zugleich aber auch einen psychologischen Gewinn. Der beiläufige Verzehr hat nicht nur die Funktion, noch etwas nebenher erledigen zu können. Indem Menschen nebenbei essen und trinken und nicht ihre volle Aufmerksamkeit dem Verzehr der Nahrung widmen, ist es psychologisch betrachtet fast so, als fände es gar nicht statt. Der Nahrungsaufnahme wird kaum Bedeutung beigemessen, sie wird somit unter den Radar verschoben und aus der Wahrnehmung ausgeblendet.

Vor dem Hintergrund, dass den Menschen ein Maß verloren gegangen ist und sie auch in Bezug auf ihre Ernährung das Gefühl haben, dem Überangebot nicht mehr Herr zu werden, erweist sich dies als eine unbewusste Strategie, diesem die Bedeutung zu nehmen. Ernährung wird zur Nebensache degradiert, sozusagen klein gemacht, und komplett in Freizeit- und Arbeitskontexte eingepasst. Damit werden aber zugleich auch andere Faktoren ihrer Bedeutung beraubt: regelmäßig an einen Tisch zu kommen, sich dabei auszutauschen, eine Pause zu machen, zu schmecken und zu genießen, was man sich zubereitet hat. Indem ich mich nicht mehr an den Tisch setze, mir die Mahlzeiten nicht mehr in Ruhe zubereite, mir kaum noch Zeit für den Verzehr nehme, gerät das Essen aus meinem Blick. Würde man die Menschen bitten, einmal aufzuschreiben, was sie alles den Tag über verzehren, wären sie erschrocken, wie lang die Liste wäre.

Häufig findet diese Form des Umgangs mit Ernährung einen Ausgleich in seltenem, festgeplantem gemeinsamen Essen, einer regelrecht rituellen Speisung, um temporär Sinnlichkeit und Genuss in kontrolliertem Rahmen zuzulassen. Für einen Moment findet dann in der sinnlich-oralen Inszenierung eines gemeinschaftlichen Koch-Events eine Befriedigung der Essgelüste in einer opulenten Selbst- und Fremdfütterung statt.

> Eigentlich koche ich gar nicht mehr und esse immer nur nebenbei. Zweimal im Monat treffen wir uns aber mit Freunden und kochen gemeinsam ein üppiges Essen.«

Der spontane Genuss jedoch, der nicht als Event geplant ist, droht bei dieser unbewussten Strategie unter den Tisch zu fallen.

Ernährung wird funktionalisiert

Die Funktionalisierung des Essens ist ein anderer Weg, um mit der überbordenden Vielfalt und paradiesischen Fülle an Nahrungsmitteln umzugehen. Dabei wird Essen neben seiner Funktion als Energielieferant oder Genussmittel aufgrund seines Gehalts an Vitaminen, Proteinen etc. ausgewählt, um das Rädchen Mensch reibungslos am Laufen zu halten. Zudem werden einzelne Stoffe in Form von Nahrungsergänzungsmitteln zugeführt, um noch zielgerichteter und kontrollierbarer zu einer Leistungs- und Konzentrationssteigerung zu kommen.

Auf Perfektion ausgerichtet greift der Mensch in dieser Strategie zu Produkten, die ihn dabei unterstützen sollen, das Maximale aus sich herauszuholen. Sie sollen als »beste Nahrung fürs Gehirn« und »Vitaminbooster für den Body« die körperliche und geistige Leistungsfähigkeit optimieren.

> An Klausurtagen gebe ich meinen Kindern gerne mal Traubenzucker oder ein Getränk mit extra Vitaminen mit in die Schule.«

Wenn ich für die Saison trainiere, dann esse
ich überwiegend Putenfleisch und Brokkoli,
das maximiert meinen Muskelaufbau.«

Essen allgemein und Nahrungsergänzungsmittel im Besonderen
sollen dann das komplettieren, was wir noch nicht zu leisten vermögen, und uns dazu verhelfen, den Wettkampf des Alltags besser zu meistern, um am Ende des Tages auf dem Siegertreppchen
zu stehen. Insgeheim glauben wir, durch die Zufuhr von zusätzlichen Vitaminen, Mineralstoffen, Proteinen etc. stärker, wirkungs-
mächtiger, potenter, ja vielleicht sogar omnipotent zu werden. Der
Smoothie am Morgen vermag in diesem Zusammenhang so viel
mehr zu leisten, als nur zu sättigen: Es gelingt ihm, uns wie ein
Baby zu nähren, ohne dass wir unsere Zähne gebrauchen müssten.
Er schmeichelt dem Mundraum durch seine samtigweiche Kon-
sistenz, kleidet ihn fast zärtlich aus und schafft eine anregend-fül-
lende Oraldramaturgie. Darüber hinaus verspricht er, gleich dem
Zaubertrank des Mirakulix, uns wie Hochleistungssportler für den
Zehnkampf des Lebens zu stärken.

Im Extremfall ist das Essen dann entsinnlicht worden – man ver-
leibt es sich nur noch zu einem Zwecke ein: um besser funktionieren zu können. Genuss und Spaß am (gemeinsamen) Essen bleiben
dabei auf der Strecke.

Wenn Menschen sich heutzutage in ihrem Leben ohnmächtig
fühlen, kann Ernährung es schaffen, ihnen wieder das Gefühl zu
geben, durch eine funktionale Aufladung für den Alltag gewappnet
zu sein. Man fühlt sich dann wirkmächtiger durch die Stärkung
von Körper und Geist, durch potenten Muskelaufbau und Steige-
rung der Konzentrationsfähigkeit.

Wenn ich den Saft trinke, habe ich das
Gefühl, länger leben zu können.«

Ernährung wird entglobalisiert

Um die verwirrende Vielfalt des Nahrungsangebots zu reduzieren, gibt es auch die Möglichkeit, die Auswahl zeitlich auf Jahreszeiten oder lokal auf bestimmte Regionen einzuschränken wie in Zeiten vor der Globalisierung.

> Meine Oma konnte auch keine Erdbeeren im Winter essen.«

Menschen verlassen sich dann auf überlieferte Traditionen und alte Rezepte. Getreu dem Motto »Warum in die Ferne schweifen?« wird Saisonales und Regionales zum Maßstab erhoben, auf Globales verzichtet. »Futtern wie bei Muttern« lautet die Devise.

Die Menschen, die diesen Weg für sich wählen, suchen wieder den Bauer um die Ecke auf, kaufen Fleisch beim ortsansässigen Metzger statt im Supermarkt. Das ist vielleicht etwas teurer, gibt ihnen aber das beruhigende Gefühl, die richtige Wahl zu treffen – »weil man hier eher vertrauen kann« –, gratis dazu. Auch die Renaissance tradierter Gerichte und Rezepte schafft eine Orientierung und dockt an »die guten alten Zeiten ohne viel Schnickschnack und Lebensmittelskandale« an.

Gegenwärtig greifen Menschen wieder vermehrt auf tradierte Marken zurück, die sich in einer bestimmten Region verorten lassen. Das schafft durch die damit assoziierte Heimatverbundenheit einen verlässlichen Anker, der eine gewisse Sicherheit und Geborgenheit gibt. So lässt sich das Mahl im Kreise der Liebsten unbeschwert genießen, ohne dass man zuvor die komplette Inhaltsliste studieren müsste, um beruhigt zu sein.

Eine regionale Lokalisierung vermag bei der Qual der Wahl im Sinne einer Komplexitätsreduktion folglich die Entscheidung zu erleichtern und Orientierung und Sicherheit zu geben.

Aber auch fremde Gerichte und Geschmäcker ferner Kulturen können eine thematische Eingrenzung des Essens bieten. »Wir kochen heute indisch« grenzt ein, verspricht aber zugleich auch die Öffnung zur Welt und ein Eintauchen in sinnlich-ferne Geschmacksuniversen. Damit kann demonstriert werden: »Ich bin weltoffen und gucke über meinen Tellerrand hinaus«.

Das hier dargestellte breite Spektrum an unterschiedlichen Formen des Umgangs mit Ernährung hat gezeigt, dass Essen weit mehr ist als nur Nahrungsaufnahme. Der ganze seelische Apparat wird darin mitbewegt. Und so erweist sich die Alltagsform »Essen« als eine Möglichkeit – wenn auch mitunter eine sehr rigide –, mit den Anforderungen unserer Zeit umzugehen.

Wir haben gesehen, dass das Befolgen einer Ernährungstheorie Struktur und Orientierung bietet in der als unsicher erlebten Wirklichkeit. Die Doktrin »bevor-mundet« sozusagen: Sie erlaubt Lebensmittel und verbietet andere, sie verdammt frühere Ernährungsgewohnheiten sowie Personen, die sich nicht an die Doktrin halten. Die dadurch erzielte Komplexitätsreduktion vereinfacht das Leben mit seinen unübersichtlichen Entscheidungsmöglichkeiten, man hat nicht mehr die Qual der Wahl. Zudem erhält man ein gemeinsames Ziel, für das es sich einzusetzen lohnt – man fühlt sich aufgehoben im Zusammenhalt mit Gleichgesinnten und findet einen Sinn für das eigene Leben und eine bessere Welt. »Man ist, was man isst.«

Genussvoll essen

Es ist doch erstaunlich, was Essen alles kann. Machen Sie sich ruhig diese Alltagsform zunutze. Denn in weniger extremen Ausprägungen als den hier dargestellten vermag der Alltag dadurch wieder Form und Struktur erhalten. Der notwendige Lebensmitteleinkauf lockt aus der Stilllegung der Depression, und im Prozess der Essenszubereitung erfahren Sie, wie etwas langsam Gestalt annimmt, Zeit und Zuwendung braucht und letzten Endes im besten Fall schmeckt, wohlig warm nährt und auch Menschen an einem Tisch zusammenbringen kann. Er ist ein Schritt heraus aus der Gleichgültigkeit und hilft dabei, wieder zu spüren, dass nicht alles »ein Brei ist«, sondern scharf, salzig, süß oder bitter schmecken kann.

Bewusster pflegen – zwischen Schöpfung und Erschöpfung

Der Markt für Körperpflegeprodukte expandiert. Neben Cremes, Lotionen und Ölen für den Körper versprechen Gesichtspflegeprodukte neben einer Verschönerung der eigenen Gestalt auch, die Zeichen der Zeit aufzuhalten, wenn nicht gar aufzuheben. Doch nicht nur Produkte in den Drogeriemärkten verheißen eine Armierung gegen unerwünschte Entwicklungen am Körper, wir Menschen versuchen diese auch mit Fitness und Sport zu bezwingen.

Uns selbst zu pflegen und zu verwöhnen, schenkt uns Menschen entspannende Momente. Durch Sport können wir Krankheiten vorbeugen und körperlich in Form sein. Und wer möchte nicht fit sein und gut aussehen? Dieser Wunsch erscheint ebenso selbstverständlich wie jener, gesund zu sein. Die Verheißung von Vitalität übt einen gewaltigen Sog aus und besagt: »Wenn ich erst einmal fit bin, ergibt sich der Alltag, der Rest, schon von allein.« Zudem wird das Fitsein nicht mit harter Arbeit, sondern mit gesteigerter Lebensfreude, puren Glücksgefühlen und Endorphinausschüttungen assoziiert. Aber man erreicht diesen Zustand nicht ohne Mühen. Schnell werden auch die Anstrengungen sichtbar, die das Erreichen eines wohlgeformten Körpers mit sich bringt: Menschen sind bereit, sich schonungslos zu fordern, um sich fit zu halten. Sie stehen selbst körperliche Risiken und Schmerzen durch, um ihren Körper nach einem perfekten Vorbild zu gestalten.

Warum ist das so und welche Beweggründe stecken – meist unbewusst – dahinter? Die Kultivierung des Körpers geht weit über einen fitten Körper hinaus:

- Die Kultivierung des Körpers strukturiert den Alltag.
- Die Kultivierung des Körpers wappnet gegen Krankheit und Verfall.
- Die Kultivierung des Körpers ermöglicht rauschhafte Zustände.
- Die Kultivierung des Körpers schafft ein Lebensmaß.
- Die Kultivierung des Körpers erhöht die eigene Wirkmächtigkeit.

Die Kultivierung des Körpers strukturiert den Alltag

Für viele Menschen gehört die Modellierung des Körpers zum Leben dazu wie Essen und Trinken. Sie können durch ihr Sportprogramm ihren Tag, ihre Woche leichter strukturieren und haben das Gefühl, »das Chaos im Leben ein bisschen besser in den Griff zu kriegen«. Einigen ist es zudem zu einem unverzichtbaren Halt geworden; wenn sie verreisen, sind sie »nie ohne Sportklamotten unterwegs« und können so »überall Sport machen«.

> Mein Fitnessstudio gibt es in jeder großen Stadt. Wenn ich beruflich unterwegs bin, gehe ich abends nach den Terminen immer trainieren. Das ist toll, ich tu was für mich, weiß immer, wie ich sinnvoll meine Zeit nutzen kann, und komme nicht auf dumme Gedanken.«

Beim Sport erlebt man feste Abläufe, eine Verlässlichkeit in puncto Zeiten, Personen und Übungen. Das sichert ab und gibt einen Rahmen. Eine Wiederholung des Immergleichen, des abzuspulenden Programms, ist ein Ritual, das Halt gibt.

> Egal was gestern war, egal was morgen ist, in dem Moment weiß ich, was ich zu tun habe.«

Das Ideal des wohlgeformten Körpers wird zu einer Entscheidungshilfe bei der Tages- und Wochenplanung und erweitert sich zu einem Musterbild für die übergreifende Lebensplanung, von der man nicht abweichen möchte. Aber es geht um mehr als nur um die perfekte äußere Form: Neben dem physisch sichtbaren attraktiven »Körper-Bild« sollen auch die charakterlichen Eigenschaften nicht aus der Form geraten und werden im Sport in Schach gehalten.

Mit Sport kann ich mich abreagieren und
Aggressionen abbauen. Ich bin dann nicht zu
ausschweifend und hab mich leichter im Griff.«

Alles, was den Rahmen sprengen könnte, wird auf die sportliche
Ebene verschoben und scheint so kontrollierbar zu sein.

Die Kultivierung des Körpers wappnet gegen Krankheit und Verfall

Ein festes Sportprogramm zu absolvieren, macht mehr als physisch fit. Es gibt das Gefühl, allgemein widerstandsfähiger zu sein,
als könne einem nichts mehr etwas anhaben. Das Anwachsen des
Muskelumfangs verspricht dann auch eine Expansion der eigenen
Stärke. Menschen haben dadurch das Gefühl, dem Leben per se ge-
stärkter gegenübertreten zu können. Sie erleben sich als weniger
krank, können besser schlafen, der Stoffwechsel wird angeregt, die
Verdauung funktioniert, sie beugen Rückenproblemen vor, fühlen
sich nicht nur körperlich fitter, sondern auch psychisch stark statt
hilflos, sind gesund, fast unverwundbar. Sie haben das Gefühl, »erschreckende und bedrohliche Situationen besser durchstehen« und
der »Willkür der Natur« – Unbeweglichkeit, Krankheit und Tod –
etwas entgegensetzen zu können.

Dann ist man wie eine Blume, die länger
am Blühen gehalten wird.«

Menschen gestalten ihren Körper und werden so selbst zum Schöpfer desselben, zum Schöpfer ihres Lebens. Sie können sich modellieren und dem Schicksal einen Streich spielen: »Früher war ich
klein und dick.« Heute modellieren sie ihren Körper und ihr Leben
neu nach eigenem Gusto. Im Lauf des Lebens erfahrene Kränkungen können sie so »wiedergutmachen«.

Es scheint, als hätten Menschen, die ihren Körper im Griff haben, auch ihr Leben im Griff.

Ich bin aktiv, ich warte nicht, bis etwas passiert. Ich bin
dann den Dingen des Lebens nicht machtlos ausgeliefert.«

Die Kultivierung des Körpers ermöglicht rauschhafte Zustände

Das Leben mit Fitness bringt ein umfassendes Heilsversprechen mit sich. Menschen erfahren eine haltgebende Struktur, erweitern ihre Möglichkeiten und erleben ein wundersames Überschreiten ihrer Grenzen.

Da geht's nicht nur um den Körper, die Seele ist
glücklicher. Beim Sport fühlt man sich frei und
völlig losgelöst. Beim Laufen hat man das Gefühl,
es gebe nichts, was nicht möglich ist.«

Wenn ich körperlich über meine Grenze gegangen bin,
habe ich das Gefühl, eigentlich unsterblich zu sein.«

Nach 30 Runden Wasserski denkt man, alles sei möglich.«

Diese Momente haben nichts mit Vernunft
zu tun, das ist, wie sich ins Meer fallen zu
lassen und die Elemente zu spüren.«

Die entgrenzenden Zustände bei exzessivem Sport erinnern an ekstatisch erregende Momente: Es ist »wie ein Orgasmus«, »wie im siebten Himmel zu schweben. »Alle Grenzen lösen sich auf.« Diese Momente steigern sich in das rauschhafte Gefühl, sich im Sinnlich-Körperlichen aufzulösen: »Dann ist der Moment die ganze Welt.« Sportler kosten diese Augenblicke, in denen sie das Gefühl haben, mit der Welt zu verschmelzen, sehr aus und erleben hier einen sinnlichen Gegenpol zur digitalisierten und fragmentierten Wirklichkeit.

Die Kultivierung des Körpers schafft ein Lebensmaß

Sich fit zu halten, ist für viele Menschen grundlegend. Und in Pflege und Training unseres Körpers ist psychologisch betrachtet Tiefergehendes wirksam, wie wir soeben gesehen haben. Dass es dabei um mehr geht als um einen perfekten Body, zeigen nicht zuletzt extreme Ausprägungen, Formen des Körperkults, in denen die nahezu besessene Arbeit am Körper zu einem übergreifenden Werk wird, das den gesamten Lebensalltag durchzieht und bestimmt. Dies steht dem gerne geschilderten Gefühl, sich in einem fitten, wohlgeformten Körper frei und ungebunden zu fühlen, entgegen. Wie passt das also zusammen? Warum mühen Menschen sich so ab?

Nun, Sport hilft uns, endlich wieder ein Maß zu finden, das unseren Alltag strukturiert. Durch die körperliche Ertüchtigung spannen wir einen roten Faden durch unser Leben, der sich immer wieder neu erarbeitet, erschwitzt und erstrampelt werden muss. Das Streben nach dem perfekten Body hat sich heute bei vielen Menschen zu einer Lebensphilosophie ausgeweitet, die zu einem bedeutsamen Bestandteil ihres Alltags geworden ist. Es bietet ihnen ein klares, eindeutiges und einheitliches Weltbild, das seinen eigenen Ritualen und Gesetzen folgt: der feste Trainingsplan, der kein Abweichen erlaubt, das rigide Ernährungskonzept, das genau vorgibt, was wann zu sich genommen werden darf, die dogmatische Schrittvorgabe auf dem Fitnesstracker, die abends erreicht, besser noch überschritten sein sollte, die genau geregelte Kalorienzufuhr, die – eingegeben ins Smartphone – vor zu ausschweifenden Genusseskapaden bewahrt.

Was gerade Fitness so reizvoll macht, ist das Finden eines Maßes, das sich ganzkörperlich, buchstäblich an einem Maßband, ablesen lässt. Menschen schaffen sich dadurch einen Plan, der mit einem sehr anschaulichen Verrechnungssystem versehen wird. Ihr Leben wird zum planbaren Konzept, dessen Ergebnis sich millimetergenau ablesen lässt am Körperumfang, den Zahlen auf der Waage oder aber an den gemessenen sportlichen Leistungen.

Das Training in Fitnessstudios versinnbildlicht auf drastische Weise die mühevolle Seite der Körperertüchtigung, denn hier kommen Maschinen zum Einsatz, die eher Marterwerkzeugen ähneln als Sportgeräten und die zum ersten Mal in der Geschichte den Menschen paradoxerweise keine Arbeit abnehmen, sondern auferlegen.

Die Gestaltung des Körpers soll also dabei helfen, auch das Leben besser zu gestalten. Mitunter bekommt dies eine entgrenzende Eigendynamik. Dann wird das Lebensprinzip »Fitness« eng und rigide und kennt kein Pardon. Ähnlich wie Sisyphos gelangt man nie ans Ende seiner Mühen. Man muss sich aufraffen, etwas zu tun, wenn andere »gemütlich vor dem Fernseher sitzen«. Das rigorose Verfolgen der Verheißung, den Körper nach eigenen Vorstellungen perfekt gestalten zu können, ruft neben einem unerbittlichen Training auch viel Verzicht auf den Plan.

Versuchen Menschen ihren Körper vollkommen zu gestalten, kommen sie unweigerlich an Grenzen und Beschränkungen und erleben eigene Unzulänglichkeiten. Diese werden – ähnlich wie in der Depression – nicht einfach hingenommen, sondern bekämpft. Die Gefechte mit dem Körper stehen stellvertretend für die Gefechte mit allgemeinen Unzulänglichkeiten. Man verschiebt die Kämpfe gegen die Unvollkommenheiten im Leben und die Beschränkungen, die der Alltag bereithält, auf einen Nebenkriegsschauplatz: Auf dem Laufband, dem Spinningbike, der Hantelbank werden nun die allgemeinen Kämpfe des Lebens ausgetragen.

Im »Kampf gegen die Pölsterchen« kann dann die Entschiedenheit verwirklicht werden, die in anderen Lebensbereichen vermisst wird. Zudem erlebt man sich als Schöpfer des eigenen Körpers und setzt den Gefühlen von Ohnmacht und Ausgeliefertsein eine feste Struktur und einen harten Kampf entgegen.

Die perfekte Form wird dann zum Maß aller Dinge. Zugespitzt findet sich dies in Form von Schönheitsoperationen, die die gesamte Problematik auf einen Punkt reduzieren. Wenn die Nase kleiner, der Busen größer oder das Gesicht faltenfreier ist, scheinen die Probleme des Lebens vom Tisch zu sein und sie landen stellvertretend auf dem OP-Tisch. Die Problemlösung ist dann in einen anderen Bereich verschoben. Ähnlich wie bei der Symptombehandlung in der Depression, in der sich alles nur um die Beherrschung der Symptome dreht, dreht es sich hier nur noch um die perfekte Form. Dies verdeckt, dass es auch noch um etwas anderes geht. Manchmal spüren Menschen, dass der »Sport nicht hilft, sondern einen behindert«, und sie merken:

> Im Grunde renne ich weg, denn eigentlich
> müsste ich jetzt etwas ganz anderes tun.«

Sie spüren, wie sie ihren Zügellosigkeiten »zu viel zu essen«, »zu viel zu rauchen« etc. mit einer weiteren Maßlosigkeit entgegenwirken können. Dann ist der Kampf um die Gestaltung des eigenen Körpers zur Sucht geworden.

> Ich kann manchmal nicht mehr aufhören zu rennen.«

> Ich mache so lang, bis ich Sternchen sehe.«

Ein wohlgeformter Körper wird dann zum Sinnbild für eine wohlgeformte Wirklichkeit, die Bestzeit im Langstreckenlauf für das bestmögliche Durchgleiten des Alltags.

Fitness bietet eine Möglichkeit, am Körper beispielhaft und physisch greifbar ein Maß für sich und sein Leben zu entwickeln. Sie erweist sich als Hilfe dabei, dem Alltag mit seinen Sehnsüchten und Verführungen zu begegnen und die Fülle der Wirklichkeit auf ein übersichtliches Maß zu reduzieren. Trainingspläne erleichtern die Entscheidung, wie die Freizeit oder Erledigungen des Alltags gestaltet werden. Ich muss nicht mehr überlegen, ob ich mit dem Auto oder dem Rad zur Arbeit fahre, denn das Kalorienverbrennen auf dem Drahtesel ist obligat, das Auto steht gar nicht zur Debatte. Ernährungspläne entlasten auch bei der Entscheidung für das gesunde und gegen das ungesunde Essen.

Nun wird aber das, was helfen sollte, den Alltag zu strukturieren und dem Leben wieder ein Maß zu geben, manchmal selbst maßlos und schafft eine Enge, in der nur noch wenig Spielraum bleibt. Alles, was nicht passend ist in dieser wohlgeformten Welt, wird abgespalten und bekämpft. Die strenge Ideologie, die auf das Erzielen eines ebenmäßigen und schönen Körpers gerichtet ist und dafür extreme Forderungen erhebt, spaltet das Leben und teilt alles ein in »gut« oder »böse«, »fitte« oder »unfitte Menschen«, »liegen bleiben« oder »laufen gehen«, »dick« oder »schlank«. Menschen kämpfen dann nicht nur gegen das Übergewicht, sondern gegen alle übergewichtigen Menschen und alle Versuchungen. Dieser Kampf hört niemals auf, denn das Angehen gegen den Verlust der Körperform, das Alter, die Zeit und in letzter Konsequenz gegen den Tod ist ein nie enden wollender Feldzug.

Das Versprechen, dass man aus diesem Kampf als glorreicher Sieger hervorgeht, bleibt eine ersehnte Zukunftsfantasie, die sich aber nicht erfüllen kann – ein reiner Konjunktiv. Und ebenso bleibt die Notwendigkeit, ein Maß und eine Form für sein Leben zu finden, ein fortwährender Prozess. Dieser kann durch die Arbeit am Körper zwar erleichtert, sinnlich am Leib spürbar und sichtbar werden, aber auch zwanghafte Forderungen stellen, die das Leben nicht einfacher machen, sondern hemmen und die Menschen in ihrem offenen Wachstum einengen auf eine festgelegte Eichung.

Wenn das Bestreben um das Erreichen eines perfekten Körpers totalitäre Züge annimmt, drängen sich unweigerlich Analogien zu mittelalterlichen Religionsformen auf, wurde doch damals alles einem absoluten Gottesbild untergeordnet. Man lebte für dieses Bild und für ein Leben nach dem Tod. Das befähigte zu ungeheuren Anstrengungen und Leistungen.

Heilsverkündungen werden heute bei der Fitness bereits im Diesseits verortet: Wirst du fit, dann wird dein ganzes Leben glücklich und erleuchtet sein. Die mittelalterlich-religiöse Aufspaltung der Welt in »heilig« und »unheilig« findet im übersteigerten Fitnesskult ihre Entsprechung in der strikten Unterteilung dessen, was dort hineinpasst und was nicht. Es gilt nur diese eine Prämisse. Damit schaffen Menschen es, sinnbildlich Dämonisches, d.h. eigene ungeliebte Seiten, zu kontrollieren und zu bezwingen. Wenn etwas dagegen verstößt, gibt es klare Sanktionen. Wie die Zehn Gebote werden die Gebote für ein fittes Leben regelrecht inkarniert – so wie wir es auch schon in Bezug auf die Ernährung gesehen haben. Diese Richtlinien sind dann zu einem Maßstab für das ganze Leben geworden. Menschen erlauben sich zu sündigen (mal nicht zu trainieren, mal mehr zu essen), wenn sie danach Abbitte leisten und »mehr trainieren, als man eigentlich muss«. Und anstelle eines Gottes wird der Körper ikonisiert und als Kultfigur verherrlicht.

So kann ein übertriebener Körperkult im Extremfall zur Besessenheit, zu einem allesfordernden Übermaß werden. Das ganze Lebens-Maß wird unter das Body-Mass gestellt. Dann dreht sich alles nur noch um das passende Körpermaß, es sind keine Nischen mehr erlaubt, die den Anspruch der Perfektion relativieren könnten. Menschen geraten auf diese Weise in ein starres, unbewegliches Regelwerk, in die Mühlen ihres selbst auferlegten Programms. Sie richten sich damit ein totalisierendes Dogma ein, das als ständiger Begleiter nicht nur den Körper, sondern das ganze Leben, den gesamten Alltag, formt. Wenn die Verkörperung dieses Dogmas wegfällt, droht auch all das wegzubrechen, was das Leben zusammenhält.

Im Extremfall haben die Menschen dann Angst, »drogenabhängig« zu werden, »unter der Brücke zu landen« oder »überhaupt nicht mehr funktionieren zu können«. Die Körperform zu verlieren, ist für sie gleichbedeutend damit, die Form ihres Lebens zu verlieren. Fitness ist dann keine Alltagshilfe mehr, sondern ein Zwang, der alles unter seine Prämisse zwingt, der durch die Forderung nach gesteigerter Selbstdisziplin und Geißelung den Gestaltungsspielraum der Menschen immer weiter einengt und ihnen den letzten Rest an Unbeschwertheit raubt.

Dann mutiert selbstverwöhnende Körperpflege zu krankhaftem Schöpfungswahn, Bewegungslust zu einer persönlichen Hetzjagd, Schöpfung zu Erschöpfung – alles im zwanghaften Dienste der perfekten Form. Die Besessenheit, die dem zugrunde liegt, kann krankhafte Züge annehmen. Hier zeigen sich die Parallelen zur Depression auf, die auf ihre – ebenfalls extreme – Weise den Umgang der Betroffenen mit den komplexen Anforderungen unserer Kultur bestimmt: Angesichts des Verlusts eines Halt gebenden Maßes markiert hier das Laufband den Alltag, dort der Leerlauf.

Die Kultivierung des Körpers erhöht die eigene Wirkmächtigkeit

In unserer Kultur erfahren Menschen, wie wir gesehen haben, mitunter leidvoll die Beschränkung ihrer Einwirk- und Kontrollmöglichkeiten. Die Gestaltung des Körpers nach unserem Willen stellt dann eine Möglichkeit dar – eine materiell fassbare und sehr körperliche –, um selbst etwas zu bewirken und wieder ein Maß zu erhalten. Denn wir Menschen brauchen ein solches, brauchen Orientierungen für die Bewältigung des Alltags.

Hier bietet der Körper also ein breites Betätigungsfeld: Wir laufen und stemmen, hungern und büßen, nehmen Treppen statt den Aufzug, reduzieren die Kalorien und hoffentlich auch die Kilos auf der Waage, cremen und peelen, lassen auf- und abpolstern, Fett absaugen und an anderer Stelle wieder einspritzen, Haare und Wimpern verlängern, die Haut glätten, schwitzen und schnaufen und gehen nicht selten über unsere Belastungsgrenzen hinaus. Wir sagen so nicht nur den Kilos auf der Waage oder den Falten im Gesicht, sondern generell den Spuren des Lebens den Kampf an. Im rechten Maß ist das für uns gut und gesund. Allerdings dürfen wir auch dies nicht maßlos betreiben. Körperpflege und -formung vermögen uns ein gutes Körpergefühl zu verschaffen. Verlieren wir hier aber unser Maß, möchten wir uns selbst perfekt gestalten, also selbst zum Schöpfer werden, steckt dahinter womöglich die – trügerische – Hoffnung, nicht nur zum Bildhauer unseres Körpers, sondern auch zum Autor unseres Lebens zu werden. Doch dazu gehört viel mehr als bloßer Körperkult.

Fitness mobilisiert Körper und Seele
Diese mitunter extremen Formen verdeutlichen, wozu
der Mensch die Arbeit am Körper einerseits nutzen und
in welch besessenen Formen er dabei andererseits auch
hineingeraten kann. In dieser starken Ausprägung findet
dies natürlich nicht immer statt. Aber daran wird deutlich,
was diese vermeintlich banale Alltagsform »Fitness«
alles vermag und dass auch hier wiederum der gesamte
seelische Apparat mitwirkt. So kann ein maßvoller und
beweglicher Umgang mit dem Körper eine weitere Hilfe
sein, aus der Stilllegung der Depression herauszufinden.
Er vermag uns aus unserer Ohnmacht herauszuhelfen,
dazu beizutragen, dass wir uns wieder als wirkmächtiger
erleben. Wir erhalten durch einen Trainingsplan
Orientierung und Struktur und erreichen, wenn wir es
nicht übertreiben, einen maßvollen Umgang mit unserem
Körper und im weiteren Sinn auch mit unserem Leben.

Schöner wohnen – zwischen Kreativität und Perfektionismus

Um mit der Diskrepanz zwischen Allmacht und Ohnmacht, die
unser Leben in der heutigen Kultur prägt, leichter umgehen zu
können, bietet der Alltag eine weitere auf den ersten Blick banal
wirkende Möglichkeit der Perfektionierung und Konfektionie-
rung. Im Alltag, in dem wir vielen Unsicherheiten und Umbrü-
chen ausgesetzt sind und oft das Gefühl haben, dass unser Gestaltungsspielraum durch andere und anderes bestimmt wird, können
wir uns potenter fühlen, wenn wir selbst unser Heim gestalten.
Ganz handfest und materiell. Durch das Gestalten unseres Zuhauses fühlen wir uns wirkmächtiger und vermögen der erfahrenen
Ohnmacht eine eigene Kompetenz und Schöpfungskraft entge-
genzusetzen.

Das Einrichten und Dekorieren des eigenen Heims ist keinesfalls nur unnützer Schnickschnack oder eine überflüssige Nebensache. Wir investieren nicht umsonst viel Zeit und Geld in die Gestaltung unserer vier Wände. Heutzutage sind die Menschen wieder
vermehrt in Einrichtungsläden oder Baumärkten unterwegs und
suchen dort nach neuen Inspirationen, um ein Gefühl der aktive-
ren Selbstwirksamkeit herbeizuführen. Sie wollen die eigene häus-
liche Welt »sinnvoll« umgestalten und verwandeln sie nach eigenem Gusto. Hochsaison hat der Gestaltungsdrang zwar nach wie
vor zu Weihnachten, Ostern oder anlässlich familiärer Feste. Dann
soll alles ganz besonders glanzvoll und perfekt sein. Aber auch
in der übrigen Zeit kommt dem Einrichten und Dekorieren des
Heims eine große Bedeutung zu, wird es genutzt, um Gefühle und
Erlebnisse zu verarbeiten. Ist das Heim in Ordnung, so scheint auch
das Leben in Ordnung zu sein.

Aus psychologischer Sicht werden mit dem Gestalten des eigenen Heims also gleich mehrere Zwecke erfüllt, die es nun zu betrachten gilt:

- Wohnraumgestaltung behandelt Gefühle von Brüchigkeit.
- Entrümpelung schafft Raum für Veränderungen.
- Heimwerken ist eine Erfahrung von Selbstwirksamkeit.

Wohnraumgestaltung behandelt Gefühle von Brüchigkeit

Psychologisch betrachtet dekorieren manche Menschen, um seelische Wunden zuzupflastern und zu behandeln. Sie möchten glätten und harmonisieren, was brüchig und rau ist.

> Wenn wir es uns schön machen, sagen wir damit: ›Wir
> fühlen uns wohl hier. Gemeinsam!‹ Das gibt uns Halt,
> Stabilität und Konstanz bei allem, was uns passiert!«

Vielen Menschen scheint es zu gelingen, mit der Hinwendung zu privaten Do-it-yourself-Projekten in Eigenwelten aufzugehen, sich weitgehend in ihr privates Idyll zurückzuziehen und so die konfliktbeladene Welt da draußen mit all ihren Krisen auszublenden. Mit dem Dekorieren können Menschen es erreichen, nicht nur ihr Heim aufzuhübschen, sondern ihr Leben zu kurieren und zu festigen. Dekoration wird dann genutzt, um die eigene Welt zu reparieren, seelische Wunden zu behandeln und Schicksalsschläge zu verarbeiten. So etwa die Trennung vom Partner oder den Verlust von geliebten Menschen.

Vor zwei Jahren hat sich der Sohn von Melanie das Leben genommen. Seitdem ist für sie und ihre Familie nichts mehr, wie es war. Zudem ist ihr Mann an Krebs erkrankt.

Das Dekorieren des Zuhauses bekommt für die ganze Familie eine immense Wichtigkeit: Sie dekorieren gerne zusammen. Auch der Ehemann, der von Hause aus wenig Wert darauf legte, hat das Interesse am Dekorieren von Melanie übernommen. Der verstorbene Sohn hatte ebenfalls sehr gerne dekoriert. So dient das gemeinsame Dekorieren mittlerweile dazu, sich zusammen wohlzufühlen und das Gefühl von Halt, Stabilität und Stärke zu erleben.

Mit dem Dekorieren geht die Bearbeitung schlechter vorangegangener Ereignisse, Erlebnisse und Erfahrungen einher, indem die Familie sich zu Hause eine heile Welt schafft und zugleich ein Ritual etabliert hat, um des verstorbenen Sohnes zu gedenken. »Wir geben uns Halt durch ein schönes Zuhause. Früher hat das immer mein Sohn gemacht.«

Gerade in Zeiten, in denen das Leben rau und schroff ist, versuchen Menschen mit schöner Dekoration die Unebenheiten des Alltags zu glätten, getreu dem Motto: »Wenn ich es mir zu Hause schön mache, wird das Leben schöner.« Ein schönes Heim erfüllt den Zweck der Stabilisierung und Harmonisierung und schafft eine heile Kulisse.

Viele Menschen inszenieren sich auf diese Weise ihre ideale Traumwelt. Man dekoriert demzufolge nicht nur, um Farbe in die Wohnung, sondern auch wieder in das Leben zu bringen und den Alltag lebendiger und (farben-)froher zu machen. Wenn die Gestaltung des Lebens aus den Händen gleitet, hilft es, zumindest das Wohnzimmer so herzurichten, dass alles am richtigen Platz ist.

Entsteht über eine längere Zeit eine zu große Diskrepanz zwischen der perfekten Inszenierung des Heims und dem unvollkommenen Alltag, wird es problematisch. Die Menschen spüren dann, dass mehr als nur das Heim einer Renovierung bedarf.

> Irgendwann habe ich gemerkt, dass zu Hause alles immer tippitoppi ist – hier ein Blümchen und da noch was Schönes. Aber die Ehe mit meinem Mann war eigentlich schon kaputt. Das passte nicht mehr zusammen.«

Dreht sich dann alles nur noch um die Inszenierung dieser heilen Traumwelt, dann kommt es zu einer Abspaltung und Abschottung von der realen.

Welche besessenen Züge dies annehmen kann, zeigen Zwangserkrankungen, bei denen Menschen es nicht ertragen können, wenn eine Vase oder ein Teller an der falschen Stelle steht und nicht exakt den gleichen Abstand zum nächsten Gegenstand hat. Im *pathologischen Ordnungszwang* ordnen Menschen zwanghaft Gegenstände und richten sie meist symmetrisch aus. Die Betroffenen versuchen mit penibler Genauigkeit, Ordnung in ihrem Hab und Gut herzustellen. Dieses Verhalten ist weitaus radikaler als die normale Ordnungsliebe. Die Pedanterie, mit der hier die Dinge des täglichen Lebens geordnet werden, ist nach strengen Regeln ausgerichtet. Verschiedene Dinge, wie etwa Möbel, Bücher, CDs, Besteck oder Dekorationsgegenstände, werden peinlichst genau aufgeräumt und organisiert. Wenn etwas diese Ordnung durcheinanderbringt, reagieren diese Menschen mit Unruhe oder Angstzuständen. Durch die Regelung der Positionierung der Gegenstände hoffen die Betroffenen, auch ihr Leben zu regeln. Alles dreht sich bei ihnen nur noch darum, Unordnung in Ordnung zu verwandeln oder die hergestellte Ordnung zu erhalten. Das bestimmt maßgeblich ihr Leben und ihren Alltag. Nimmt die Ordnungsliebe keine zwanghaften Formen an, vermag das Einrichten und Ordnen des Zuhauses dabei zu helfen, auch eine innere Ordnung wiederherzustellen.

Entrümplung schafft Raum für Veränderungen

Jüngst zeigt sich bei vielen Menschen allerdings auch wieder eine Entwicklung dahingehend, beweglich bleiben zu wollen. Sie spüren, dass sich etwas verändert in der Welt und sie nicht ewig in starren Mustern verharren können. Der lange in Deutschland vorherrschende »Entwicklungsschonraum« – »Uns geht's doch eigentlich gut« – scheint sich nicht bis ins Unendliche fortsetzen zu lassen. Wir wollen bereit sein für den Aufbruch, statt unbeweglich im Cocooning zu verkleben. In diesen Trend passt sich eine eher reduzierte und schlichte Form des Einrichtens wie der momentan beliebte skandinavische Stil eher ein als der Zierrat vergangener Zeiten. Nach dem Motto »Weniger ist mehr« misten Menschen ihr Zuhause aus, werfen Ballast ab und haben so das Gefühl, jederzeit die Möglichkeit zum Aufbruch zu haben.

> So eine passende heile Welt zu haben, ist gefährlich.
> Ich weiß doch heute nicht, was morgen ist!«

Das Entrümpeln der Wohnung – eine Reduktion der Überfülle – setzt dann als eine symbolische Handlung etwas Neues in Gang und hilft auch, das Leben zu verändern und ihm eine (neue) Struktur zu verleihen.

> Wenn man im Leben selbst was verändert, dann
> will man auch entrümpeln und ausmisten. Jeder
> gefüllte Müllsack ist wie eine Befreiung!«

Damit einher geht die aktuelle Tendenz, die Gestaltung des Wohnraums weniger auf den Erhalt eines Idylls auszurichten als eher auf eine mögliche Veränderung. Veränderungen sind generell schwierig. Menschen fällt es leichter, in Altem zu verharren, als sich in Neues zu stürzen. Manchmal bedarf es äußerer und sichtbarer Unterstützung, wie erste Gehversuche mit einer Krücke, um mit Veränderungen umgehen zu lernen. Durch das Umgestalten des Zuhauses versuchen wir, Veränderungen zu verarbeiten oder einzuleiten. Dann wird diese Tätigkeit beispielsweise dazu genutzt, größere Veränderungen im Leben einzuläuten oder in Form der umgestalteten Einrichtung sichtbar zu machen. In einer Art spielerischem Erneuern wird erst anhand der Ausgestaltung des Heims oder einzelner seiner Teile probiert, wie sich das neue Leben, die neue Phase, anfühlt.

> Ich stand zweimal vor dem Nichts – habe meine
> Wohnung und den Mann verloren. Aber selbst wenn
> die neue Wohnung klein und ungemütlich war, habe ich
> was Tolles daraus gemacht. Mit dem Dekorieren habe
> ich mich wieder aufgerichtet und besser gefühlt!«

Ein Aufbruch in Neues kann so leichter gelingen und wird durch das Umgestalten eingeleitet oder begleitet. Wir Menschen üben das Verändern und Loslassen durch Kreieren, Dekorieren, Designen unseres Zuhauses. So können wir die herrschende alte Ordnung verändern, uns von Ballast befreien, um für Neues Platz zu schaffen.

> Katrin hatte das Gefühl, durch das Ansammeln von Hummelfiguren und Spitzendecken, das sie im Alter von 25 Jahren gemeinsam mit ihrem Freund betrieb, zu ersticken. Mit 20 hatte sie noch einen »Nestbauinstinkt« gehabt, alles sollte schön und kuschelig sein. Ihr Freund wollte eine Familie mit ihr gründen, dafür sollte sie jedoch ihren besser vergüteten Job aufgeben. Doch irgendwann hatte sie dann das Gefühl bekommen, dass die Zukunfts-

vorstellungen ihres Freundes sich von den ihren stark unterschieden. Als Einleitung einer Veränderung »warf sie ihn raus«, ließ sich die Haare raspelkurz schneiden, schenkte die Hummelfiguren ihrer Schwägerin zur Hochzeit und entledigte sich auch sonst vieler Altlasten. Nun konnte das neue Leben beginnen.

Manchmal bleibt die Veränderung aber auch rein äußerlich: Dann gestalten Menschen zwar ihre Umgebung, ihr Zuhause neu, setzen damit jedoch nur vermeintlich Änderungen ihres Lebens in Gang. Eigentlich bleibt alles beim Alten, sie machen weiter wie bisher, nur die Kissen und die Farbe der Wände ändern sich.

> Ich streiche total gerne meine Wände. Ich liebe das. Danach sieht alles so frisch und neu aus. Manchmal habe ich zwar das Gefühl, dass eigentlich was anderes ansteht, aber der Griff zum Pinsel ist dann leichter, als grundlegend etwas zu verändern.«

Wie sehr das Aufräumen der Wohnung mit dem inneren Aufräumen verknüpft ist, zeigt beispielsweise das zurzeit beliebte »Aufräumen mit Marie Kondo«, ein angeleitetes Aufräumen durch die gleichnamige japanische Ordnungsberaterin und Bestsellerautorin. Von dieser Methode versprechen sich die Menschen so etwas wie ein Großreinemachen nicht nur für das Zuhause, sondern auch für ihr Leben generell.

> Das ist wie ein Reset fürs Leben, dann starte ich neu mit leerer Festplatte.«

Durch eine Bindung an weniger Gegenstände möchten Menschen ihre Freiheiten aufrechterhalten. Eine Reduktion auf wenige und wichtige Dinge schafft für sie Freiraum für neue Entwicklungen und Ereignisse.

> Das hat sich verändert bei mir, denn ich denke, je mehr Materielles man anhäuft, umso mehr Last hat man.«

Das Aufräumen und Dekorieren schafft nicht nur eine Ordnung im Haus, auch die Menschen selbst fühlen sich dadurch aufgeräumter. Sie probieren stellvertretend an Einrichtungsgegenständen, wie sich Veränderungen initiieren lassen, üben das Umgehen mit Übergängen ein, verabschieden sich von etwas Altem, was nicht mehr in ihr Leben zu passen scheint.

Heimwerken ist eine Erfahrung von Selbstwirksamkeit

Mit dem Heimwerken kommt noch eine weitere Komponente hinzu. Es feiert derzeit ein großes Comeback. Nicht nur Männer werken mit Leib und Seele und sind fasziniert davon, neue und eigene Welten zu erschaffen, sondern auch Frauen lieben es mittlerweile, sich in Baumärkten inspirieren zu lassen. Der Sinn und Zweck des Handwerks hat sich heutzutage maßgeblich verändert: Markierte es früher den Beginn der Kulturgeschichte, stellt es heute eher einen beliebten Gegenpol zu unserem Alltagsleben dar, bietet ein beliebtes Kontrastprogramm zu unserem digitalisierten Leben. Durch eigenes bodenständiges Bauen und Heimwerken können Männer und Frauen gleichermaßen der erlebten Ohnmacht etwas eigenes Handfestes entgegensetzen. Beim Heimwerken spüren sie, wie befriedigend es sein kann, analog, Schritt für Schritt, etwas zu tun: sich inspirieren zu lassen, zu planen, etwas umzusetzen und dann das Ergebnis, das fertige Werk, zu bestaunen. Der Handwerker erlebt sich als Schöpfer, er schafft seine eigenen Kreationen, der Erfolg liegt im selbst geschaffenen gelungenen Werk, sichtbar und zum Anfassen.

In unserer sehr komplexen Welt erleben die Menschen es als wohltuend, einfach mal zu machen, nicht nachzudenken, sondern im Haus zu werkeln und im Garten zu buddeln, sich den Widrigkeiten der Natur und der Materialien zu stellen und mit ihnen umgehen zu lernen. Sie lieben es, kreativ zu gestalten, geraten ins Schwärmen und schwelgen in den schönsten Vorstellungen davon, wie das Werk am Ende aussehen soll, ja nahezu in Fantasien von schöpferischer Allmacht.

Wenn man aber wirklich etwas gestalten und Handfestes schaffen will, dann dürfen diese Fantasien nicht in der Vorstellung verhaftet bleiben, sondern müssen in einen produktiven Austausch mit den tatsächlichen Gegebenheiten gebracht werden, ein ständiges Abwägen von Wünschen und der Möglichkeit ihrer Umsetzung ist vonnöten. Die Lust auf Erneuerung muss immer wieder in Abgleich gebracht werden mit den dazu notwendigen Funktionalitäten. Das Werken ist für uns Menschen ein gutes Lehrstück darin, ein Ziel vor Augen zu haben und es Schritt für Schritt Realität werden zu lassen, ohne die Bedingungen der Natur, der Dinge, zu übergehen oder sie als kränkende Beschränkung unserer Gestaltungswünsche zu werten. Holz lässt sich eben nur nach seiner Beschaffenheit bearbeiten, und Farbe muss trocknen, bevor man den nächsten Arbeitsschritt angeht. Wenn ich einen Schuppen bauen möchte, müssen die architektonischen und statischen Bedingungen berücksichtigt werden.

In einer Rückbesinnung auf die Wertigkeit des Materialen und das Erleben des Selbermachens schaffen Menschen sich durch das Heimwerken zugleich eine tägliche Sinnstiftung. Auf ein Ziel hinzuarbeiten, Schritt für Schritt nachverfolgen zu können, wie eine Sache sich entwickelt und langsam Gestalt annimmt, richtig anzupacken, das bedeutet heute für viele Menschen einen befriedigenden Ausgleich und ein angenehmes Gegengewicht zu ihrer ansonsten weniger handfesten Wirklichkeit. Der Hobby-Handwerker genießt die darin inbegriffene Einfachheit und Bodenständigkeit. Er erlebt es paradoxerweise als entlastend, durch etwas hindurchzumüssen, warten zu müssen, bis etwas wächst oder trocknet, und vom Rhythmus der Natur bestimmt zu werden. Auch hier lassen sich heile Welten gestalten. Ein gemeinsames Projekt zu verfolgen, zusammen mit der Familie, Freunden oder aber auch fremden Personen etwas zu bauen, kann große Zufriedenheit schaffen.

Manchmal überlege ich mit meinem Mann: ›Was könnten wir mal wieder bauen?‹ Und dann legen wir los, gemeinsam mit unseren Kindern. Das ist zwar viel Arbeit, aber am Ende sind wir total stolz und zufrieden, das geschafft zu haben. Mit den Händen was zu schaffen, ist einfach mal was ganz anderes, als immer nur zu denken.«

Das eigene Gestalten kann viele Formen annehmen, angefangen bei pragmatischen kleinen Reparaturen, bei denen wenig Inspiration gefragt ist, bis hin zu einem radikalen Neubau, bei dem kreativ etwas völlig Neues geschaffen wird. Dabei werden der Komplexität der Wirklichkeit die schlichten, konkreten Eigenschaften des Materials entgegengesetzt. Zwischen den klaren, vom Material vorgegebenen Bedingungen und dem kreativen Erschaffen eigener Kunstwerke bewegt sich der Spielraum, so etwa bei der Gestaltung eines Badezimmers zwischen dem Bau eines soliden Waschraums und dem Designen einer kleinen Wellnessoase. Doch bei jedwedem Gestalten muss der stofflichen Wirklichkeit Rechnung getragen werden. Das experimentelle Gestalten in einem festen Rahmen fasziniert und erdet uns Menschen.

Dekorieren für die Seele
Ein Gestalten des Heims vermag also so viel mehr, als nur oberflächlich Ordnung zu schaffen. Es erleichtert Phasen des Übergangs und leitet Neues ein: Familiengründung, Zusammenzug mit einem neuen Lebenspartner, das Sicheinrichten im neuen Leben, nachdem die Kinder das Haus verlassen haben ... Das Dekorieren kann ein Ausdruck von Kreativität und Gestaltungsfreude sein und dabei helfen, sich auf Unbekanntes einzulassen. Wenn Sie Spaß am Gestalten Ihres Heims haben, dann nur zu! Aber belassen Sie es nicht bei einer äußeren Umbildung, sondern nehmen Sie das äußere Umgestalten Ihres Zuhauses als Entwicklungshilfe, um nötige Änderungen auch in Ihrem Leben umzusetzen.

Zugleich können hier auch Wege gefunden werden, die aus der depressiven Gleichgültigkeit heraushelfen können. Wenn ich mein Zuhause gestalte, kann ich einüben, Dinge wertzuschätzen und Priorisierungen zu treffen. Was ist mir so viel wert, dass ich es aufheben möchte und ihm einen Platz in meinem Zuhause gebe? Hat mich ein bestimmter Gegenstand vielleicht schon immer gestört oder passt er vielleicht heute nicht mehr zu meiner Gemütsverfassung, in mein Leben? Dann macht es Sinn, sich von ihm zu trennen und Raum für Neues zu schaffen. Das ist ein Sinnbild für Entwickeln und Loslassen.

Digitaler leben – zwischen Sichfinden und Sichverlieren

Durch die Digitalisierung sind Menschen heute maximal informiert und aufgeklärt. In Sekundenschnelle bekommen sie alle Informationen, die sie suchen, und meist noch viele weitere darüber hinaus. Sie erfahren alles Relevante über das Weltgeschehen, das Wetter, wie sie die Waschmaschine reparieren können, erhalten die besten Schmink- und Gartentipps. Sie speisen freiwillig ihre Daten ins Netz ein, lassen diese auslesen und bewerten. Doch die persönliche Datenbank bringt den Menschen sich selbst oftmals nicht näher, sondern lässt ihn sich zunehmend fremd werden. Man vertraut kaum mehr sich selbst und dem eigenen Körpergefühl. Trotz Smartphone sehen sich die Menschen immer noch mit inneren Widersprüchen, unlösbaren Problemen, mit Krisen und Krankheiten und unbeantworteten Fragen konfrontiert und suchen nach Orientierung.

In diesem Kapitel möchte ich der Frage nachgehen, wie Menschen die fehlende Orientierung (wieder-)finden können, wie sich das World Wide Web hierzu anbietet und sich zugleich manchmal

zu einem Paralleluniversum entwickelt, in dem sich Menschen verlieren können. Ich werde aufzeigen, wie das Netz dabei zu helfen
vermag, zu sich selbst zu finden, wie Influencer zu neuen Heilsbringern werden und Tutorials uns als Alltags-Knigge und Lehrmeister
dienen können.

Auch hier gibt es wieder verschiedene Formen des Umgangs
mit dem Medium:

- Surfen im Netz kann zur virtuellen Heil(ung-)ssuche werden.
- Influencer werden zu modernen Leitfiguren.

Surfen im Netz kann zur virtuellen Heil(ung-)ssuche werden

Heute ist es zur Regel geworden, sowohl zu kleinen als auch zu
ernsthaften Beschwerden im Internet zu recherchieren. Wenn
Menschen erkranken, erleben sie sich noch einmal stärker in ihren Möglichkeiten eingeschränkt. Sie erfahren sich als verletzlich
und ausgeliefert. Mitunter sind sie verunsichert, ängstlich und
auch gekränkt, dass ihnen so etwas widerfährt. Im Krankheitsfall
ist mittlerweile der erste Weg oft der ins Internet; »Das google ich
doch mal …« Überraschenderweise suchen sie im Netz aber weitaus mehr als reinen Informationsgewinn. Es wird zum Schauplatz
einer umfassenden (Heils-)Suche, die noch vor Jahren in der analogen Welt der Arztpraxen und Krankenhäuser betrieben wurde.

Recherchieren Menschen im Netz rund um ihre Erkrankungen, starten sie von verschiedenen Ausgangssituationen: *vor* einem Arztbesuch, *anstelle* einer Konsultierung eines Arztes oder
als *Nach*behandlung im Sinne einer Klärung noch offener Fragen
oder zur Verifizierung der Diagnose. Zudem wird das Netz zu allen nur möglichen Erkrankungen durchforstet, von banal bis le-
bensbedrohlich, von Volkskrankheiten, die in aller Munde sind, bis
hin zu peinlichen Erkrankungen, über die man nicht gerne spricht.
Aber unabhängig davon, wie massiv die Erkrankung ist, befinden

sich alle Menschen in einer ähnlichen Ausgangslage: Sie fühlen sich in irgendeiner Form ihrem menschlichen Elend ausgeliefert. Sie leiden unter ihrer Erkrankung, fühlen sich mehr oder weniger eingeschränkt, können womöglich ihrem Alltag nicht mehr in gewohnter Form nachgehen, haben Schmerzen und vielleicht auch Angst.

Früher sind Menschen in solchen Situationen auf Pilgerreise gegangen. Sie haben sich auf den Weg gemacht, auf die Suche nach Erlösung von ihren irdischen Schmerzen. Heute scheint die reale Welt diese Heilsuche immer schwerer erfüllen zu können. In der analogen Welt ist der Glaube an übergeordnete Kräfte mittlerweile verblasst, auch Ärzte – die Halbgötter in Weiß – sind nicht mehr so unantastbar wie früher. Sie sind irdisch geworden, »hören nicht mehr zu und wollen einem nur das Geld aus der Tasche ziehen«. Das Erlösungsversprechen hat sich inzwischen in die virtuelle Welt verlagert, die nun das ersehnte Heil liefern soll.

In den Weiten des Internets begeben sich die Menschen ebenfalls auf eine Reise, die psychologisch betrachtet den Charakter einer Pilgerreise hat. Das Internet als Paralleluniversum hat seine eigenen Heilsbringer geschaffen. »Da frag ich mal Dr. Google«, hört man oft, und in der Tat beginnen die meisten Recherchen über Google. Die gigantische Suchmaschine gilt als Abbild der Wirklichkeit: Das, was in Google existiert, gibt es auch wirklich! Aber das, was in Google *nicht* auftaucht, gibt es auch nicht.

Menschen suchen heutzutage die »Erlösung« im Virtuellen, aber erstaunlicherweise soll es bei der Internetrecherche in der sonst so beschleunigten Welt nicht so schnell zugehen. Genesung braucht auch hier Zeit und gelingt selbst in der digitalen Welt nicht auf Knopfdruck. Der virtuelle Pilgerpfad ist gepflastert mit viel Zeit, Irrungen und Wirrungen, Höhen und Tiefen, Hoffnungen, Verzweiflung und Enttäuschungen.

Man begibt sich auf diese Heilsuche ausgehend von dem Gefühl des Ausgeliefertseins. Man informiert sich im Netz nicht nur über die Erkrankungen, sondern will mit seinem Leiden gesehen werden und sich aufgehoben fühlen. Es ist erstaunlich, aber Menschen fühlen mitunter eine größere Nähe im World Wide Web als im realen Leben, denn das Netz »hört zu« und nimmt die Beschwerden ernst. Im Internet lässt sich immer etwas über die eigenen Symptome finden, die Beschwerden werden weder infrage gestellt noch belächelt. Das Netz ist geduldig und fürsorglich. Es bedient das Bedürfnis nach Beruhigung und Angenommenwerden.

Das ist es, was man beim Arzt häufig vermisst: genaues Zuhören und empathisches Nachfragen statt einer schnellen Abfertigung. Foren, Beratungsseiten sowie Portale mit Diagnosehilfen und dezidierten Beschreibungen der Beschwerden vermitteln den Menschen das Gefühl, endlich einmal verstanden zu werden.

Patienten finden mit ihren Beschwerden, Sorgen und Nöten eine Resonanz im Netz. Dieser Widerhall im Digitalen gibt ihnen eine Existenzversicherung, getreu dem Motto: »Finde ich mich mit meinen Beschwerden wieder, existieren sie und letztlich ich selbst auch.«

Die Recherche im Netz ist für die meisten Menschen sehr lehrreich. Sie lernen dabei viel über Krankheiten, deren Verläufe und Behandlungsmethoden, das Funktionieren des menschlichen Organismus. Ähnlich wie auf einer Pilgerreise reichern sie sich so mit Erfahrungen und Wissen an und fühlen sich dadurch gestärkt. So können sie der Erkrankung, durch die sie sich schwach und begrenzt fühlen, etwas entgegensetzen. Ferner vermögen sie auf diese Weise, dem Arzt mit größerer medizinischer Expertise gegenüberzutreten, und erleben sich auf Augenhöhe mit dem Halbgott in Weiß.

> Wenn ich mich selber auskenne, dann geht der Arzt mit mir ganz anders um, und ich bekomme eine bessere Behandlung.«

Doch der Weg im Internet birgt ebenso wie eine Pilgerreise viele Abzweigungen und Irrwege. Auf der Suche nach Diagnose- und Behandlungsmöglichkeiten begegnen Menschen dort Berichten von spontanen Wunderheilungen und Schicksalsschlägen. Darin tauchen sie ein, verlieren sich darin und sind mitunter erstaunt, wie viel Zeit sie damit verbracht haben, sich erschreckende Horrorgeschichten oder Berichte über wundersame Heilungsverläufe anzuschauen. Das stürzt sie in ein Wechselbad der Gefühle, kann ihnen aber auch dazu verhelfen, das eigene Leid zu relativieren oder den Glauben an die eigene Heilung zu bestärken.

> Wenn der es geschafft hat, gesund zu
> werden, dann gelingt mir das auch.«

Die Hoffnung auf Wunderheilungen und die Suche nach dem einen Wundermittel treibt die Suchenden an und kann zu einer lebenslangen Beschäftigung werden. Schlimmstenfalls verlieren sich Menschen dabei in den niederschmetternden Krankheitsgeschichten und fühlen sich dann selbst kränker als zuvor.

Wie auf einer Reise in der wirklichen Welt, bei der es sehr körperlich zugeht – die Füße tun weh, man muss essen, trinken und schlafen –, verlangt die Reise im digitalen Netz nach einer Materialisierung: Die Menschen tauschen sich bei der Online-Recherche immer wieder mit ihrer Realität aus. Ratschläge, die sie im Netz finden, checken sie wiederholt anhand realer Gegebenheiten, lassen Diagnosen oder Therapieempfehlungen vom Arzt überprüfen, befragen Freunde, spüren in ihren Körper hinein. Erst nach dieser versichernden Rückkopplung gehen sie in ihrer digitalen Recherche wieder weiter.

Die Auseinandersetzung mit den Symptomen bedeutet für sie eine intensive Beschäftigung mit sich selbst. Es geht ihnen vor allem darum, nachvollziehen und einordnen zu können, was im eigenen Körper passiert. Sie wollen vertraut werden mit sich selbst und dem physischen Leib, um sich wieder besser verstehen zu lernen. So kommen sie sich selbst näher und lernen sich besser kennen, indem sie sensibel in sich hineinspüren, sich anfassen, ihre Symptome genau beobachten und beschreiben. Wie fühle ich mich? Was fühle ich? Was tut weh, wie lange schon? Wie sehe ich aus, habe ich mich verändert?

Letztlich geht wie jede Pilgerreise auch die Recherche im Netz einmal zu Ende, und es heißt dann, wieder in den eigenen Alltag zurückzukehren. Man ist in der digitalen Recherche auch auf der Suche nach Veränderungsimpulsen für das eigene Leben, die man in Form hilfreicher Erfahrungen und Tipps mit in den Alltag nehmen kann. Man möchte (Lebens-)Rezepte finden, denn die Erfahrungen der virtuellen Pilgerreise müssen sich auch in der Realität niederschlagen und in konkretes Handeln überführt werden. Die Suche ist somit nicht allein auf medizinisch fundierte Diagnosen und Empfehlungen ausgerichtet, sondern auch auf einfache Dinge und Rituale, die den Alltag stabilisieren.

> Ich hab dann auf einer Webseite Rezeptideen gegen Kopfschmerzen entdeckt, das war super. Wäre niemals auf die Idee gekommen, direkt danach zu suchen.«

Bleibt die Recherche im Netz nicht rein virtuell und kommt es zu einem Abgleich mit der realen Wirklichkeit, also einem Austausch von virtueller und realer Welt, ermöglicht die Suche im Internet dem Menschen, sich selbst wieder näherzukommen. Sie ist als Pilgerreise dann erfolgreich beendet, wenn sich der Mensch wiedergefunden und selbst verstanden hat.

Problematisch wird es hingegen vor allem dann, wenn Menschen nicht mehr den Austausch mit ihrem analogen Leben suchen. Dann verlieren sie sich in der Virtualität und verschließen sich so einer Prüfung durch die Realität. Umschifft man jedoch diese Gefahr, vermag die digitale Pilgerreise dabei zu helfen, sich über den vermeintlichen virtuellen Umweg mit sich, seinen Erkrankungen und seinem Leben auseinanderzusetzen und sich selbst wieder ein Stück näherzukommen.

Influencer werden zu modernen Leitfiguren.

Menschen brauchen Leitfiguren, die sie durch die Unruhen des Alltagsmeeres navigieren. Doch für die heutigen Menschen, gerade für die jüngere Generation, stellen Religionen und auch die Eltern nicht mehr die Leuchttürme dar, die sie früher waren. Influencer haben heute für viele – meist junge Menschen – diese Navigationsfunktion übernommen. Sie sind zu modernen Leitfiguren geworden. Insbesondere viele Jugendliche orientieren sich an ihnen. Deutlich wird dies bereits an den Begrifflichkeiten. So spricht man hier von den Influencern, den Beeinflussern, auf der einen und den Followern, denen, die ihnen folgen, auf der anderen Seite.

Oftmals werden kritische Stimmen laut, die die Meinung vertreten, dass dies alles inszeniert und unecht sei. Doch frappierenderweise wissen vor allem die Jugendlichen um die Inszenierung, den planerischen, zeitlichen, zuweilen auch finanziellen Aufwand, den ein spontan wirkendes Instagrambild kostet. Und trotz des Wissens um die Inszenierung und darum, dass kein Foto unbearbeitet ins Netz gestellt wird, machen Follower dennoch Unterschiede zwischen »authentischen und Fake-Influencern«.

Manche Influencer werden von ihren jungen Followern als so authentisch wahrgenommen, dass diese sie in den Status echter Freunde heben. Sie werden nicht auf einen Sockel gestellt, sondern befinden sich auf Augenhöhe, wirken eher wie die Freundin, der Kumpel von nebenan. Sie stehen ihren Followern mit Rat und Tat für das eigene Leben zur Verfügung. Influencer zeigen sich, wie sie wirklich sind, sie präsentieren sich auch mal an schlechten Tagen, »haben Ups and Downs wie ich auch«. Dadurch entsteht sowohl eine Nähe als auch eine Authentizität. Sie vermitteln ihren Followern: »Ich bin einer von euch, ich bin wie ihr.« Darin steckt das verlockende Versprechen: »Das kannst du auch erreichen. Du kannst es gleichfalls zu einem solchen Ruhm bringen.«

Wie im realen Leben benötigt auch diese Beziehung zum Fortbestehen interessanterweise beide Seiten, Influencer und Follower. Sie bedingen und brauchen sich gegenseitig. Die Follower folgen ihren Idolen und zahlen mit der notwendigen Währung, eben der Tatsache, dass sie – für alle sichtbar – einem Influencer folgen, denn die Anzahl der Follower ist ausschlaggebend für den Aufstieg des virtuellen Vorreiters. Die Influencer wissen darum, wie schnell sie ausgetauscht werden können, und brauchen ihre Gefolgschaft. Die

Follower genießen das Gefühl, mitgestalten zu können am Erfolg ihrer Idole. Zu ihnen kann eine Nähe aufgebaut werden, und dadurch hat man teil am Ruhm der Influencer, am anderen Leben, denn: »Wären wir Follower nicht, wären die gar nicht so berühmt.« Das Wissen darum, dass man »ja auch einen Shitstorm lostreten könnte«, hebt den Follower in eine ähnlich machtvolle Position. »Wenn ich schon selber nicht so berühmt sein kann, kann ich zumindest daran mitwirken, dass jemand in den Starhimmel aufsteigt oder im Nirwana der Unbedeutsamkeit verschwindet.« Sie sind stolz, wenn »ihr« Schützling es zu Ruhm bringt, sie haben ihn dann gewissermaßen mit aufgebaut.

Influencer werden so zu den modernen Heilsbringern in der Orientierungslosigkeit der aktuellen Zeit. Sie bieten Hilfe bei der Entscheidungsfindung. Mehr noch, sie zeigen neben den faszinierenden Aufstiegsmöglichkeiten und glanzvollen Seiten der Wirklichkeit auch die scheinbar banalen Aspekte des Alltags. Influencer schaffen es, diesen dem Menschen wieder näherzubringen, und werden dadurch zu so etwas wie einem Alltags-Knigge. Sie zeigen mir, was geht, was gar nicht geht, womit ich mich blamieren würde und was ich daher besser sein lasse. Sie zeigen mir den Alltag mit seinen einfachen Verrichtungen, gehen einkaufen, sind mal genervt und mal happy. Für viele füllen sie das Vakuum zwischen glanzvollen Aufstiegsfantasien und bedrohlichen Absturzängsten. Sie sind Vorbild für den Auftritt auf der Bühne des Lebens. Sie geben Schützenhilfe, Inspirationen, Schritt-für-Schritt-Anleitungen. Sie machen Mut, etwas auszuprobieren, und zeigen zugleich, dass auch mal etwas nicht klappen kann oder bis zum Gelingen drei Anläufe benötigt.

Diese fragile Balance zwischen Alltag und Virtualität kippt dann, wenn das Leben des Internetstars wichtiger zu werden scheint als das eigene. Wenn die Zeiten, in denen Menschen den Influencern folgen, viel mehr Raum einnehmen als die Zeiten, die dafür verwendet werden, Entwicklungen im eigenen Leben in Gang zu bringen. Wenn Menschen blinde Gefolgschaft leisten, ohne zu hinterfragen, ob gewisse Statements auch der Realität entsprechen.

Online zu sich selbst finden
Im World Wide Web können Menschen über Umwege zu sich selbst finden und sich selbst besser verstehen lernen. Wird der Austausch mit dem realen Alltag – mit all seinen Mühen und Widrigkeiten, aber auch seinen schönen Seiten – gewahrt und findet keine Abspaltung davon statt, dann vermögen das Netz und seine neuen Helden, die Influencer, uns Orientierungshilfe zu leisten und Wege zu weisen, die unserer eigenen Entwicklung dienlich sind.

Diese in diesem Kapitel aufgezeigten Selbstbehandlungsformen des Seelischen sind nur ein kleiner Ausschnitt der Möglichkeiten, die uns der Alltag bietet, um einen Umgang mit den Anforderungen unserer Kultur zu finden.

In einer Zeit von grenzenloser Multioptionalität, in der auch das Lebensmittelangebot als ein jahreszeitenunabhängiges globales Füllhorn überfordert, schaffen Menschen durch eine Ausrichtung auf eine klare Ernährungsrichtung nicht nur Entscheidungshilfen im Supermarkt, sondern auch einen übergeordneten Zusammenhang, der ihrem Leben Sinn gibt und durch den Alltag trägt.

In einem Austausch zwischen analoger und digitaler Realität können Menschen sich besser verstehen lernen. Ähnlich wie das Wandern auf einem Pilgerpfad verhilft die digitale Pilgerreise dazu, sich selbst wieder näherzukommen.

Im Dekorieren und Heimwerken können Menschen sich wieder mehr in ihrer Selbstwirksamkeit erleben, handfeste Werke erschaffen und ihr Leben nicht nur äußerlich ordnen. Das Zuhause umzugestalten kann dabei unterstützen, auch dem Leben eine neue Richtung zu geben.

Fitness kann Menschen dabei helfen, durch Durchhaltevermögen, Konsequenz und Regelmäßigkeit ein Maß zu finden, das am eigenen Körper sichtbar und sinnlich erlebbar wird. Dieses Maß lässt sich dann auch auf andere Lebensbereiche übertragen und führt zu einer Orientierung im Alltag.

5 Die Rolle der Gesellschaft ... und jedes Einzelnen von uns

Depressive Verstimmungen und Symptome breiten sich epidemieartig in unserer Gesellschaft aus und nehmen keine Rücksicht auf Alter, Geschlecht oder soziale Schicht. Wie wir gesehen haben, ist die Depression eine typische Erkrankung unserer Zeit, eine Volkskrankheit, die jeden treffen kann, gleich ob alt oder jung, Mann oder Frau, beruflich erfolgreich oder arbeitslos, arm oder reich.

Das derzeit vorherrschende Klima mit seinen multiplen Perfektionsansprüchen macht uns glauben, dass immer alles möglich sei. Die Maxime digitaler Machbarkeit erschwert uns eine Schritt-für-Schritt-Entwicklung und eine gesunde Fehlertoleranz, die es uns ermöglichen würde, etwas auszuprobieren, Fehler zu machen und dadurch dazuzulernen, ohne Angst haben zu müssen, komplett zu scheitern.

Scheint die Depression also auf den ersten Blick dem Machbarkeitsideal unserer Kultur entgegenzustehen, entpuppt sie sich bei näherer Betrachtung als ein findiger – wenn auch schmerzhafter – Schachzug unseres Seelischen, einen Umgang mit Überforderungen zu finden.

Depression ist als ein unbewusster verzweifelter Lösungsversuch des Menschen zu verstehen, dem belastenden Übermaß der vielfältigen Perfektionsansprüche unserer Kultur zu entkommen. Sie stellt so etwas wie eine unbewusste Kapitulation vor den Ansprüchen der Wirklichkeit dar.

Verstehen wir die Depression als ein kennzeichnendes Symptom einer ganzen Gesellschaft, lassen sich Wege aufzeigen, wie dieses leidvolle unbewusste Festhalten an der depressiven Stimmung durchbrochen werden kann. Und wir sehen zugleich, welche Verantwortung und Rolle unsere Gesellschaft dabei übernehmen sollte. Denn dies geht uns alle an. Es gilt, nach Möglichkeiten zu suchen, um sich gesellschaftlichen Zwängen und überhöhten Ansprüchen zu widersetzen.

Ich sehe es als eine Aufgabe unserer Gesellschaft an, die Menschen dabei zu unterstützen, das Vakuum zwischen der durch die Digitalisierung verheißenen Allmacht und der real oft erlebten Ohnmacht einerseits und dem immer noch mühsamen Alltag andererseits zu füllen. Wir brauchen als Gesellschaft wieder vermehrt Möglichkeiten, uns – jeder von uns – als wirkmächtig im Kleinen wie im Großen zu erfahren. Es ist wichtig, das Gefühl zu erleben, dass es etwas nutzt, wenn ich mich einbringe, dass mein Zutun gefragt ist.

Das heißt für Arbeitgeber, Menschen in ihrer Befürchtung, wegrationalisiert und im Zuge der Digitalisierung überflüssig zu werden, ernst zu nehmen und ihrer Arbeit im Gegenzug etwas Sinnstiftendes sowie ihnen als Personen die Sicherheit zu geben, dass Computer zwar Tätigkeiten, nicht aber Menschen und Menschlichkeit ersetzen können. Ihnen Gestaltungsspielraum für eigenes Wirken und zugleich auch einen klaren Rahmen für dessen Umsetzung zu bieten.

Wenn wir über die Rolle der Gesellschaft sprechen, sprechen wir über die Rolle eines jeden von uns, denn eine Veränderung der Gesellschaft beginnt mit dem kühnen Schritt jedes einzelnen ihrer Mitglieder.

Um einen solchen ersten beherzten Schritt und danach weitere zu tun, bedarf es Mut und der Erkenntnis, *dass wir nicht unbedingt perfekt sein müssen, aber real, dass wir nicht alles sind, aber etwas.* Und dieses »Etwas« hat Wert und ist bedeutsam – für uns und andere. Dies gibt ein entlastendes Gegengewicht zu den faszinierenden Ausbreitungs- und Erweiterungsmöglichkeiten der versprochenen Multioptionalität.

Wir alle sollten den Blick weiten für den Raum jenseits der Ideale, einen Perspektivwechsel vornehmen und etwas Neues probieren – jeder von uns ist ein Individuum, aber zugleich ein Teil der Gesellschaft und Vorbild für andere.

Nur durch eine Abkehr von Perfektionsansprüchen kann es gelingen, wieder mehr zu wagen. Mit Risiko- und auch Fehlerbereitschaft können nicht nur Unternehmen und Politik, sondern vermag jeder Einzelne, Menschen zu unterstützen. Auch hier gilt: »einfach machen« – und dies im doppelten Wortsinn.

Sich ohne Risiko entwickeln zu können – wie mit einer Vollkaskoversicherung für unser Leben, die allen Schaden von uns abwendet –, wird auch in Zukunft eine Illusion bleiben. Davon müssen wir uns verabschieden, denn sonst geraten nicht nur einzelne Personen, sondern die ganze Gesellschaft in eine Verengung, die natürliche Entwicklungen behindert, ja sogar unmöglich macht. Wir müssen mutig vorangehen, ohne Zusicherung auf einen gelungenen Ausgang unseres Unterfangens, wohl aber mit dem Vertrauen darauf.

Wir müssen also selbst den ersten Schritt zur Umsetzung tun und andere Menschen dazu ermutigen, ebenfalls einfach mal etwas auszuprobieren, etwas (anders) zu machen und dabei zu erleben, dass die Welt sich weiterdreht, auch wenn Dinge mal vermeintlich nicht perfekt gemacht sind.

Das bedeutet für die *Working Mums*, auch mal etwas abzugeben und zu erfahren, dass ein liebevolles Familienklima, in dem jeder gut gedeihen kann, nicht zwangsläufig mit einem potenten Familienmanagement einhergeht, dass dies manchmal sogar von dem Anspruch, alles managen zu können, konterkariert wird. Gute Mütter lieben nicht nur ihre Familie, sondern auch sich selbst.

Auch für Frauen, die »in die Jahre kommen«, ist es elementar zu erleben, dass sie nicht aus dem gesellschaftlichen Kontext herausfallen. Dass sich neue Dinge auftun, beispielsweise wenn die Kinder aus dem Haus gehen und sich Lebensverhältnisse verändern. Es ist an der Zeit, auszuprobieren, zu schauen, was geht, und auch zu betrauern, dass etwas anderes zu Ende gegangen ist.

Das gilt ebenso für die Männer, die durch die Erosion des Männerbildes heute stark verunsichert sind. Auch sie brauchen ein attraktives Männerbild, nach dem sie sich ausrichten können. Dies sollte weder ein perfektes Bild sein, noch ein festgeschriebenes.

Hier ist »aushandeln« das Stichwort: mit dem Gegenüber – ob Frau oder Mann – und auch mit sich selbst.

Und so können Männer wie Frauen auch Vorbilder sein für die Heranwachsenden, indem sie ihnen vorleben, dass *etwas* zu machen immer besser ist, als nichts zu machen. Darüber sammeln wir Erfahrungen, werden schlauer und klarer darin zu erkennen, was wir brauchen, um ein zufriedenes Leben zu leben. Und im Gegenzug können die Erwachsenen offen dafür sein, auch von den Heranwachsenden zu lernen, in einem von gegensätzlicher Wertschätzung geprägten Miteinander. Unsere derzeitige Gesellschaft braucht also wieder ein Klima, in dem es schlicht menschlich ist,

- Fehler zu machen und
- sich auch mal Unterstützung zu holen.

Diese zwei Aspekte, so einfach sie sich anhören mögen, so grundlegend sind sie. Es bedarf einer positiven Fehlerkultur in unserer Gesellschaft, in Unternehmen, im familiären und freundschaftlichen Miteinander. Fehler machen zu dürfen, erhöht nicht nur die Toleranz sich selbst gegenüber, sondern ist als ein weitreichender gesellschaftlicher Aspekt zu verstehen und bedeutet einen Gewinn für jede Kultur. Erst wenn eine Gesellschaft sich selbst und anderen gegenüber offener wird, kann sie sich erhalten.

Der zweite Aspekt bringt noch eine weitere Konnotation hinein. Wir müssen – nein, wir können – nicht alles allein bewerkstelligen. Wir brauchen als gesellschaftliche Wesen andere und anderes, um die komplexe Wirklichkeit zu vereinfachen, Dinge zu entwickeln und daran zu wachsen. Wir können uns also auch ruhig Unterstützung holen. Indem wir es uns mal einfach machen, wird es leichter für uns, einfach mal zu machen!

Eine gesunde Gesellschaft muss ihren Mitgliedern zeigen, dass die Wertschätzung nicht ausschließlich an Leistung gekoppelt ist. Politik, Arbeitgeber und Medien sollten eine Wertschätzung der Person jenseits von messbarer Leistung vermitteln. Manche Berufe, wie etwa diejenigen im Bereich der Pflege, müssen eine erhöhte Wertschätzung erhalten.

In der digitalisierten (Arbeits-)Welt droht ein erlebbarer Sinn immer weiter in den Hintergrund zu geraten. Im Rahmen einer gemeinschaftlichen Tätigkeit, in der auf einen übergreifenden Sinn hin gearbeitet wird, lernen Menschen, sich selbst, das eigene Tun und andere Menschen wieder zu lieben. Sie spüren, dass ihnen etwas am Herzen liegt und sie von etwas berührt werden. Gemeinsame Ziele erleichtern, eine Orientierung zu finden, sie geben dem Alltag Sinn und eine Entwicklungsrichtung. Einen übergreifenden Sinnzusammenhang zu schaffen, unterstützt Menschen in schwierigen Übergangsphasen. Derer gibt es zahlreiche in unserem Leben, und unser momentanes gesellschaftliches Klima erschwert es uns eher, sie zu akzeptieren, auszuhalten oder gar für uns zu nutzen. Wenn wir Menschen jedoch wieder ein gemeinsames Ziel anstreben, sei es für uns allein, gemeinsam mit einigen wenigen Menschen oder im globalen Kontext, gewinnen wir einen Kompass für unser Leben, nach dem es sich lohnt, sich auszurichten, und der diese Übergänge leichter – vielleicht sogar ein Stück normaler – macht.

Eine permanente Betriebsamkeit, die über die eigene Grenzen hinausgeht, bereitet hingegen den Nährboden für die Ausbildung einer Depression. Dies verweist auf die Notwendigkeit, auch schon *vor* dem Auftreten einer Erkrankung Zeiten des Innehaltens zu etablieren und Ressourcen kreativ zu nutzen. »De-pression«: den Druck herausnehmen! Dies sollte man besser vorher kreativ als später kurativ tun, und dies ist nicht nur als ein Appell an die Fürsorgepflicht der Arbeitgeber zu verstehen, sondern auch an jeden Einzelnen von uns. Fürsorge für andere fängt bei der Selbstfürsorge an.

Es muss außerdem nicht immer direkt das große Ganze sein. Auch kleine Erfolge, im Sinne kleiner Zwischenschritte, sind notwendig für eine Entwicklung. Unternehmen, Bildungsinstitutionen, Familien und gemeinnützige Einrichtungen sollten diese würdigen und selbst initiieren. Eine Wertschätzung der kleinen Schritte macht weniger Angst vor dem eigenen ersten Schritt.

Die letzten Jahre waren gesellschaftspolitisch betrachtet sehr unsichere. Deutschland und Europa sind seit einiger Zeit erheblichen innen- und außenpolitischen Einflüssen unterworfen. Die Themen Migration und Integration haben nicht nur in Deutschland, sondern auch in vielen anderen europäischen Ländern zu einer intensiven Auseinandersetzung mit den eigenen nationalen Interessen geführt. Jede Nation hat ihren eigenen Umgang mit diesen zutiefst herausfordernden Themen finden müssen. Mit Blick auf unser eigenes Land erscheint es mir ratsam, weder in einen »Wir schaffen das« noch in einem »Grenzen verschließen« zu verharren. Nicht nur durch konkrete Umsetzungsideen, sondern vor allem durch die neu entstandenen Möglichkeiten einer realen fruchtbaren Auseinandersetzung mit anderen Menschen, Nationen und Kulturen können Unsicherheiten und Ängste abgebaut werden. Dies ermöglicht uns auch eine präzise Wahrnehmung der eigenen Werte und gesellschaftlichen Bilder.

Sich heraus aus der eigenen und auch aus der gesellschaftlichen Depression zu begeben, heißt, einen immerwährenden Prozess anzustoßen, beweglich zu bleiben in der Auseinandersetzung mit Anforderungen und Idealen und – einfach anzufangen!

Ausblick

In der Depression erleben Menschen sich im Leerlauf, es kommt zu keiner Entwicklung. In diesem Zustand verengt sich alles auf das eine, das perfekte Bild, das erhalten oder erreicht werden soll. Die Menschen kreisen um dieses Bild immer enger in einen Strudel hinein. Es wird zum alles bestimmenden Inhalt, sodass alles andere nicht mehr gelingt, selbst das simple Aufstehen mag nicht mehr glücken. Zum menschlichen Erleben und Verhalten gehören jedoch Übergänge in anderes, Abkehr von Altem und Hinwendung zu Neuem, hinzu. Auch das Leben um uns herum verändert sich, und so müssen wir neue Formen finden, um damit umzugehen. Aber wir halten oftmals an einmal gefunden Formen fest. Denn Übergänge sind eine Herausforderung für uns Menschen und machen uns häufig Angst.

Unser Leben ist jedoch von Übergängen geprägt und diese sind wichtig für unsere Entwicklung: Begebe ich mich aus einem Zusammenhang, beispielsweise einer Beziehung oder einem Lebensabschnitt heraus, ist oftmals nicht direkt etwas Neues, das auf mich wartet. Ich muss vielmehr aushalten, dass ich für eine gewisse Übergangszeit etwas unsicher und orientierungslos sein kann. Diese Zeiten der Übergänge sind zwar schwer zu ertragen, aber unabdingbar dafür, dass sich Neues in uns entwickeln kann. Würden wir Menschen uns nicht aus alten Zusammenhängen lösen können, ihrer überdrüssig werden, würden wir im Erwachsenenalter immer noch mit der Babyrassel spielen und in die Hose machen. Der Mensch ist darauf ausgerichtet, sich aus alten, zu eng gewordenen Bezügen zu lösen. Zugleich ist dies ein unbequemer und nicht selten auch schmerzhafter Prozess.

Manchmal können wir diese Zeiten nicht aushalten und benennen diese Übergänge mit der Bezeichnung »Depression«. Lohnender wäre es jedoch, innezuhalten und genau zu schauen: Woraus will sich unser Seelisches lösen? Was hält es zugleich zurück? Welche neuen Entwicklungen oder Zusammenhänge stehen an? Sind alte Bilder nicht mehr tragfähig, was hat sich geändert? Wovor schrecke ich vielleicht zurück?

Wichtig für uns Menschen ist das Gefühl, über eine richtungsweisende Orientierung zu verfügen, die uns zu Tätigkeiten animiert und uns bedeutet, wohin die Entwicklung geht, wonach wir unseren Tag, unsere Ziele ausrichten. Durch einen übergeordneten Zusammenhang erhält unser tägliches Tun Sinn und Struktur.

Das Seelische hat dafür Kunstgriffe im Alltag etabliert, um mit solchen Übergangssituationen umzugehen – das sind Selbstbehandlungsformen des Seelischen. So gelingt es mir beispielsweise anhand der Gartengestaltung, in ein Nacheinander zu kommen – nicht alles sofort und gleichzeitig erreichen zu wollen –, Dinge sich viel mehr entwickeln zu lassen und Selbstwirksamkeit zu spüren.

Auch politische Einstellungen und Ambitionen sind nicht ohne das Seelische zu denken, sie existieren nicht nur aus rein rationaler Überzeugung. Mit politischem Engagement, etwa in einer Partei, habe ich vielleicht wieder die Heimat und Familie gefunden, die ich so bitterlich vermisst hatte. Die politische Ausrichtung gibt mir zudem genau vor, was richtig und was falsch ist, ist mir eine Halt gebende Stütze.

Auch die Orientierung an einer bestimmten Ernährungsrichtung kann einen Zusammenhang bieten, in den ich mein Leben einordnen kann und der mich durch den Alltag trägt.

Oder nehmen wir das Leben der Jugendlichen als ein Beispiel für eine Phase im Leben, die naturgemäß von etlichen Veränderungen und Umbildungen, Um- und Ausbrüchen gekennzeichnet ist. In dieser Lebensspanne gilt es, von Liebgewonnenem (Vater und Mutter) Abstand, wenn nicht sogar auch Abschied zu nehmen, sein Eigenes zu finden und sich herauskristallisieren zu lassen, was man möchte und was die eigene Person ausmacht.

Wie ich bereits im Kapitel über die Heranwachsenden beschrieben habe, sind die Regeln der Eltern heute weniger Richtung gebend, als sie es noch vor zehn Jahren waren, und Kinder stabilisieren eher das System Familie, als dass die Eltern es täten. In dieser Phase ist es für viele Jugendliche zu einer verlockenden Dauerbeschäftigung, mitunter sogar Obsession geworden, in Serien abzutauchen. Warum haben diese so eine Anziehungskraft, auch und gerade auf junge Menschen? In einer Welt, die von vielen als sehr zerrissen erlebt wird, kann in den Serien ein Zusammenhang hergestellt werden, der nicht nur auf dem Bildschirm, sondern bis in den Alltag der Konsumierenden hineinreicht. In den Serien gibt es eine eindeutige Trennung in »gut« und »böse«, es gibt Verflechtungen und eine klare Ausrichtung. Man weiß meist aus den ersten Folgen, um welche Art Mensch es sich bei den Protagonisten handelt, und kann sich so stellvertretend in eine Entwicklung hineinbegeben. Menschen können Partei ergreifen, ohne Sorge haben zu müssen, ausgegrenzt zu werden. Sie verfolgen am Bildschirm einen dramaturgischen Aufbau, den sie in ihrem Leben oft vermissen.

Ich führe diese im Buch bereits beschriebenen Phänomene noch einmal kurz an, da es mir wichtig ist zu zeigen, dass sich das Seelische verschiedene Selbstbehandlungsformen in der Wirklichkeit sucht, um mit den Anforderungen und Ansprüchen unserer Gesellschaft umzugehen. Diese Formen sind selbst hergestellt und unbewusst. Habe ich das Maß in meinem Leben verloren, kann ich es durch die Orientierung an einer Ernährungsrichtung wieder zurückgewinnen. In Serien finde ich den Stoff, der meinen oft zerrissenen Lebens- und Seelenalltag wieder zusammenfügt.

Die Depression ist eine andere Art des Seelischen, mit der Zerrissenheit eines Sinnzusammenhangs umzugehen. Daher ist es auch eine sich selbst erhaltende Erkrankung. Sie stürzt die Betroffenen in eine tiefe Krise. Sie befinden sich in der Not, für sich wieder etwas finden zu müssen, was trägt, was ihnen Ziel und Ambition ist, Sicherheit und Ausrichtung gibt. Und das sie letztlich aus der gnadenlosen Stilllegung wieder herauslockt.

In tiefem Mitgefühl und mit größtem Respekt für die Betroffenen und ihr Leid ist es mir ein Anliegen, die Depression als eine selbst hergestellte Erkrankung unserer Zeit zu entlarven. In ihrem Ursprung liegt das Zerrissensein einer Einheit: Man hält fest an Altem, während die Seite, die in Veränderung kommen will, abgespalten und außen vor gelassen wird, es wird nichts umgebildet. Es ist wie bei einem Motor im Leerlauf, der Kraftstoff verbraucht, aber nicht von der Stelle kommt. Hinter der Bezeichnung »Depression« verbirgt sich eine hochkomplexe seelische Konstruktion, ein überaus dramatisches seelisches Geschehen. Über seine Hintergründe und sein Wesen besteht heute gleichsam eine Art gesellschaftliches Stillhalteabkommen.

Warum fragen wir uns nicht mehr genau und ehrlich, was unsere Ziele sind und wie wir sie erreichen wollen bzw. können? Welches Ziel habe ich für heute? Was lässt mich am heutigen Abend zufrieden ins Bett sinken? Was lockt mich morgen wieder in den Tag? Was gibt uns Sinn im Leben und welche Werte tragen uns? Warum horchen wie nicht noch mehr in uns hinein und erspüren: Was füllt mich aus? Was rührt mich an und lässt mich kurz innehalten, für einen Augenblick aufhorchen? Welche Musik erfüllt mich? Wie fühlt es sich an, einen bestimmten Film zu sehen? Was lässt mich lachen und macht mir Freude? Was macht mich traurig oder wütend? Welche Zusammenhänge und Einheiten tragen mich und geben mir Sicherheit, Zuversicht und nicht zuletzt das Gefühl, auf sicherem Boden zu stehen, um mich dem Wagnis von Entwicklung und dem Leben stellen zu können? Welche Tätigkeiten sind mir dabei eine Hilfe? Welche Personen können mich dabei unterstützen?

Antworten auf solche Fragen können überall gefunden werden, unser Alltag bietet sie in Hülle und Fülle.

Sie alle geben uns Einheit, eine Richtung und schaffen einen sinnstiftenden Zusammenhang. Eine alleinige Ausrichtung des Lebens auf Gewinn- und Glücksmaximierung schenkt nur einen unzureichenden Sinn, der weder tragfähig noch nachhaltig ist. Die Depression als Volkskrankheit legt den Finger in die Wunde unserer Gesellschaft.

Wir brauchen wieder mehr Begegnungen, Betätigungsmöglichkeiten, Dinge, die sinnhaft sind, einem übergreifenden Zusammenhang angehören und nicht lediglich auf Effizienz drängen. Wir brauchen Zeit und Raum für uns selbst, für unsere Bedürfnisse und die unserer Mitmenschen. Wir brauchen Mut und Zuversicht, um dem Leerlauf zu entsteigen und das Leben in all seinen Facetten und Übergängen willkommen zu heißen und mitzugestalten – Tag für Tag und Schritt für Schritt.

Dank

Das Schreiben dieses Buchs war für mich eine wunderbare Erfahrung, die über lange Zeit sehr viel meiner Aufmerksamkeit gebunden hat. Ein Buch zu schreiben ist ein langwieriger Prozess, zu dem nicht nur ich als Autorin, sondern auch viele Menschen in meinem Umfeld beigetragen haben. Diesen möchte ich hiermit von Herzen danken.

Ich danke in erster Linie meinem geliebten Mann Georg, der von Anfang an die Idee, dieses Buch zu schreiben, unterstützt hat. Er war mir mit seiner klugen, klaren und liebevollen Art Inspiration und Korrektiv. Ich danke ihm für seine Unterstützung und seine tiefe Liebe. Ich danke meinen drei Söhnen Ben, Finn und Mika für ihr lebendiges und wundervolles Wesen und dafür, dass sie mir immer wieder zeigen, was wirklich zählt im Leben.

Ein besonderer Dank gilt Frau Carmen Kölz vom BELTZ Verlag für das Zustandekommen des Buchs. Frau Dorothea Bühler vom BELTZ Verlag sage ich ein herzliches Dankeschön für ihre so fachkundige wie engagierte Begleitung. Die Zusammenarbeit mit ihr war nicht nur sehr fruchtbar, sondern hat auch großen Spaß gemacht. Ich danke zudem meiner Lektorin Frau Alexandra Ihmig, die mit ihrer überaus kompetenten Art das Buch bereichert hat. Der Austausch mit ihr hat sehr zum Gelingen des Projekts beigetragen.

Ein Buch über Depression wäre nicht zustande gekommen ohne die ehrlichen Gespräche mit den Betroffenen. Ihnen danke ich für ihr Vertrauen und ihre Offenheit. In dem Zusammenhang bedanke ich mich auch bei Pascoe Naturmedizin für die spannenden Forschungsaufträge, vor allem in diesem Bereich.

Ich danke rheingold für das in mich gesetzte Vertrauen und den Raum, den ich für das Schreiben des Buchs erhalten habe. Insbesondere Stephan Grünewald danke ich für die wertvolle Zusammenarbeit in den letzten Jahren, in denen ich viel von seinem psychologischen Scharfsinn habe lernen können, nicht nur im Rahmen der Depressionsstudie. Ich danke allen meinen Kolleginnen und Kollegen vom rheingold Institut. Auch durch ihre Forschungsergebnisse und den inspirierenden Austausch konnte ich vor allem den kultur-psychologischen Kontext der Depression durch fundierte Erkenntnisse untermauern. Daniela Freund und Judith Behmer danke ich für die tolle Analyse der Covergestaltung des Buchs und Sonja Kittel für ihre wertvolle Unterstützung im Rahmen der Vermarktung. Herrn Dr. Wolfram Domke danke ich von Herzen für seine erhellenden Supervisionsstunden. Danke sagen möchte ich den vielen Menschen in meinem Umfeld, mit denen ich viele bereichernde Gespräche rund um die Themen des Buchs geführt habe. Ich danke meinen Brüdern Thomas und Volker Miller für ihre juristische und marketingrelevante Unterstützung und dafür, dass ich immer auf sie zählen kann. Und nicht zuletzt danke ich meinen Eltern, dass ich zu der geworden bin, die ich bin.